21世纪高等继续教育精品教材·会计系列

ACCOUNTING

财务管理理论与实务

Accounting

■ 主编 肖 万

中国人民大学出版社
·北京·

图书在版编目（CIP）数据

财务管理理论与实务/肖万主编．--北京：中国人民大学出版社，2020.8
21 世纪高等继续教育精品教材．会计系列
ISBN 978-7-300-27800-1

Ⅰ.①财… Ⅱ.①肖… Ⅲ.①财务管理-高等学校-教材 Ⅳ.①F275

中国版本图书馆 CIP 数据核字（2020）第 006404 号

21 世纪高等继续教育精品教材·会计系列
财务管理理论与实务
主编　肖万
Caiwu Guanli Lilun yu Shiwu

出版发行	中国人民大学出版社		
社　　址	北京中关村大街 31 号	**邮政编码**	100080
电　　话	010－62511242（总编室）		010－62511770（质管部）
	010－82501766（邮购部）		010－62514148（门市部）
	010－62515195（发行公司）		010－62515275（盗版举报）
网　　址	http://www.crup.com.cn		
经　　销	新华书店		
印　　刷	北京宏伟双华印刷有限公司		
规　　格	185 mm×260 mm　16 开本	**版　　次**	2020 年 8 月第 1 版
印　　张	17.5	**印　　次**	2020 年 8 月第 1 次印刷
字　　数	429 000	**定　　价**	39.00 元

前言

在飞速发展的现代经济社会中，随着经济全球化、市场国际化的不断深入，企业也面临新的机遇和挑战，财务管理已成为企业管理的核心内容。

“财务管理”是一门理论性和实践性极强的课程，因其具有庞大的内容体系，且涉及复杂的数学计算和深奥的理论原理，被公认为是难理解、难复习、难得分的课程。尤其是对没有财务、会计等经济管理基础知识和实践经验的学生而言，更是如此。本书在编写过程中，着重突出以下特色：

1. 知识点完善、与时俱进

编者依据我国新修订的经济类法律法规组织教材的内容，例如，“财务报表”采用了最新规定的财务报表规范；详述“期权定价理论”，使知识体系更加完整；依据最新规定，对“权证”相关内容进行解读，以顺应资本市场的新发展等。

2. 体系完整、科学

本书注重财务管理学科知识体系内在的完整性，特别增加了“财务管理理论基础”“营运资本管理”等章节。本书对逻辑结构进行了科学安排，例如，第七章“长期融资决策”的逻辑结构是首先讲述理论（资本结构的理论及发展）；其次介绍实践方法（“资本成本”“杠杆效应”两个预备知识）；然后介绍如何利用理论及方法进行资本结构决策；最后介绍企业的破产与债务重组。这样安排，逻辑更为自然和顺畅。

3. 理论联系实际

考虑到学生即将踏入职场，知识的运用对于他们来说，显得更为迫切。为此，本书在知识点的阐述上，不仅注重理论的描述，还强调其在现实中的运用，尤其是在当前我国企业财务管理环境下的运用。例如，本书结合我国的市场实践对关于上市公司增发融资的规定及其效应进行了阐释。

4. 可读性强

财务管理的很多内容都涉及艰涩的理论和复杂的数学计算，学生较难掌握。为了让学生易学、乐学并深刻领会财务管理知识，学以致用，本书配备了大量的例题。本书每章均设置“案例导引”“学习目标”“内容提要”“练习与解析”“复习思考”“阅读材料”等栏目，增加了书稿的可读性。

希望本书能为学生的学习与考试、财务管理从业人员的工作实践提供较全面、全新的内容和逻辑展示。

本书由肖万担任主编，汤红芳、杨航、孔潇、彭程参与了各章的资料搜集、内容修改，包括案例导引、正文内容、练习与解析、阅读材料的搜集和编写。由肖万负责整体修改和完善，并承担全部责任。

本书在编写过程中，参阅了大量国内外财务专家、学者的最新研究成果，引用了国内主流媒体、记者撰写的素材，为充分尊重这些研究，本书尽可能详尽地标注了这些观点、案例的来源与出处，不尽之处还请谅解。

编者

目 录

第一章

财务管理基础

案例导引

2019年4月29日深夜，康得新复合材料集团股份有限公司发布2018年年报显示，货币资金余额为153.16亿元，其中122.10亿元为银行存款余额。但是，这份年报被瑞华会计师事务所出具非标意见，无法表示意见多达10项。对于122.10亿元银行存款余额，审计机构、公司独立董事均表示不能判断其真实性。瑞华会计师事务所曾向北京银行西单支行核对该资金余额，银行回函显示："银行存款该账户余额为0元，该账户在我行有联动账户业务，银行归集金额为122.10亿元。"

此后，深交所对这笔资金的去向多番问询。但康得新仍未承认122.10亿元存款的"消失"与康得投资集团有关，仅表示：不排除公司资金通过《现金管理合作协议》被存入康得投资集团及其关联人控制的账户的可能性。

在某种意义上，企业管理的核心是财务管理，财务管理的核心是资金控制，上述案例充分说明了这一点。如何高效又严格地进行企业财务管理，是每一个企业管理人员都必须思考和研究的问题。

资料来源：黄鑫磊，张涵．康得新董事长钟玉被采取刑事强制措施．每日经济新闻，2019-05-13.

学习目标

1. 了解财务管理的基本内容。
2. 了解财务管理与会计的区别与联系。
3. 掌握财务管理的内容、目标与基本假设。
4. 掌握企业的类型及其对财务管理的影响。

内容提要

在全面讲述财务管理的内容之前，首先需要了解一些基础知识，包括财务管理的内容、目标、环境，以及财务管理学科的理论结构。其中，财务管理的内容界定了财务管理与会计、金融的区别与联系；财务管理目标，明确了财务管理的价值取向，即目标不同，财务管理行为的方式、方法和指向都是不同的。

第一节　企业财务管理活动

一、企业的资金运动

从资金的角度看，企业的生产和再生产活动表现为一系列资金运动，包括资金的筹集、投放、运用、收回及收益分配等。这些运动，又可以大致概括为融资、投资、营运和分配四个环节，如图 1－1 所示。资金运动的各个环节总是与一定的管理活动相对应的，也就是说，资金运动形式是通过一定的财务管理活动来实现的。可见，资金运动过程就是财务管理活动的作用过程。

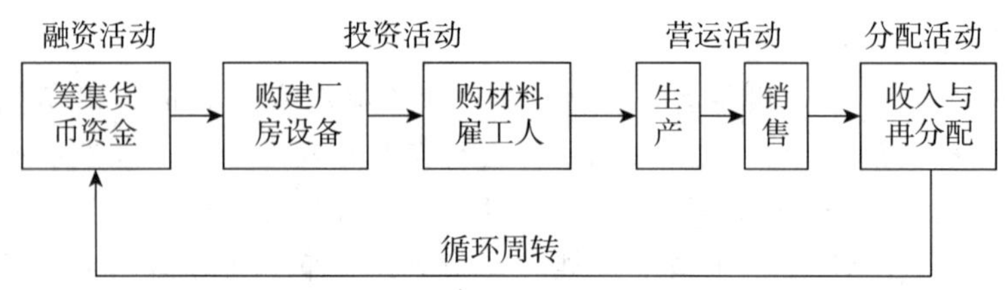

图 1－1　企业的资金运动过程

（一）融资活动

拥有一定数量的资金，是企业进行生产经营活动的必要条件。企业通过各种渠道、方式筹集资金，是资金运动的起点。所谓融资，就是指为了满足使用资金和投资的需要，筹措和集中所需资金的过程。在融资过程中，企业一方面要预测融资规模，以保证所需的资金数量；另一方面要通过分析融资渠道和融资方式，确定合理的融资结构，降低融资成本和风险。

企业的股权性资金，是通过吸收直接投资、发行股票等方式从投资者那里取得的。投资者包括国家、其他企业、个人等。企业还可以通过银行借款、发行债券、商业信用等方式来吸收债务性资金，从而形成企业负债融资。这种因筹集资金而产生的融资活动，就是企业获得资金的财务管理活动。

（二）投资活动

企业取得资金后，就要将资金投入使用，以谋求经济收益。企业投资分为广义的投资和狭义的投资两种。广义的投资，是指企业将筹集的资金投入使用的全部过程，包括企业内部使用资金购置流动资产、固定资产、无形资产，以及对外投入资金购买其他企业的股票、债券或与其他企业联营等。狭义的投资仅指后者，即对外投资，而前者更多时候被认为是企业生产经营活动的组成部分。

投资需要支付资金，而变卖其对内投资形成的各种资产及收回其对外投资时，则会产生资金收入。这种因企业投资而产生的资金支出与收入，就是由投资而引起的财务活动。企业投资不仅需考虑投资规模，还必须通过选择投资方向、方式，确定合理的投资结构，以提高投资效益和降低投资风险。

（三）资金营运活动

在企业的日常生产经营过程中，企业要采购材料或商品、雇用工人，这会导致各项支出；企业需要出售商品取得收入；如果资金短缺，企业可以通过采取短期借款等方式来筹集资金。这些因企业经营而引起的财务活动，称为资金营运活动。

企业的营运资金，主要是指为了满足企业日常营业活动的需要而垫支的资金。营运资金的周转与生产经营周期具有一致性，资金周转速度越快，资金的利用效率就越高。因而，如何加速资金周转、提高资金利用效率，也是财务管理的主要内容之一。

（四）收益分配活动

广义而言，分配是指对经营收入的归并、利润的分派过程。而狭义的分配，仅指对利润的分派。

一般而言，企业经营取得的收入首先要弥补生产经营耗费、缴纳流转税，其余部分才作为企业的营业利润。营业利润和投资收益、营业外收支净额等构成企业的利润总额。利润总额在扣除所得税后形成净利润。税后净利润要按规定提取法定盈余公积金和任意盈余公积金，剩下的部分才作为投资收益分配给股权投资者，或以未分配利润的形式作为股权投资者的再投资。这种因分配而产生的资金收付，就是分配环节中的财务活动。

另外，随着分配活动的进行，资金或退出或留存于企业，其必然会影响企业的资金运动，这不仅表现在资金运动的规模上，而且表现在资金运动的结构上。因此，企业应合理确定分配的规模与形式，而这些也均为企业财务管理的内容。

二、企业财务管理的内容

企业生产经营的过程，是从获得资金购买生产要素到投入生产，生产出中间产品和最终产品，再进入销售，最后取得销售收入和利润，然后，进行质或量的扩张，进入下一个再生产的过程。这是一个资金不断运动的过程，也是企业财务管理活动的过程。资金是企业财务活动的基本要素，资金的运动是企业财务管理活动的基础。资金运动的内容及过程，决定了企业财务管理活动的内容。

美国著名管理学家希尔伯特·西蒙（Herbert Simon）说："管理就是决策。"对应于企业财务活动，企业财务管理的主要内容包括长期融资决策、长期投资决策以及营运资金管理决策。对于资金运动中的分配环节，即收益分配，是一个资金运动的结束也是下一个资金运动的开始，是企业的融资活动也是企业的投资活动。这是因为，如果剩余收益分配给了投资者，投资者便会将全部或部分收益进行下一轮投资；如果收益没有立即分配给投资者而以未分配利润的形式保留在了企业内部，则相当于企业从原投资者那里获得了资金，是企业股权再融资的过程，而且，企业必然将这部分未分配的收益进行再投资以获得更多的收益。因此，收益分配可以看成是企业长期融资决策的内容之一。

（一）长期融资决策

长期融资，是企业获取资本即长期稳定资金的过程。长期资金，是企业进行长期投资所必需的资金，即长期资金主要用来满足企业固定资产购建和其他长期投资。

长期融资决策主要包括融资的规模（资金多少）、融资的来源（从哪里来）、融资的方式（怎样融资）、融资的结构（不同融资方式的比例关系），以及融资的成本（代价多大）、融资风险（风险怎样）等六部分，概括起来主要有资金成本、资金结构（Capital Structure）以及股利分配等内容。其中，财务管理领域广泛探讨的资金结构，是指企业长期资金来源中长期债务与股东权益的比例关系，而不是全部债务与股东权益的比例关系，后者可以称为资金结构或融资结构（Finance Structure）。

长期融资决策在财务决策中具有极其重要的地位。合理安排资金结构，不仅可以获得财务杠杆利益、降低企业的综合资金成本，还可以增加企业价值。

（二）长期投资决策

长期投资，是指企业进行固定资产购建和其他长期投资的过程，一般情况下，企业用长期融资获得的长期资金进行长期投资。

长期投资决策主要包括长期资产的投资规模预算、投资方式选择以及固定资产更新改造等。企业进行的长期投资计划与管理过程，可以统称为资本预算（Capital Budgeting），即对企业长期资金使用的规模、方式、收益与风险进行的预测与计划。在企业长期投资决策中，有两个重要内容需要考虑：一是必须牢固树立两个价值，即资金时间价值、投资风险价值的观念；二是必须始终把握两个关键，即资金成本和现金流量，前者是评估资金时间价值的依据，后者是评估资金时间价值的对象。

长期投资占用的资金规模大，使用周期长，因此，长期投资决策具有不易逆转性，是企业方向性、战略性投资问题的决策，其最终目的是获取和提高企业竞争力和优势。

（三）营运资金管理决策

流动资产是企业变现能力较强的资产，如现金、库存材料与商品等。而流动负债是企业短时间内就要还本付息的债务，如短期银行贷款、应付账款等。两者形成了企业的短期资金来源与运用业务，即短期理财活动。

营运资金管理决策主要包括流动资产的持有规模、结构与变现，如现金、存货、应收账款的管理，以及流动负债的来源、规模与成本等。归纳起来，营运资金管理涉及两个方面的决策：一是确定流动资产的最佳持有水平；二是为维持这一水平而构建的短期融资与长期融资的适当组合。其中，流动资产减去流动负债的差额，被称为净营运资本（Net Working Capital）。

企业营运资金管理的一个重要目标是要保证企业具有足够的流动性。资产的流动性，也称为变现性，是衡量资产转化为现金的能力及其损益程度的重要指标，也是衡量企业动态意义上偿付能力的重要指标。营运资金管理的另一个重要目标就是要提高企业的盈利能力。在资本投资性质及其效率既定的情况下，无能的、低效的营运资金管理会大大降低企业经营活动现金流量的创造能力。因此，企业应合理确定流动资产、流动负债的规模与结构，在保证资产流动性的基础上提高企业的盈利能力，促使企业实现价值最大化。

上述三项内容，是财务管理的核心内容，也是构成本书内容的依据与基础。另外，财务管理的内容还包括资产重组、企业并购等涉及企业全局性、战略性的资金运用活动，以及与其他货币计量的跨国经营活动有关的跨国理财活动。这些内容组合在一起，构成了现代企业财务管理内容的完整体系。

三、财务管理与会计

在我国，财务管理长期以来与会计"纠缠不清"。人们总以为财务管理就是会计，实务中往往将很多应属财务管理的内容或工作独立出来，成立投融资管理部、资产经营管理部等部门，而把实际从事会计工作的部门取名为财务部、财务处，这就加剧了人们对财务管理的误解。其实，学术理论界也或多或少存在这种误解，以至于有些高等院校将会计和财务管理分设成两个专业时遭到强烈反对。

因此，有必要澄清和明确财务管理与会计的区别与联系。我们首先来看看会计及其基本特征。

（一）会计及其基本特征

会计是一种使用专门语言或工具，对企业、行政事业单位和其他组织过去已经发生的经济业务进行完整、连续、系统地记录、整理，因此，可以认为会计是一种信息处理方法或工具。记账、算账、报账三项传统内容，虽然不足以概括现代会计的全部工作内容，但也恰到好处地向人们展示了会计工作的基本面貌。确认、计量、报告、分析、解释构成了现代会计的基本工作程序。正是基于分析、解释对象的不同，现代会计划分为财务会计与管理会计两个分支，前者对外解释，负责提供财务报告；后者对内解释，提供决策的基础数据。

可见，会计具有下述基本特征：

(1) 会计是面对"过去"的。会计是对过去已经发生经济业务的记录与整理，因此，会计是面向过去的。从这个意义上看，会计本身只是一种工具与方法，并不具备管理职能，因为它不存在对于未来事项的计划、组织、领导等决策管理功能。

虽然现代管理会计增加了预测功能，会计报表也要对或有事项进行披露，但这丝毫不妨碍"过去已经发生的经济业务是会计工作对象"的基本特征，因为预测功能以及或有事项，都是基于已有经济业务的一种记录或推测，依然不会涉及管理的计划、组织、领导等职能。

(2) 会计有自己的特定前提，即会计核算是建立在一套原则假设基础上的。作为一种信息处理的方法或工具，会计有一套完整的前提、假设以及原则。其中，历史成本法和权责发生制，是企业会计最具个性色彩和典型意义的两大原则。这两大原则为企业成本、费用、收入核算的有序进行提供了坚实的基础，是企业会计核算的两大支柱。

但历史成本法和权责发生制越来越受到诟病，突出表现在：历史成本法不能及时、准确地反映市场价值的变动，尤其是在资产价值剧烈波动时期。权责发生制难以准确反映企业现金流量状况，例如，会计报表上有大量利润，但企业可能一分钱现金都没有。可见，会计因为其确认和计量的固有缺陷，难以提供及时、准确、完整的信息供企业内外部认识、评价企业，也就难以扮演"企业语言"的角色。

（3）"反映"是会计的根本职能。反映、监督、控制、预测等都是经济管理活动赋予会计的职能；随着社会经济生活的丰富和会计学科本身的发展，会计的职能也将更为丰富和完善。但是，无论何时，反映职能，即对企业过去经济业务的记录，都是会计众多职能中最根本的职能，这是由会计的本质属性决定的。进一步地，我们认为，反映职能是会计区别于管理的根本特征，是会计学科内涵和外延的根本所在。

（二）财务管理与会计的区别

（1）从存在基础看。财务管理存在的客观基础是财务活动，它并非诞生于生产活动，而是诞生于商品货币经济条件下的经济管理活动。而会计，其原始形态可以追溯到人类社会的早期，它是为有效地组织和管理生产服务的，也就是说，只要人类社会的生产活动存在，会计就会出现和存在，因为它是一种经济活动记录工具。而财务管理是随着商品货币经济的产生而产生、发展而发展的，并将随着商品货币经济的消亡而消亡。

（2）从工作对象看。财务管理的目的是根据价值运动规律，获取尽可能大的收益，所以，其管理的对象就是资金运动本身。会计作为一个经济信息系统，它的处理对象是资金运动所呈现的信息。显然，资金运动不等同于资金运动信息。最为关键的是，作为财务管理对象的资金运动，是企业尚未发生的，并因此需要财务管理人员去计划、组织和决策；而作为会计工作对象的资金运动信息，是企业"过去"已经产生的，会计人员只需要对信息进行记录和整理。

（3）从基本职能看。会计最基本的职能是"反映"，即通过一系列专门的方法对资金运动所产生的信息进行如实地加工、处理。如前文所述，财务管理作为管理的一个门类，履行的同样是管理职责，即对资金运动的预测、计划、组织、领导、协调和控制等。财务管理主要是针对资金运动的一种价值管理，因此，财务管理的基本职能主要表现为价值评估，即估值或定价（Pricing）。这是财务管理和会计的一个重要区别。

（三）财务管理与会计的联系

财务管理与会计虽然是两个不同的学科，但它们之间却有着密切的联系。两者之间的密切联系突出表现在：财务管理离不开会计提供的信息，而会计则要密切跟踪财务活动，对财务管理的过程、结果和表现予以反映。

日本学者宫匡章的《会计情报手册》在概括西方学者各种观点的基础上，生动地描述了财务管理与会计的联系：财务是以资金为对象的实体活动，会计是以财务活动及其结果为对象的信息处理活动，其机能是组织情报，不处理资金筹集与运用。即财务管理是进行有关资金筹集与运用意向的决策，而会计是为这种意向决策提供情报并记录其结果。

财务部门的投融资和分配活动，都会反映到会计部门，但价值运动并没有进入会计部门。价值运动是企业生产经营过程中资金的运动，它同生产经营活动是不可分离的，而进入会计部门的不过是被接收的以凭证为载体的价值运动发出的信息。价值运动信息就这样借助于原始凭证“悄悄地”进入了会计信息系统，并按会计信息使用者的要求进行加工处理和输出。财务部门筹集的资金是否合理？资金运用是否得当？盈利分配是否科学？这些均要依据会计部门提供的信息（加工后的价值运动信息即会计信息）同预定的财务目标进行比较后才能做出正确的判断。所以，起媒介作用的是价值运动信息。

综上所述，财务管理与会计既有区别，又有联系。在理论上，它们是两个不同的概念和学科；在实践中，它们是两个不同的职能部门。从企业角度看，财务管理就是企业的投融资决策，即英语中的“Corporate Finance”，其核心职能是对“未来”尚未发生的经济活动进行价值预测、评估与计划，即定价。而会计是企业管理凭借的工具之一，核心职能是采用专门语言对企业过去已经发生的经济活动进行记录、整理，即反映。而两者的密切联系突出表现在，会计为财务管理决策提供了大部分的信息支持和依据，而财务管理活动及其成果又是会计赖以工作或反映的对象。

第二节 企业财务管理环境

任意事物都不能孤立地存在，都会存在于环境之中并与环境发生联系，财务管理当然也不例外。所谓财务管理环境，是指对企业财务活动及其管理产生影响的企业内部、外部各种条件的统称，是影响财务机制运行的各种内部与外部因素的总和。

一、财务管理环境的类型

财务管理的环境涉及的范围非常广泛，从不同的角度可分为不同的类型。

（一）宏观环境和微观环境

企业财务管理的环境按其包括的范围不同可分为宏观环境和微观环境。

宏观财务管理环境，是指国家政策、经济形势、经济发展水平、金融市场状况和社会文化等。一般而言，宏观环境的变化对任何企业都有影响，且在企业的控制能力之外。

微观环境，是指企业自身的组织形式、生产经营状况及供应链构成等。微观环境一般而言由企业自己选择，也能自我把握或控制，特定的微观环境只对特定企业产生影响。

（二）内部环境和外部环境

企业财务管理环境按其与企业的关系，可以分为内部环境和外部环境。

企业内部财务管理环境，是指企业的生产、技术、资本结构、生产经营周期等。外部环境是影响财务机制运行的企业外部因素的总和，如行业特点、国家政策法规、经济发展水平等。外部环境一般较复杂，需要通过大量的资料收集和分析方能把握。

（三）静态环境和动态环境

财务管理环境按其变化情况，分为静态环境和动态环境。

静态财务管理环境是指那些相对稳定的环境因素，对财务管理影响的幅度并不大，因此在实务中一般不将其作为研究对象来加以研究，而是当作已知条件来用。动态环境是指那些不断变化的、对企业财务管理产生重要影响的环境因素。这里的动态环境主要是指在整个时间轴上变化性强、预见性差的部分，不可与事物变化的普遍性相混淆。在实务中，动态环境是分析研究的重点。

二、财务管理的宏观环境

本节我们重点介绍企业宏观环境的几个重要方面，即经济环境、法律环境、社会文化环境。

（一）经济环境

1. 经济周期

在市场经济环境下，经济发展通常带有一定的波动性，按照复苏、繁荣、衰退、萧条几个阶段不断循环，经济在波动中前进，这种循环就叫作经济周期。

一般而言，在经济复苏期，社会购买力逐步提高，企业应该及时把握投资机会，采用扩张型财务战略，为繁荣期的到来做准备。在经济繁荣期，市场需求旺盛，企业应先采用扩张型财务战略再转为稳健型财务战略。在经济衰退期，企业应缩小规模，减小风险。在萧条期，企业应尽力维持现有规模。

2. 经济发展水平

经济发展水平是一个宽泛而模糊的概念。按照通常的标准可把不同的国家划分为发达国家、发展中国家和不发达国家三类。

发达国家是经历了较长时间的经济发展过程，经济发展水平在世界上处于领先地位的国家。这些国家资本集中和垄断程度相当高，财务管理水平也较高。发展中国家的经济发展水平虽然不高，但发展速度比较快、经济政策变更频繁、国际交往日益增多。相应地，不发达国家的经济发展水平很低，这些国家的共同特征一般表现为以农业为主要经济部门，工业特别是加工工业不发达，企业规模小、组织结构简单，这些特征决定了其企业财务管理水平较低。

3. 经济体制

经济体制是指为了对有限的资源进行配置而制定并执行决策的各种经济机制，典型代表就是计划经济体制和市场经济体制。

在计划经济体制下，国家或政府的权力非常大，企业自主的筹资、投资、管理权力都十分有限，基本只具有执行权，这样就决定了企业的财务管理内容单一、方法简单。而市场经济体制下，企业自己决定融资计划、投资方案，这就要求企业的财务管理必须根据实时环境和自身条件来决策和实施，因此，财务管理的内容比较丰富，方法较复杂，财务水平较高。

另外，一些具体的经济因素也会影响企业的财务管理，如通货膨胀状况、利息率、外汇汇率、市场完善程度、金融政策、税收政策、产业政策、对外贸易政策等。

（二）法律环境

财务管理的法律环境是指约束、规范企业融资、投资和收益分配等各项财务管理的各种法律、法规。如公司法、证券法、金融法、合同法、企业财务通则、企业财务制度等。限于篇幅，这里不再介绍。

（三）社会文化环境

社会文化环境包括教育、科学、文学、艺术、新闻出版、广播电视、卫生体育、世界观、理想、信念、道德、习俗，以及同社会制度相适应的权利义务观念、道德观念、组织纪律观念、价值观念、劳动观念等。企业的财务活动不可避免地受到社会文化的影响，只是有的是直接影响，有的是间接影响。

三、财务管理的微观环境

财务管理的微观环境，同样也包括很多内容，如企业组织的形式、市场状况、采购情况等。下面简单介绍对财务管理有重要影响的几个方面。

（一）企业类型

企业组织类型有很多，按不同标准可以做不同的划分。结合我国当前的法律规定，按照企业组织形式以及因此形成的权利义务，划分为独资企业、合伙制企业和公司制企业。

1. 独资企业

独资企业是指由单个自然人独自出资、独资经营的企业，又称个人业主制企业。独资企业的财产为投资者个人所有，投资者对企业拥有完全的决策权和经营权，个人独自享受企业的利润并独自承担经营责任和风险。

独资企业具有如下主要特征：

（1）企业的所有权、经营权及利润索取权是统一的，都归投资者个人所有，因此，企业投资者或经营者有最大的收益。

（2）投资者以其个人的全部资产对企业债务承担无限责任，投资者个人资产与企业资产之间没有差别。

（3）企业内部结构简单，无须正式的章程，开办费用低，政府限制极少。

（4）不需要支付企业所得税，投资者经营企业的所得按个人所得税及其规定办理。

一般情况下，独资企业融资难度大、投资规模小、发展速度缓慢。因为独资企业与投资者个人的财产关系是同一的，其信用有限，抵御财务和经营风险的能力也较低，所以难以投资经营一些资金密集、规模较大的企业；其存续期也受制于投资者个人的自然寿命。

2. 合伙制企业

在我国，合伙制企业分为一般合伙制（General Partnership，GP）和有限合伙制（Limited Partnership，LP）两类。

在一般合伙制企业中，所有的合伙人共同出资、共同经营，并共享风险与收益。每个合伙人享有的权利和承担的义务是相同的，每个人都对企业中的债务承担无限连带责任。

有限合伙制企业允许某些合伙人的责任仅限于个人在合伙企业中的出资额。有限合伙制通常要求至少有一个合伙人是一般合伙人，其负无限责任；有限合伙人一般不参与企业管理，只承担仅限于出资额的有限责任。

合伙制企业同独资企业有些类似，具有如下特征：

(1) 合伙制企业资本金要求较低，开办费用也较低。合伙制企业筹集大量资金也十分困难，权益资本的规模通常受到合伙人自身能力的限制。

(2) 合伙制企业的收入不用缴纳企业层面的所得税，连同合伙人其他个人所得由合伙人缴纳个人所得税。

(3) 由于受到合伙人变故（死亡、退出、丧失民事能力等）的影响，合伙制企业的存续期有限且不稳定。一般情况下，一般合伙制企业转让产权要求所有合伙人必须一致同意，因此在没有宣布解散的情况下转让产权是很困难的。但有限合伙制中的有限合伙人，拥有不经其他合伙人同意出售其企业权益的权利。

(4) 由于一般合伙人对合伙企业的债务承担无限责任，在责任心增强的同时也加大了其经营风险。

3. 公司制企业

公司制企业，简称“公司”，是现代企业的重要组织形式。它是依照公司法登记设立，由股东作为权益投资者投资形成注册资本金，公司以自己全部法人财产进行自主经营、自负盈亏的企业法人。企业享有由股东投资形成的全部法人财产权，依法享有民事权利，并承担民事责任，包括缴纳公司层面的企业所得税。股东作为出资者，按投入企业的资本额享有所有者的资产收益、重大决策权，并以其出资额或所持股份为限对企业承担有限责任。

公司制企业和股东是两个不同的法律主体，具有独立的法人人格，因此，容易筹集资金，融资方式、渠道也比独资企业、合伙企业有更多选择。

企业除了以上的分类外，还可以按照其他标准进行分类，主要有以下几类：

(1) 根据所属部门可分为工业企业、商业企业、农业企业等。

(2) 根据企业规模大小可分为大型企业、中型企业和小型企业。

(3) 根据所有权关系可分为国有企业、集体企业、私营企业、外商投资企业、股份制企业等。

(4) 根据经营方式可分为承包经营企业和租赁经营企业等。不同的企业，财务管理方式和内容也不尽相同，如我国的外商投资企业享有很多优惠，国有企业可吸收大量国有资本并且向银行借款也容易，大企业承担风险的能力也较小企业更强等。

（二）市场环境

在市场经济环境下，每个企业都面临着不同的市场环境。构成市场环境的要素主要有消费者、供应商、竞争者与参加市场交易的商品两类。一般而言，参加交易的商品的差异化程度越小，竞争越大；差异化程度越大，竞争越小。

对垄断市场来说，企业不存在竞争，价格波动也不大，企业利润稳中有升，因而企业面临的风险小，可利用较多的债务资本来筹集资金。而处于完全竞争市场中的企业，销售价格完全由市场决定，是价格接受者，企业利润不稳定，因此不宜过多地采用债务融资。处于不完全竞争和寡头垄断市场中的企业，关键是产品的差异化、质量、品牌等，所以财务人员要保证足够的资金来打造企业产品的差异化形象。

（三）采购环境

采购环境又称物资来源环境，按不同的标准可分为不同的类型。

按其来源是否稳定，可分为稳定的采购环境和波动的采购环境。前者表示企业对其所需要的资源有稳定的来源，在这种情况下，企业只需留有较少的储备即可，存货占用的资金也较少。而在不稳定的采购环境下，企业存货的保险储备要多，存货占用的资金也较多。

按采购价格的变动情况，可分为价格上涨的采购环境和价格下降的采购环境。在物价上涨的采购环境当中，企业应该尽早订货，因此存货占用资金也较多；反之，可以在企业需要材料时再行采购，不仅存货占用资金减少，还可从价格下降中得到好处。

（四）生产环境

不同的生产企业和服务企业具有不同的生产环境。高技术型的企业，如造船、航空等，需要有较多的固定资产，而需要人工较少，这也要求企业要有较多的长期资金来满足固定资产投资的需要；反之，如果是劳动密集型企业，如生产食品、服装等，则可利用较多的短期资金。

世界是由相互联系的事物组成的，正是由于事物之间的相互作用、影响才促进了世界的发展与变化。财务管理理论和方法的变革，是环境综合作用的表现与结果，因此，研究财务管理环境具有重要意义。它不仅有助于我们正确、全面地认识财务管理的历史规律，掌握财务管理的发展趋势，还有助于我们正确地认识影响财务管理的各种因素，不断增强财务管理工作的适应性。

第三节　企业财务管理目标

财务管理目标就是通常所说的理财目标，是企业财务活动所要达到的根本目的，决定企业财务管理的基本方向。对于企业财务管理的目标，理论界一直争论不休，先后出现了十几种观点，如产值最大化、净值最大化、经济效益最大化、资本成本最小化、相关者利益最大化、社会价值最大化等。本书着重介绍在理论和实践中具有广泛影响的几种主要观点，分别是产值最大化、利润最大化、股东财富最大化，并着重介绍利益相关者与企业价值最大化。

一、企业财务管理目标评价

（一）产值最大化

产值最大化，是传统的计划经济管理模式下，企业的财产所有权与经营权的高度统一，企业的主要任务就是执行国家下达的总产值目标，企业领导人职位的升迁、职工个人利益的多少均由完成产值计划指标的程度来决定，这就决定了企业必然要把总产值作为企业经营的主要目标。

我国曾在计划经济体制下推崇这种目标，但随着时间的推移，人们逐渐认识到它的缺陷。

（1）只讲产值，不讲效益。在产值目标的指导下，人们只追求增产，甚至当增产部分的收益小于成本时仍然这样做。

（2）只讲数量，不讲质量。在产值最大化目标的驱动下，人们只追求产品的数量而轻视质量和种类。

（3）只抓生产，不抓销售。企业追求多生产产品，而不管销售如何。

（4）只讲投入，不讲挖潜。这一目标的确定导致企业片面追求产值的增加而忽视设备的更新换代和技术的改进。

由于产值最大化这一目标存在诸多缺陷，尤其和当前的市场经济环境不相容，因此，将其作为现代企业财务管理的目标是不可取的。

（二）利润最大化

利润最大化，是经济学中根深蒂固的一个观点，在理论和实践中具有相当广泛的影响力。

自亚当·斯密以来，经济学家就把人类行为界定为追求效用最大化，即假设人是具有理性的经济人，个人追求自身利益最大化。利润最大化后来成为新古典经济学的基本假设之一，新古典经济学在分析微观个体的经济行为时，假设个人追求效用最大化，而厂商追求利润最大化。在完全竞争的市场中，当边际成本等于边际收益时，厂商就实现了利润最大化，而实现利润最大化的要素组合，就实现了资源的最优配置。因此，许多经济学家都以利润最大化来分析企业的行为和评价企业的业绩。

利润最大化曾经被认为是企业财务管理的正确目标。这种观点认为，利润代表企业新创造的财富，利润越多则企业财富增加越多。以利润最大化作为企业财务管理目标有其科学成分，企业追求利润最大化，就必须不断加强管理、降低成本、提高劳动生产率、提高资源利用效率。追求利润最大化反映了企业的本质动机，也为企业的经营管理提供了动力。同时，经营收入减去经营成本就是利润，这在实际应用中简单直观，容易理解和计算。

利润最大化观点，在现代企业财务管理中至少存在以下缺陷：

（1）“利润”更多的是一个会计概念。作为一个会计指标，同样存在会计及其计量方法上的内在缺陷，如采用历史成本法而忽略了资金时间价值。

（2）“利润”概念所指不明。利润有许多含义，如会计利润、经济利润，或者短期利润、长期利润。

（3）利润最大化中的利润是一个绝对数，它没有反映出所获利润与投入资本之间的对比关系。

（4）如果片面强调利润的增加，有可能诱使企业产生追求利润的短期行为，而忽视企业的长期发展。这在我国国有企业的经营绩效考核中尤为突出。

（三）股东财富最大化

股份制企业是现代企业的主要形式，其典型特征是所有权与经营权的分离，即股东不直接参与企业日常业务，而是委托职业经理人经营，于是，现代企业就形成了一种普遍现象：委托-代理。根据委托-代理理论，企业经营者，即受托人应该最大限度地谋求股东或委托人的利益，而股东的利益体现在其投资的保值和增值，即股东财富上。因此，股东财富最大化这一目标就自然受到现代企业及其投资者的高度关注。

一般而言，股东是企业资产的最终所有者，其财富就是股东所持企业股票的市场价值或实时价值。现实中，股东财富是由持有的股票数量和股票市场价格来决定的，在股东持股数量一定的情况下，股东财富就和股票价格成严格的正比关系，于是，股东财富最大化通常演变成企业股票价格最大化。

许多财务学家主张应选择股东财富最大化作为企业财务管理的目标，理由如下：

（1）股东财富的概念非常明确，它就是可以立即变现的股票现时价值。

（2）股东财富最大化目标在一定程度上能克服企业追求利润的短期行为。因为，股票的市场价值在某种程度上反映了企业未来现金流量的现值，也就是说，不仅现在的利润会影响股票的市值或市价，未来的利润也会影响股票市值。

（3）股东财富的计量考虑了时间价值和风险因素。股票价格是随时波动的，并受到企业未来价值或收益的影响。

（4）股东财富最大化目标有利于股东对管理者的监督和考核。如果股东对企业的经营管理业绩不满意，可以“用脚投票”，大量的股票抛售势必会引起股票市场价格下跌，这样，管理者就会面临压力，就会为改进企业管理而努力，从而积极为股东创造价值与财富。

（5）股东财富比较容易观察和量化，因此，股东财富最大化的目标在实务中操作方便、简单、直观。

以股东财富最大化作为企业财务管理目标的观点，具有广泛的影响力和号召力，是目前国外财务管理教科书中提及最多的观点。虽然理论上还存有争议，但股东财富最大化的观点还是被越来越多的人所接受和认同。在实际中，也有许多大企业以股东财富最大化作为自己不懈追求的目标。美国财务学家詹姆斯·范霍恩（James Van Horne）等在其《现代企业财务管理》中，展示了一些著名企业将股东财富最大化作为企业财务管理的目标。

● 可口可乐公司（Cocacola）：我们只为一个原因而存在，那就是不断地将股东价值最大化。

● 金宝汤公司（Campbell Soup）：我们的首要目标是增加股东的长期财富，以补偿他们的风险。

● 艾可菲公司（Equifax）：为股东创造价值是我们全部的经营和财务策略的目标。

● 乔治亚-太平洋公司（Georgia-Pacific）：我们的任务永远是创造新的价值和增加股东财富。

● 泛美集团（Transamerica）：我们将继续增加企业全体股东的价值。

当然，强调股东财富最大化的目标也会面临一些问题，主要包括：

（1）股票市价或市值只适合上市企业，对非上市企业很难适用。

（2）只强调股东利益，而忽视了其他利益相关者的利益。

(3) 股票价格受多种因素的影响，并非上市企业所能控制；在实行股票期权激励的企业中，可能会诱使管理层弄虚作假，千方百计抬高股价。

(4) 股东或其受托人有可能通过剥夺债权人和其他利益相关者的利益而增加股东财富。

(5) 可能会为社会带来大量的负外部效应，而这些效应却无法在企业财务管理中反映出来。

二、利益相关者与企业价值最大化

(一) 利益相关者

利益相关者 (Stakeholder) 是指组织外部环境中受组织决策和行动影响的任何相关者。利益相关者包括企业的股东、债权人、雇员、消费者、供应商等交易伙伴，也包括政府部门、本地居民、本地社区、媒体、环保主义等的压力集团，甚至包括自然环境、人类后代等受到企业经营活动直接或间接影响的客体。这些利益相关者与企业的生存和发展密切相关。1984 年，弗里曼出版的《战略管理：利益相关者管理的分析方法》一书，明确提出了利益相关者管理理论。利益相关者管理理论是指企业的经营管理者为综合平衡各个利益相关者的利益要求而进行的管理活动。与传统的股东至上主义相比较，该理论认为任何一个公司的发展都离不开各利益相关者的投入或参与，企业追求的是利益相关者的整体利益，而不仅仅是某些主体的利益。

一般而言，影响财务管理目标的利益集团应当符合以下三条标准：

(1) 必须对企业有投入，即对企业有资金、劳务或者服务方面的投入。

(2) 必须分享企业收益，即从企业取得诸如工资、奖金、利息、股利和税收等。

(3) 必须承担企业风险，即当企业失败时，都会承担一定损失。

可见，财务管理的利益相关者主要包括所有者、债权人、员工、政府等。

企业财务管理的目标，应该与多个利益集团相关。可见，企业的财务管理应该关注到所有利益相关者的利益。

(二) 企业价值最大化

企业价值是指企业全部资产的市场价值。企业价值最大化是指通过经营者的经营管理，采用最优的财务政策不断增加企业财富，使企业的总价值达到最大。

企业价值最大化是股东财富最大化的演化和延伸。以企业价值最大化作为财务管理的目标，其优点与股东财富最大化相类似，其基本思想也趋于一致。所以，很多学者将两者等同起来，看成同一个概念。显然，企业价值有别于股东财富，股东财富仅指股东权益的市场价值。

现代企业理论认为，企业是多边契约关系的总和，股东、债权人、经理层、员工等缺一不可。这些利益相关者都有各自的利益诉求，企业价值这一指标就很好地概括了所有相关者的利益，使得利益各方在这一概念下保持利益的统一和制衡，并保证了企业战略发展的全局性和长期性。

但是，以企业价值最大化作为财务管理的目标，也存在一些缺陷：

(1) 未突出所有者的利益。主流的现代企业理论认为，企业是股权投资者的企业，股权投资者是企业资产的最终所有者，为企业及其债权人提供最后的清偿责任。所以，资金活动的管理目标首先应该满足或保护所有者的利益。企业价值至少包括债权人和所有者的权益，是负债和所有者权益的价值之和。因而，企业价值最大化没有区分债权人与所有者对企业承担的风险、拥有的权利，而是将债权人利益与所有者利益，即企业负债价值与所有者权益价值合并起来考虑，这就极易造成对所有者利益保护的不足，最终也将造成包括债权人在内的所有相关者利益的损害。例如，为追求企业价值最大化，管理者会青睐资金成本较低的短期负债融资而非权益融资，这样，企业创造的大量价值在流向了债权人而非所有者的同时，由负债增加的财务风险却要由所有者来承担，这不仅有失公平，也不利于企业的长期发展。

(2) 不能合理处理积累与分配的关系。强调企业价值最大化，就会片面强调积累，忽视分配，因为未分配利润可增加企业积累，降低风险。试想，如果所有企业都不分配利润，则生产也就失去了意义，生产也会因缺乏动力而陷入停顿。所以，不分配利润既背离了所有者利益，也不符合社会利益。

(3) 受益对象模糊。企业价值最大化这一目标，强调管理者对企业负责，而企业只是拟人化的、法律意义上的经济实体，这使得企业价值的概念模糊不清，指代不明。

但是，一般情况下，股东对企业剩余收益才有索取权，除股东之外的其他利益相关者对企业的利益索取都是事先约定时间、数额的，因此，很多时候将企业价值最大化等同于股东财富最大化，也是有道理的。

结合当前国际企业经营管理的实践，主流的财务管理理论认为，现代企业财务管理的目标是实现股东财富最大化，并在此基础上兼顾利益相关者的利益。

第四节 财务管理理论结构

一、财务管理理论结构的概念

财务管理理论是根据财务管理假设所进行的科学推断或对财务管理实践的科学总结而建立的概念体系。财务管理理论结构是指财务管理理论各组成部分（或要素）以及这些部分之间的排列关系。

(一) 财务管理理论结构的起点

现有财务管理理论研究的起点主要有以下观点：

(1) 本质起点论。本质起点论是以“财务的本质”为起点，从这一起点出发，进而阐释财务管理的概念、对象、原则、任务、方法等一系列理论问题。

(2) 假设起点论。假设起点论认为“任何一门独立学科的形成和发展，都是以假设为逻辑起点的，然而在财务学中，却忽略了这一点”，并指出“假设对任何学科都是非常重要的，因为它为本学科的理论和实务提供了出发点或奠定了基础”。

另外，值得一提的是本金起点论和目标起点论。前者是由我们著名财务管理学家郭复初教授近几年提出的一个观点，他认为“本金是指为进行商品生产和流通活动而垫支的货币性资金，具有流动性与增值性的特点”。后者是我国有些学者以财务管理的目标为财务管理理论研究起点的看法。

（二）以财务管理环境为起点构建财务管理的理论结构

20 世纪是财务管理大发展的世纪，在这 100 年的时间里，财务管理经历了五次飞跃性的变化，我们称之为财务管理的五次发展浪潮。

（1）第一次浪潮——筹资管理理财阶段。这一阶段主要是指 20 世纪初，由于西方国家经济的持续繁荣和股份制公司的迅速发展，各类企业面临着如何扩大生产经营所需资金的问题。在这一阶段中，财务管理的主要职能是预测公司资金的需要量和筹集公司所需要的资金。这一阶段又被称为“传统财务管理阶段”。

（2）第二次浪潮——资产管理理财阶段。这一阶段是在第二次世界大战之后，随着科学技术的迅速发展和市场竞争的日益激烈，西方国家的财务人员逐渐认识到财务管理更重要的职能在于有效的内部控制，管好、用好资金。因此这一阶段又被称为“内部控制财务管理阶段”。

（3）第三次浪潮——投资管理理财阶段。从 20 世纪 60 年代中期开始，企业经营环境不断变化和发展，资金运动日趋复杂，市场竞争更加激烈，投资风险也不断加大，因此投资管理受到了空前的重视。

（4）第四次浪潮——通货膨胀理财阶段。第四次浪潮发生于 20 世纪 70 年代末和 80 年代早期。伴随着石油价格的上涨，西方国家出现了严重的通货膨胀，导致企业资金需求不断膨胀，货币资金不断贬值，资本成本不断升高，成本虚降，利润虚增，资金周转困难。为此，西方财务管理根据通货膨胀的状况对企业的投融资等做了调整。

（5）第五次浪潮——国际经营理财阶段。20 世纪 80 年代中后期，由于运输业和通信技术的发展、市场竞争的加剧，跨国企业迅速增多，国际企业的财务管理也越来越重要。

二、财务管理理论结构的构建

（一）我国学者关于财务管理理论体系的主要观点

我国著名财务管理学家王庆成教授认为，财务管理理论体系中的基本概念是资金运动，它的基本规律是资金运动规律，它的基本程序和方法是资金运动规律的运用。

我国著名财务管理学家李相国教授认为，遵循理论与实践辩证关系的原理，作为财务管理实践的系统化认识，财务管理基本理论体系可按认识的不同层次划分为五个层次，它们分别是：

（1）描述财务管理及其基本特征、目标的理论。

（2）描述财务管理主体、客体和理财环境的理论。

（3）描述财务管理职能、研究财务管理运行机制的理论。

（4）研究财务管理规范的理论。

（5）关于财务管理方法原理的理论。

我国著名财务管理学家刘恩禄教授等认为，财务管理理论体系由基本理论和应用理论两大部分构成。

我国著名财务管理学家郭复初教授等认为，财务管理理论体系由财务基本理论、财务规范理论和财务行为理论三部分构成。

（二）财务管理理论结构的基本框架

以上著名财务管理学家对财务管理理论体系的研究，为我们构建财务管理理论结构的基本框架提供了方法，再结合当前和未来一段时间我国财务管理环境的状况和发展，构建出了财务管理理论结构，如图 1-2 所示。

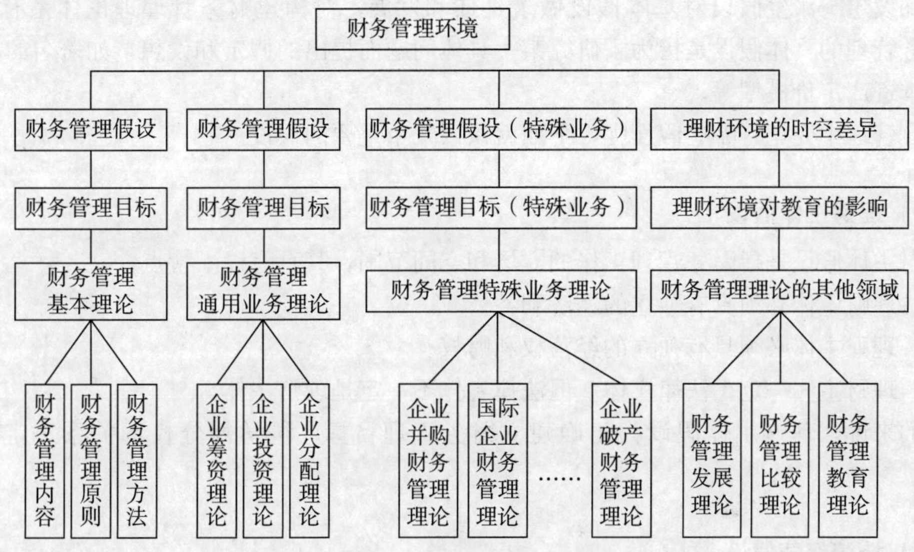

图 1-2　财务管理理论结构

由图 1-2 可以知道，财务管理环境是财务管理理论研究的逻辑起点，财务管理中的一切理论问题都是由此展开的。财务管理假设是财务管理理论研究的前提，财务管理假设是人们利用自己的知识，根据财务活动的内在规律和理财环境的要求所提出的，具有一定事实依据的假想或假设。财务管理目标是财务管理理论和实务的导向，它是在认真研究财务管理环境和已经确立的财务管理假设基础上确定的，既对财务管理的内容、原则、方法等基本理论问题起导向作用，也对财务管理通用业务理论和特殊业务理论起导向作用。

由图 1-2 可知，财务管理基本理论是指由财务管理内容、财务管理原则和财务管理方法构成的概念体系。财务管理内容是指企业的财务活动，包括筹资管理、投资管理、营运资本管理和利润分配管理四个方面。财务管理原则，是财务管理工作必须遵循的基本准则，是从财务实践中概括出来的体现财务活动规律性的行为规范。财务管理方法，是财务管理人员为了实现财务管理目标、完成财务管理任务，在进行理财活动时所采取的各种技术和手段。

财务管理通用业务理论，是指针对各类企业都有的财务管理业务，主要研究筹资管理理论、投资管理理论和利润分配理论三个方面。

财务管理特殊业务理论，是指特定企业或某一企业的特定时期才有的财务管理业务，如企业破产清算、并购管理、集团财务管理、通货膨胀条件下的财务管理等。

通过上述的解释，财务管理理论结构的主要问题已经解释清楚，剩下的部分主要包括财务管理的发展理论、财务管理的比较理论和财务管理的教育理论。在这里，我们把这些问题归纳到财务管理理论的其他领域进行研究，限于篇幅不再介绍。

三、财务管理假设

根据财务管理假设的作用不同，财务管理假设可以分为财务管理基本假设、财务管理派生假设和财务管理具体假设三种类型。

财务管理基本假设是研究整个财务管理理论体系的假定或设想，它是财务管理实践活动和理论研究的基本前提。财务管理的派生假设是根据财务管理基本假设引申和发展出来的一些假定和设想。派生假设对基本假设做了延伸和发展，对构建财务管理理论体系有重要作用。财务管理的具体假设是指为了研究某一具体问题而提出的假定和设想，如著名的 MM 理论、资本资产定价模型等。

财务管理中究竟有哪些假设呢，下面就谈谈几个重要的假设。

（一）理财主体假设

理财主体假设是指财务管理工作的立场和空间范围，其具有以下特点：

（1）理财主体必须具有独立的经济利益。

（2）理财主体必须具有独立的经营权和财权。

（3）理财主体一定是法律实体，但法律实体不一定是理财主体。

总的来说，理财主体假设为正确建立财务管理目标、科学划分权责关系奠定了理论基础。

（二）持续经营假设

持续经营假设是指理财主体持续存在并且能执行其预计的经济活动。它界定了理财核算的时间范围，是财务管理的一个重要基础前提。

在正常情况下，企业进行筹资、投资、分配活动是假定企业能够持续经营下去的。但若有迹象明确表明企业经营欠佳、出现财务状况恶化或不能清偿到期债务，持续经营假设就失去了意义。

（三）有效市场假设

有效市场假设是指如果在一个资本市场中，价格完全反映了所有可获得的信息，那么这个市场就是有效市场；证券价格对有关信息的反应速度越快、越全面，资本市场就越有效率。

（四）资金增值假设

资金增值假设是指通过财务管理人员的合理运行，企业资金的价值可以不断增强。从该假设派生出来的是风险与报酬同增假设，即风险越高，获得高报酬的可能性越大。

资金增值假设说明了财务管理存在的现实意义，风险与报酬同增假设又要求企业不能盲目追求资金的增值而忽视风险。这两项假设为科学地确立财务管理目标、合理安排资金结构、不断调整资金投向奠定了理论基础。

（五）理性理财假设

理性理财假设是指从事财务管理的人员都是理性人，他们的理财行为也是理性的，因此他们会在众多的方案中选择最有利的方案。

理性理财有以下特点：

（1）理财是一种有目的的行为，即企业的理财活动都有一定的目标。

（2）理财人员会在众多方案中选择一个最佳方案。

（3）当理财人员发现正在执行的方案错误时，都会及时采取措施进行纠正，以便使损失降到最低。

（4）财务管理人员都能吸收以往工作的教训，总结以往工作经验，不断学习新理论，并将其运用于实际。

理性理财假设是确立财务管理目标、建立财务管理原则、优化财务管理方法的理论前提。

练习与解析

复习思考

1. 财务管理与会计有何区别与联系？
2. 财务管理的基本内容是什么？
3. 现代财务管理的目标是什么？
4. 我国企业组织形式有哪些？其对财务管理的核心影响是什么？

阅读材料

羁押两年后，“莆田第一股”*ST众和实控人许建成涉嫌合同诈骗、挪用资金案，在四川省阿坝州汶川县人民法院开庭。

生于1980年的许建成，用他自己的话讲可谓“少年得志”。2011年，31岁的许建成成为众和股份董事长，全面执掌上市公司。2015年股市高涨时，众和股份市值一度达到200亿元，许建成父子身家达数十亿元。

在庭审中，许建成否认存在诈骗行为。但许建成案的受害者们对此并不认同，受害人之一的张明（化名）称，许建成以非法占有为主要目的，骗取了他们手中阿坝州众和新能源有限公司（更名前为闽锋锂业，以下简称“闽锋锂业”）33.19%的股份，导致他们损失惨重。

在持续3天半的庭审中，许建成与李剑南、张明等另一方的更多纠纷细节逐渐曝光。

2019 年 4 月 21 日，庭审结束后，因该案案情重大、复杂，四川省阿坝州中级人民法院（以下简称“阿坝州中院”）宣布将择期宣判。

涉案总金额近 5 亿元

许建成 2017 年 3 月被警方逮捕。2019 年 4 月 18 日，许建成涉嫌合同诈骗、挪用资金案在汶川县人民法院公开审理。许建成被检方起诉涉嫌合同诈骗罪，涉及金额约 3 亿元；涉嫌挪用旗下马尔康金鑫矿业有限公司（以下简称“金鑫矿业”）以采矿权向中融信托贷款的 2 亿元等，用于向北京市第二中级人民法院（以下简称“北京市二中院”）支付个人还款保证金。

在法庭上，许建成语速较快，一一回答了公诉方、辩护方、法官的询问；在检方出示证据期间，许建成不停地在纸上做记录，4 月 18 日庭审开始后不久，其就将一支笔内的墨水用完了并换了笔。

针对检方指控，许建成均当庭予以否认，称其不存在欺诈等行为。

许建成涉嫌合同诈骗，源于 2014 年闽锋锂业股权的转让。闽锋锂业的核心资产是金鑫矿业。金鑫矿业拥有国内在产的大型锂辉石矿山。

2013 年前，在许建成的带领下，*ST 众和通过增资、并购获得闽锋锂业 62.95%的股权，并拥有李剑南、张明等股东手中 33.19%股份的优先购买权。闽锋锂业剩余 3.86%股份由另一自然人所持。

据张明透露，众和股份控股闽锋锂业后，便委派了财务总监等，控制了公司的财权，原股东主要管生产。众和股份控股闽锋锂业后，是新老股东合伙做生意、共同经营，讲究和气生财，但却因为钱的事情，渐生矛盾。

“一些该付的钱他不付。”张明称，比如欠了地质勘探队几千万元，由于 U 盾在他们手里，他们不付，被别人告了，法院冻结银行账户，导致公司运转困难。新旧股东矛盾渐生，李剑南等一些原股东萌生退意，这才有了 2013 年双方多次协商收购闽锋锂业 33.19%股权。

2013 年 4 月 10 日，众和股份曾停牌并披露，正在筹划增持闽锋锂业股权相关事宜。但半个月后，众和股份公告，鉴于增持闽锋锂业股权事项的条件尚不成熟，公司决定终止筹划该事项。

张明称，2013 年，许建成出面协商，先是拟以上市公司名义收购闽锋锂业 33.19%股权，后来其又以上市公司收购程序麻烦为由，拟通过厦门国石来收购。“当时许建成的说法是，以众和股份名义来收购上述 33.19%的股权将构成重大资产重组需要证监会审核，不可控因素太多。”张明回忆称。

阿坝州检察院指控称，许建成合同诈骗的事实包括，其在债务缠身的情况下，于 2014 年 3 月在厦门与李剑南等 5 人签订了股权转让合同，约定将李剑南等 5 人持有的闽锋锂业 33.19%股权转让给厦门国石，作价 2.945 亿元，分四期支付股权转让款，最后一期于 2016 年 7 月底前支付。李剑南等人在收到许建成支付的 1 067 万元定金后，于 2014 年 3 月做了工商变更登记。后来，李剑南等找被告人索要股权转让款时，许建成以各种理由拒不支付。

检方还指控，2014 年 9 月，众和股份通过喀什黄岩收购了该部分股权。2014 年 7 月 24 日，厦门颐烨从厦门黄岩收购了厦门国石 100%股权。被告人许建成操作的系列股权转让行为使得李剑南等人只能向厦门国石和厦门颐烨索要股权转让款。由此，许建成涉嫌合同诈骗罪。

对此，许建成的辩护律师并不认同，他认为利用中间的平台公司收购是中外公司收购的常用方式，问题在于有没有采用隐瞒和虚构的方式，让被害人产生错误认识而主动交付财物，符合这样的条件才构成刑法的合同诈骗。

"本案中，许建成没有诈骗的动机，客观证据显示许建成没有隐瞒和虚构的情节。"许建成辩护律师称，不支付股权对价款是有合理的理由，且有证据证明对方违反合同约定。

……

债务缠身VS资本玩家

许建成还涉嫌资金挪用罪。检方指控称，2015年2月，金鑫矿业以采矿权向中融信托借款2亿元。同月，该笔贷款到账后，许建成安排人员将该笔贷款中的1.812亿元转走。到了3月，其中1亿元被转款至北京市二中院，用于缴纳许建成、许金和的个人执行保证金，至今未还。

彼时，因借贷纠纷，许金和及许建成所持有的众和股份32.4%股份被冻结。该部分股份若被法院强制执行，众和股份实控权或出现更迭。或为保住控制权，许建成选择铤而走险挪用金鑫矿业的资金。

2013年前后，许建成父子便身陷债务纠纷。众和股份曾披露，截至2016年8月，控股股东许金和、许建成对外债务约13亿元。

谈及自己2015年上"失信人"名单一事，许建成在庭审中淡然表示，是故意为之，只是为了约束其家人的举债行为。

在外界看来，相比父辈，"80后"的许建成似乎更热衷于资本运作。当初，众和股份涉足锂矿消息传播时，股价也曾飙升。

张明也称，早年将闽锋锂业62.95%股权转让给厦门国石时，对方支付了1.8亿元。2012年9月，众和股份增资3.2亿元只获得了厦门国石66.67%股权。一来一回，许建成控制的厦门国石不仅获利1.4亿元（不计算税费），同时厦门国石剩余33.33%的股权也握在许建成手中。而第二次收购33.19%的股权时，众和股份支付了5亿多元股权转让款，但受许建成控制的厦门国石付出成本不到3亿元，许建成同样获利丰厚。

在张明看来，通过以上操作，许建成透过看似与其无关联，但实际受其控制的公司买来资产，又在一系列股权腾挪后转手卖给众和股份，从中获取巨额利益，从而将众和股份的钱"套"进了自己的腰包，"众和股份也是受害者"。

许建成案发后，众和股份资金链断裂，债务缠身，寻求处置资产和寻求接盘方都不顺利。4月29日晚，*ST众和披露的2018年年报称："公司面临十分严重的经营危机及债务危机。存在逾期大额借款、逾期未缴税金和逾期应付利息，公司已严重资不抵债。"

因2015年至2017年连续亏损，*ST众和已暂停上市。2018年，公司继续亏损，目前*ST众和存在被强制退市风险。"基本是退市了。"许建成一名亲属也颇为悲观地看待*ST众和的命运，但其仍然希望许建成能出来。他认为，无论是否为退市结局，总要有人出来主持大局，才有可能推动公司逐渐好转。

一位接近案情的人士称，若许建成好好经营金鑫矿业，绝不会是如今的局面，如今处于停产状态的金鑫矿业资金链断裂，并出现欠员工薪酬、欠社保和拖欠当地税收、诉讼缠身等情况。金鑫矿业在2016年实现营收1.75亿元，净利润达到2 946.41万元，而如今却亏损。

"许建成等人的思维和一般人有很大不同。"该人士还称，比如挖矿，一般人想的都是，一铲子一铲子，老老实实地挖，卖掉然后赚钱；而许建成等人的想法是，怎么把这个矿的评估储量搞得更大，放利好消息，提升股价，然后通过减持等手段来赚快钱。

资料来源：朱万平，谢振宇，张海妮．“莆田第一股”老板涉嫌诈骗受审　股权腾挪为逃责还是倒手赚钱？．每日经济新闻，2019－05－01.（有改动）

讨论与运用

1. 本案例中资金出现挪用的深层原因是什么？
2. 如何加强公司财务管理工作？

第二章

财务管理价值观念

案例导引

据中国执行信息公开网报道，因违反财产报告制度，乐视影业（北京）有限公司被北京市第三中级人民法院列入失信被执行人名单，立案时间为2019年1月24日。援引业内知情人士消息称，“乐视影业这次列入失信名单，是受乐视的波及，不过受到的影响应该是暂时的。”事实上，乐视影业已与乐视隔离。曾经，其确实面临巨大资金缺口，但融创带来了至关重要的现金流。2017年11月，以孙宏斌（融创中国董事会主席）为代表的股东决定增资，公司估值从98亿元降为30亿元。2018年3月，公司董事长张昭发布内部信，宣布正式更名为乐创文娱，获得了融创中国及其他股东10亿元增资后，公司的第一大股东变成了融创中国。9月，融创中国旗下天津嘉睿通过司法拍卖，获得乐视控股所持乐视影业股权。

对于公司在资本上的轨迹，张昭已有所规划。“我们现金流没问题，模式是抗周期的，找到可持续增长的模式就可以面对资本市场了，现在更适合产业资本，未来，财务资本也会进来，这是个标志性节点。”他说。

可见，现金流和利润是两个不同的概念：有些企业账簿上有很多利润，但可能一分钱现金都没有。企业没有利润，仍然可以生存；但如果企业没有现金，则可能会立即倒闭乃至破产。

资料来源：贺泓源．被列入失信名单的乐视影业：“现金流 ok，新一轮融资酝酿中”. 21世纪经济报道，2019-02-18.（有改动）

学习目标

1. 理解现金流的概念在财务管理中的重要意义。

2. 掌握时间价值、风险报酬的基本理念。
3. 掌握各类形态时间价值的计算。
4. 掌握风险的衡量及其基本类型。

内容提要

现金管理与控制，是财务管理的重要基础性工作之一。从这一基本认识出发，财务管理引入了时间价值、风险报酬等理念。时间价值，明确了时间对价值的影响，也为不同时点的价值比较提供了基础；而风险与报酬，是财务管理的两个基本概念。

第一节 现金流

一、现金流的内涵

现金流（Cash Flow）是指企业在一定会计期间按照收付实现制，因为一定经济活动而发生的现金流入、现金流出及净额的总称，即企业在一定时期现金和现金等价物的流入、流出及其数量。

现金流中的现金，要做比较宽泛的理解，它包括现金以及可以随时用于支付的银行存款和其他货币资金。也就是说，它不仅包括企业的库存现金和银行存款，还包括现金等价物，即企业持有的期限短、流动性强、容易转换为已知金额、价值变动不大的资产等，如企业持有的短期国库券。

现金流量表，是以现金为基础编制的资金收付变动表，反映了会计主体一定期间内现金的流入和流出，表明会计主体获得现金和现金等价物的能力。在我国公司编制的现金流量表中，将现金流量分为经营活动现金流量、投资活动现金流量和筹资活动现金流量等三大类。现金流量表按照经营活动、投资活动和筹资活动进行分类报告，目的是便于报表使用人了解各类活动对企业财务状况的影响，以及估计未来现金流量。

二、现金流与会计利润

实务中，在销售实现时确认收入，但这不一定意味着确认收入的同时可以收到现金，确认收入、结转成本与收到现金很多时候并不是同步的。例如，企业销售是以应收账款、应收票据等形式实现的信用销售，这个时候，企业虽然确认了销售收入，但并没有现金流入企业，即收入和利润增加了，但企业的现金流量并没有增加。同理，企业在确认收入的同时需要结转成本，然而结转成本与实际的现金流出经常也是不一致的。因此，我们在进行财务管理决策时，首先需要明确现金流与会计利润这两个不同的概念。

会计利润（Account Profit），是企业在一定会计期间的经营成果。会计利润是按照权责发生制（也称为应收应付制）、收入费用配比等基本原则确认、计量的。而现金流，是以收付实现制（也称为实收实付制）确认的，按实际收到或支出的现金计算现金流量。从企业持续经营的整个期间来看，企业的总会计收益与经营现金净流量是一致的，但由于会计期间的划分，在特定会计期间两者往往并不一致。因此，会计利润和现金流是两个不同的概念，两者在数额上也往往不一致。这种不一致表现在以下几个方面：

（1）购置固定资产付出大量现金时，并不一次性计入成本。

（2）将固定资产的价值以折旧或损耗的形式计入成本时，不需要付出现金。

（3）计算利润时不考虑垫支的流动资产的数量和回收的时间问题。

（4）销售行为一旦确定，就确认了当前的销售收入，但其中一部分未于当期收到现金。

（5）项目结束时，以现金形式回收的固定资产残值和垫支的流动资产在计算利润时得不到反映。

可见，现金流考虑到了资金实际收支发生的时间，即考虑到了资金的时间价值，因此，一般情况下，财务管理中使用现金流来衡量投资的收益与成本。

当然，现金流与会计利润都可以作为评价企业财务状况和经营业绩的尺度。一般情况下，一定期间内企业现金净流量为正且越来越大，说明企业经营状况越来越好；相应地，会计利润也会越来越大，企业的经营成果也会越来越好。因此，在我们评价企业的经营业绩时，不仅要看企业的利润及利润率，还要考察企业的现金流量。

三、非现金项目

非现金项目（Noncash Item），主要是那些在会计核算时为与收入相配比而确认为费用，但在确认费用的当时并没有发生实际的现金支出，如折旧、摊销和递延税款等。

折旧是最常见的非现金项目。固定资产由于损耗而减少的价值就是固定资产的折旧。固定资产的折旧应作为折旧费用计入产品成本和期间费用，这不仅符合收入与费用的配比原则，也使企业在将来有能力重置固定资产，本质上它是固定资产在使用过程中因损耗逐渐转移到新产品中去的那部分价值。折旧是在固定资产每期计提折旧的时候确认为费用或成本，但是实际上此时并没有发生现金的实际支出。可见，从利润计算的角度看，折旧要从收入中扣除，折旧的产生意味着利润的减少；但从现金流的角度看，折旧的出现只是为了与收入配比而作为成本或费用从收入中扣除，其实并没有对现金流量产生任何影响。如果要计算此时的现金流，就必须在净利润的基础上加上已经扣除的折旧。与固定资产折旧在性质上一致的，还有无形资产的摊销。

递延税款是因税法与会计制度在确认收益、费用或损失时的时间不同而产生的会计利润与应税所得之间的时间性差异所引起的。一般而言，如果本年的应税所得小于会计利润，以后年度的应税所得就会大于会计利润，也就是说，本年未付的税款将在以后年度付出，这就形成了企业的负债，在资产负债表上表示为递延税款贷项。然而，从现金流量的角度看，递延税款并不是一笔现金流出。

在财务管理中，对投资项目的价值评估需要着重考虑折旧、摊销对现金流量的影响。

第二节　时间价值

任何企业的财务活动都是在一定的时间内进行的，离开了时间因素就无法正确计算不同时期的财务收支，也无法正确地评价企业的盈亏。资金的时间价值原理正确地揭示了在不同时点上资金之间的换算与比较关系，是财务决策的基本依据。

一、时间价值的概念

关于时间价值（Time Value）的概念和成因，人们的认识并不完全一致。一般认为，即使在没有风险和通货膨胀的条件下，今天 1 元钱的价值也会大于以后某时点 1 元钱的价值。某人投资 1 元钱，就失去了当时使用或消费这 1 元钱的机会或权利，这种付出的代价或投资按时间计算的报酬就体现为时间价值。主流观点认为，时间价值是扣除风险报酬和通货膨胀贴水后的真实报酬率。可见，尽管存款利率、贷款利率、债券利率、股票收益率都是投资报酬率，但它们与时间价值是有区别的，只有在没有风险和通货膨胀的情况下，时间价值才与上述各报酬率相等。

资金时间价值（Time Value of Money）是资金在使用过程中随着时间变化而发生的增值。通常情况下，它相当于没有风险和通货膨胀情况下的社会平均利润率。在实务中，通常以一年期或更短期国库券的利率作为参照。

资金时间价值反映的是由于时间因素的作用而使现在的一笔资金高于将来某个时期同等数量资金的价值，或是资金经历一定时间的投资和再投资所增加的价值。例如，有人将钱存入银行，银行会支付利息。一些经济学家认为，利息是对资金所有者推迟消费的一种补偿。但是，另一方面，货币只有当作资本投入生产和流通才能增值。资金的这种循环和周转以及因此实现的价值增值，需要或多或少的时间，每完成一次循环，资金就增加一定数额，周转的次数越多，增值额也就越大。因此，随着时间的延续，资金总量在循环和周转中按几何级数增大，使得资金具有时间价值。

二、复利终值和现值

（一）终值与现值

终值（Future Value）和现值（Present Value）是财务管理中资金时间价值的两种基本形式。终值又称将来值或本利和，是指现在一笔资金在未来某一时点上的价值。现值就是未来现金流量的当前价值。

在计算现金流终值和现值时，存在单利和复利的问题。所谓复利（Compound Interest），是指每经过一个计息期，将该期产生的利息加入本金一起作为下期计算利息的基础，逐期滚算，俗称“利滚利”。这里所说的“计息期”，是指相邻两次计息的时间间隔，如年、月、日等。除非特别说明，一般按年计息。单利（Simple Interest），是指按照固定的本金计算的利息，不将前期或前期累积的利息作为计算后期利息的本金或基础。但现代财务管理中，往往只使用复利计息，因为它能正确地衡量资金的时间价值。

在用复利计算终值和现值时，要区分两种情况：一是一次性收支，即只有某一个时点的现金流；二是多次收支，即涉及多重现金流中每个现金流终值或现值的和。在第二种情况下，又可以细分为两类情况：一是多次不等额，在计算上比较麻烦；二是多次都等额，即年金（Annuity）的情形。

（二）复利终值

复利终值是指当前的某笔资金在未来若干期后包括本金和所有利息在内的金额，其公式为：

$$F=P\times(1+i)^n$$

式中，F 为终值或本利和；P 为现值或初始值；i 为报酬率或利率；n 为时间。

【例 2-1】某人将 50 000 元投资于一个项目，年报酬率为 8%，则其以后某个时期的终值是多少？

假设，经过一年时间，则其一年后的期终金额为：

$$\begin{aligned}F&=P+P\times i\\&=P\times(1+i)\\&=50\,000\times(1+8\%)\\&=54\,000\text{（元）}\end{aligned}$$

若此人不取走投资款，将这 54 000 元继续投资于该项目，则第二年的本利和为：

$$\begin{aligned}F&=[P\times(1+i)]+[P\times(1+i)]\times i\\&=P\times(1+i)^2\\&=50\,000\times(1+8\%)^2\\&=58\,320\text{（元）}\end{aligned}$$

同理，第三年的本利和为：

$$\begin{aligned}F&=P\times(1+i)^2+P\times(1+i)^2\times i\\&=P\times(1+i)^3\\&=50\,000\times(1+8\%)^3\\&=62\,985.6\text{（元）}\end{aligned}$$

第 n 年的期终金额为：

$$F=P\times(1+i)^n$$

上式是复利终值的一般计算公式，式中的 $(1+i)^n$ 被称为复利终值系数，用符号（F/P，i，n）或 FVIF（Future Value Interest Factor）表示，表示在已知本金 P、利率 i、计息期 n 的情况下如何计算复利终值 F。例如，（F/P，6%，10）表示利率为 6%的 10 期复利终值的系数，根据这个系数可以把现值换算成终值。

为了便于计算，可编制“复利终值系数表”（见本书附表 1），该表的最上面一行是利率 i，最左边一列是计息期数 n，其纵横相交处的值即是对应 $(1+i)^n$ 的复利终值系数；而且，该表的作用还在于，已知其中任意两个数值时计算出第三个数值。

(三) 复利现值

复利现值是指以后某时刻一笔资金折算到现在的价值，可用逆向求解本金的方法计算，即已知 F、i、n，求 P。

由复利终值计算公式 $F=P\times(1+i)^n$ 可以推导出复利现值的计算公式：

$$P=\frac{F}{(1+i)^n}=F\times(1+i)^{-n}$$

上式是复利现值的一般计算公式，式中的 $(1+i)^{-n}$ 是把终值贴现（Discount）为现值的系数，称为复利现值系数，用符号（P/F，i，n）或 PVIF（Present Value Interest Factor）来表示，表示已知终值 F、利率 i、计息期 n，求复利现值 P。

为了便于计算，可编制“复利现值系数表”（见本书附表 2）。该表使用方法与“复利终值系数表”相同。利用“复利现值系数表”，同样可以在已知 F、i、n 中任意两个数值的情况下计算出另外一个。

【例 2-2】 某人欲在 8 年后获得本利和 2 000 元，假设投资报酬率为 10%，该投资者现在应投入多少元？

$$P=F\times(P/F,10\%,8)=2\ 000\times0.466\ 5=933\text{（元）}$$

即该投资者现在应投入 933 元。

三、年金终值和现值

上述的终值与现值，是针对只有一个现金流的情形。当有多个现金流需要计算其终值或现值的和时，需要将各个现金流分别计算终值或现值后再求和。有多个现金流的情况下，每个现金流的数额都相等是一种特殊情形，而且有很多简化的计算形式，这就是年金的终值或现值计算。

年金（Annuity）一般是指每期等额、固定间隔的系列现金流。收付现金流的时间在每期期末的，称为后付年金（Ordinary Annuity），也称为普通年金；收付时间在每期期初的，称为先付年金（Annuity Due），也称为即期年金、预付年金。

(一) 后付年金终值和现值

1. 后付年金终值

后付年金终值是指一定时期内每期期末等额现金流的复利终值之和，就如同零存整取的本利和。

如图 2-1 所示，假设每年年末投入 100 元，计息期为 3 年，利率为 10%。则第一期期末的 100 元到第三期期末可获得两期的利息，因而到第三期期末其值为 121 元；第二期期末的 100 元应获得一期的利息，因而到第三期期末其值为 110 元；第三期期末的 100 元，不能计息，其值为 100 元。因此，到第三期期末年金终值为 331 元。

按照以上思路，可以推导出普通年金终值的计算公式为：

$$F=A\times\frac{(1+i)^n-1}{i}$$

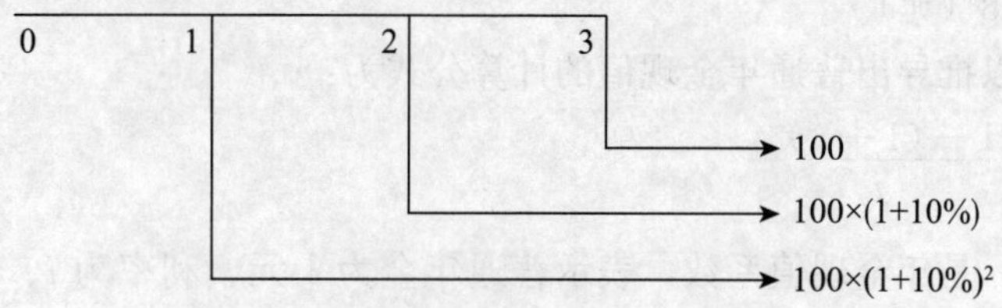

图 2-1　后付年金终值的计算

式中，$\frac{(1+i)^n-1}{i}$ 称为年金终值系数，表示后付年金为 1 元、利率为 i、经过 n 期的年金终值，可用（F/A，i，n）或 FVIFA(Future Value Interest Factor of Annuity) 来表示。"年金终值系数表"见本书附表 3。

2. 偿债基金

偿债基金（Sinking Fund）是指为了在约定的未来某一终点清偿某笔债务或积聚一定数额的资产而必须分次等额积累的准备金。由于利息是按复利计算的，因此，终点的债务或资产实质上相当于年金终值，每年年末应积累的数额相当于年金 A。可见，计算偿债基金可以看做是后付年金终值的逆运算，其计算公式为：

$$A=F\times\frac{i}{(1+i)^n-1}$$

式中，$\frac{i}{(1+i)^n-1}$ 是后付年金终值系数的倒数，称为偿债基金系数，用（A/F，i，n）来表示。它可以把后付年金终值折算为每期期末需要积累的金额，可以根据后付年金终值系数的倒数推算出来。

3. 后付年金现值

后付年金现值是指为在以后每期期末取得等额的现金流，现在需要投入的金额，也即一定时期内每期期末现金流量的复利现值之和。

假设欲在每年年末得到 100 元，计息期为 3 年，利率为 10%，则现在应投入多少元？即计算 $A=100$ 元、$i=10\%$、$n=3$ 的普通年金现值。如图 2-2 所示，我们可以按如下公式计算后付年金现值 P。

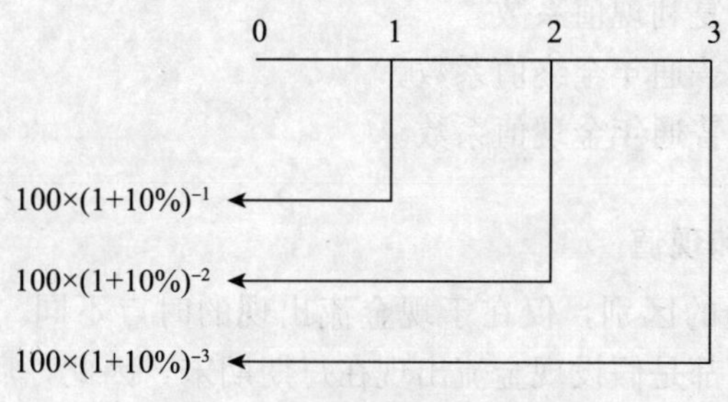

图 2-2　后付年金现值的计算

$$\begin{aligned}P&=100\times(1+10\%)^{-1}+100\times(1+10\%)^{-2}+100\times(1+10\%)^{-3}\\&=100\times0.9091+100\times0.8264+100\times0.7513\\&=100\times2.4868\end{aligned}$$

$$=248.68\text{（元）}$$

由此，我们可以推导出普通年金现值的计算公式为：

$$P = A \times \frac{1-(1+i)^{-n}}{i}$$

式中，$\frac{1-(1+i)^{-n}}{i}$ 是年金现值系数，表示普通年金为 1 元、利率为 i、经过 n 期的年金现值，可用（P/A，i，n）或 PVIFA(Present Value Interest Factor of Annuity) 来表示。“年金现值系数表”见本书附表 4。

4. 年资本回收额

年资本回收额（Capital Recovery）是指在给定的年限内等额回收初始投入的资本或清偿初始所欠的债务时，每年等额现金收支额。可见，资本回收额相当于初始的资本或债务额是已知的，求解每年的回收或清偿额；因此，也可以看做是普通年金现值的逆运算，其公式为：

$$A = P \times \frac{i}{1-(1+i)^{-n}}$$

式中，$\frac{i}{1-(1+i)^{-n}}$ 是普通年金现值系数的倒数，即资本回收系数。

【例 2-3】 假设借款 50 000 元投资于某个寿命期为 10 年的项目，以 10%的收益率计算，每年至少要收回多少现金才是有利的？

根据年资本回收额的计算公式可知：

$$\begin{aligned} A &= P \times \frac{i}{1-(1+i)^{-n}} \\ &= 50\,000 \times \frac{10\%}{1-(1+10\%)^{-10}} \\ &= 50\,000 \times 0.162\,7 \\ &= 8\,135\text{（元）} \end{aligned}$$

因此，每年至少要收回现金 8 135 元才是有利的。

总结上述复利情况下的终值和现值计算，我们可以得到互为逆运算或倒数关系的几对系数：

（1）复利终值系数与复利现值系数。

（2）偿债基金系数与普通年金终值系数。

（3）资本回收系数与普通年金现值系数。

（二）先付年金终值和现值

先付年金与后付年金的区别，仅在于现金流出现的时点不同。先付年金出现在每期期初，而一般财务处理中，都是假设现金流出现在每期期末，因此，后付年金及其计算是常用的，所以年金终值和现值的系数表也是根据后付年金编制的。为计算方便，一般利用后付年金的计算公式计算先付年金。

最为重要的是，先付年金的终值，相当于后付年金的终值再往前推加一期计算；其现值相当于后付年金多折现了一期。例如，每年年初有 100 元的现金流，计息期为 3 年，年收益率为 10%，先付年金终值和现值的计算，如图 2-3、图 2-4 所示。

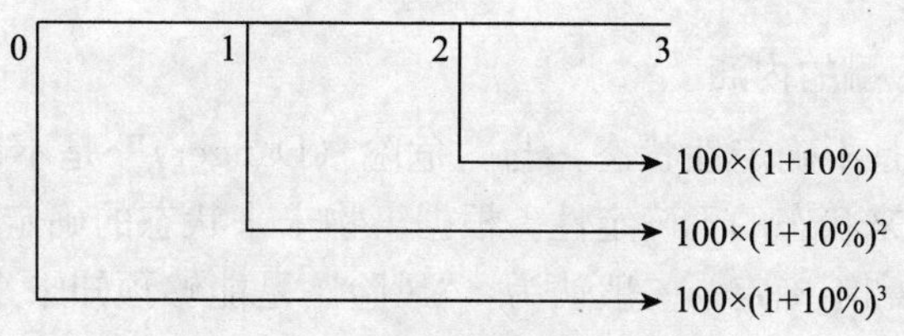

图 2-3　先付年金终值的计算

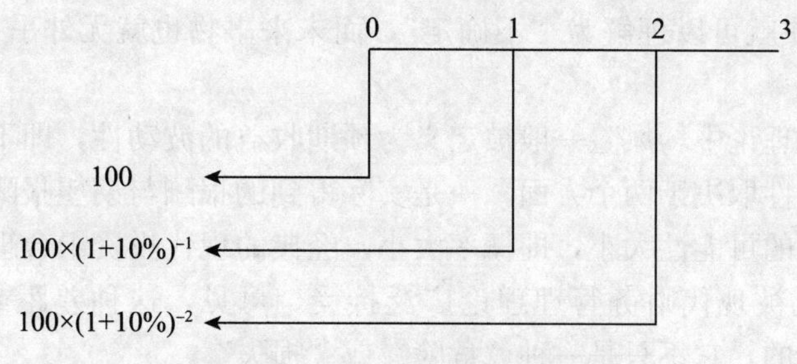

图 2-4　先付年金现值的计算

所以，不论是先付年金的现值还是终值，其计算公式均为：

$$先付年金=后付年金\times(1+i)$$

(三) 永续年金现值的计算

永续年金（Perpetual Annuity）是指期限无穷的年金。西方国家有些债券为无期债券，这些债券的利息可以视为永续年金。绝大多数优先股股利因为固定但无到期日，因而也可以视为永续年金。显然永续年金只可计算现值，不可计算终值。永续年金现值的计算公式为：

$$V=A/i$$

式中，V 表示永续年金的现值，其余符号含义同前。

第三节　风险报酬

如前所述，现代财务管理的核心职能是价值评估，那么如何进行价值的量化和评估呢？其实，财务管理价值评估的主流思路，就是将融资或投资未来面临的风险与预期收益相对应或配比。

一、风险与风险报酬

《现代汉语词典》对“风险”的定义是“可能发生的危险”。这种定义，符合大多数人的现实感受：“风险”似乎都自然而然地被认为是一种危险，意味着损失、失败，或不好的事情，而且，人们都希望尽量避免它。其实，这是对“风险”的一种误解。

(一) 风险与风险报酬的内涵

风险(Risk)指的是不确定性状态,与“危险(Danger)”是不同的。现代财务管理中的风险,指的是事物未来状态的不确定性。根据事物未来状态的确定性性质和程度,一般可以将其分为确定、风险和不确定。一般认为,“风险”是能够预知未来各种状态发生的概率,而“不确定”是连未来状态的概率也无法预测。我们通过对未来事物状态的无限细分,在理论上可以识别各种状态及其概率。所以,很多时候,我们把“不确定”归结到“风险”中。于是,“风险”的本质就可以理解为“不确定”,而未来事物也就无外乎“确定”与“风险”两种状态了。

在现代财务管理理论中,风险一般被定义为预期收益的波动性,即不能达到预期收益的可能性。而这种波动性取决于两个方面,一是实际得到的报酬与期望报酬之间的差距;二是这种差距或结果发生的可能性大小,即概率大小。经典的现代投资组合理论就是基于这种认识来量化风险的,也被现代财务管理理论广泛接受。可见,这种差距或结果可能是“好”的,也可能是“坏”的,它不只是一种“危险”或“损失”。

一般而言,人都是风险规避者,那么为什么世界上还存在那么多的风险投资呢?这正是由于风险报酬的存在。所谓风险报酬,就是投资者因承担了风险而获得的与其风险相匹配的那部分报酬。风险报酬一般有风险报酬额和风险报酬率两种表示方法。与收益一样,财务管理中一般使用相对数形式,即用风险报酬率来加以衡量和表示。

(二) 风险的分类

投资组合理论认为,若干种资产组成的投资组合,其收益是这些资产收益的加权平均值,而风险则不一定是这些资产风险的加权平均风险。这主要是因为,投资的多样性能够分散风险,组合中的资产越分散则风险越小;在充分多样化的投资组合中,有些风险是可以分散的,有些是不可以分散的。因此,现代投资组合理论将企业投融资领域中的风险分为系统性风险和非系统性风险两类。

1. 系统性风险

系统性风险(Systematic Risk)指由于外部市场的全局性、共同性因素变动给所有企业或项目带来的不确定性,也称为市场风险(Market Risk)或不可分散风险(Undiversifiable Risk)。

系统性风险主要源于宏观因素的变动,如宏观经济形势、国家政策、税制改革、会计准则变更、政治因素等。例如,在全球金融危机下,全球许多公司都遭受到沉重的打击,许多资产的价值都在不同程度上受到市场的影响。经济繁荣时,公司业绩普遍上升,带动多数股票价格上扬;而经济衰退时,多数公司亏损甚至倒闭,则会使多数股票价格下跌。在这种情况下,即使是充分多样化的投资,哪怕是购买全部市场上的股票,尽管能忽略或分散个别资产的独有风险,也不能消除宏观经济形势变化这一系统性风险。

2. 非系统性风险

非系统性风险(Nonsystematic Risk)主要是指发生于个别企业或项目中的特有事件造成的风险,因此,也称为独有风险(Unique Risk)或特有风险(Specific Risk)。

例如,由于供应商延迟发货导致的某企业不能如期交货、原材料价格上涨导致的成本过高、经营战略出现了重大失误等，这些事件对整个市场来说是偶然的、小范围的，只是影响一个或若干个公司，不会对整个市场产生太大的影响。我们可以通过投资的多样性来降低或分散这种非系统性风险，即发生于一家公司的不利事件可以被其他公司的有利事件所抵消，而且投资组合中资产越分散，这种非系统性风险就越低。因此，在投资充分多样化的情况下，这种可分散的非系统性风险就可以忽略，投资者只需关心系统性风险。由于非系统性风险可以通过投资多样化分散，因此也被称为“可分散风险（Diversifiable Risk）”。

在投资组合理论中，风险的内涵限于投资组合的系统性风险，既不是指单个资产的独有风险，也不是指投资组合的全部风险。从这个意义上看，现代企业财务管理中的风险又更多地指系统性风险。

总之，现代投资组合理论认为，投资的多样化可以降低风险。投资组合的风险会随着组合中资产的分散化而降低，但投资组合的收益仍然是每个资产收益的加权平均值。当投资组合中资产分散化达到一定程度时，个别资产的独有风险则可以忽略，影响投资组合的仅仅是系统性风险，即个别资产的独有风险与投资决策是不相关的，相关的只有系统性风险，如图2-5所示。

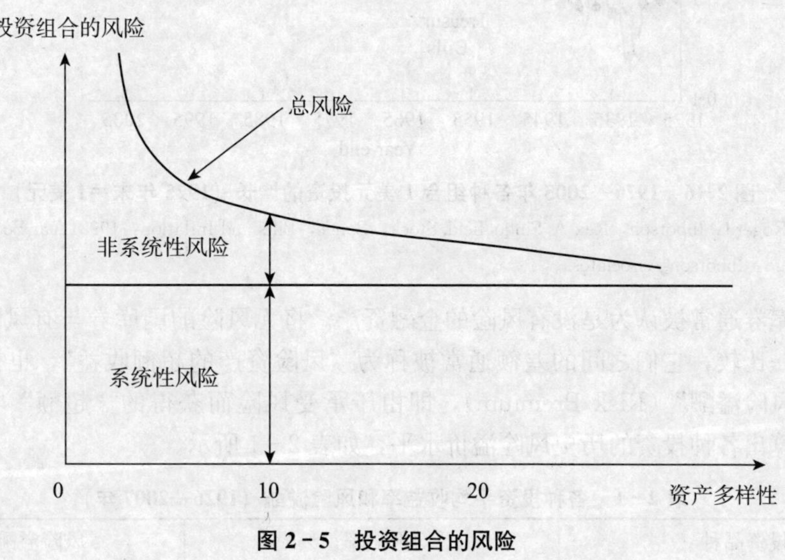

图2-5　投资组合的风险

二、风险与报酬的历史启示

罗杰·G. 伊博森（Roger G. Ibbotson）和雷克斯·A. 辛克费尔德（Rex A. Sinquefield）对美国金融市场五类金融资产的历史收益率做了一系列研究，从中探寻了收益与风险之间的关系。

（一）有风险就有收益

罗杰·G. 伊博森和雷克斯·A. 辛克费尔德研究了大公司股票、小公司股票、长期公司债券、长期美国国债、美国国库券。

图2-6展示了1926—2005年这80多年间美国资本市场上述五类金融工具的历史收益率。他们研究发现，如果在1926年初投资1美元，并且将所有的收益都进行再投资，那么

到 2007 年年末，大公司股票、小公司股票、长期公司债券、长期美国国债、美国国库券的投资价值分别增长到 3 246.39 美元、15 091.10 美元、78.78 美元以及 20.19 美元和 11.72 美元。可见，增值最大的是小公司股票，最小的是国库券。

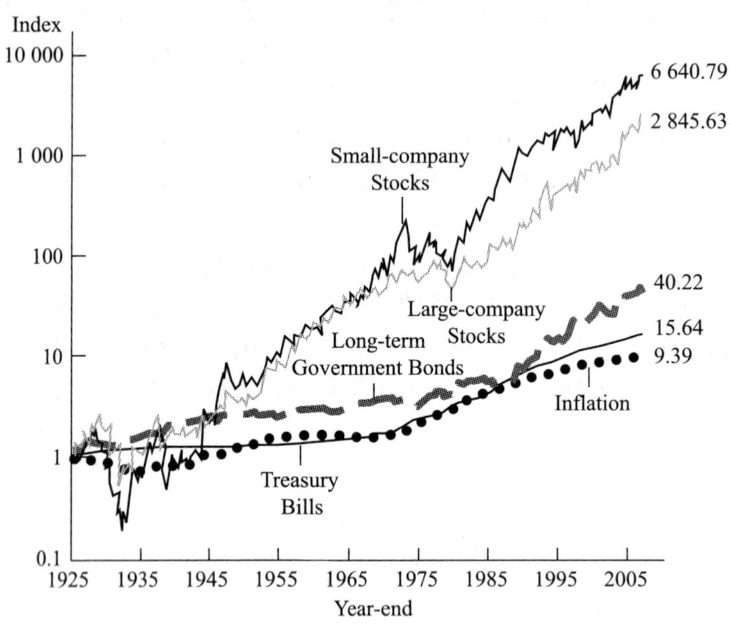

图 2-6 1926—2005 年各种组合 1 美元投资的增长（1925 年末=1 美元）

资料来源：Roger G. Ibbotson，Rex A. Sinquefield. Stock，Bonds，Bills and Inflation：1998 Year Book$_{TM}$ Annually Updateswork. Chicago：Ibbotson Associates.

美国国库券通常被认为是没有风险的金融资产。将无风险的国库券与有风险的其他资产的收益率做一比较，它们之间的差额通常被称为“风险资产的超额收益”，也被称为“风险溢价”或“风险溢酬”（Risk Premium），即由于承受风险而获得的“超额”收益。通过计算，可以估算出各种投资的历史风险溢价水平，如表 2-1 所示。

表 2-1 各种投资平均收益率和风险溢酬（1926—2007 年）

投资品种	平均报酬率（%）	风险溢酬（%）
小公司股票	17.1	13.3
大公司股票	12.3	8.5
长期公司债券	6.2	2.4
长期美国国债债券	5.8	2.0
美国国库券	3.8	0
通货膨胀	3.1	—

回顾美国资本市场各金融工具的历史收益情况，我们可以得到第一个启示，即平均而言，风险资产获得风险溢价，承受风险获得回报。企业要想取得收益，就不能回避风险；收益与风险之间的平衡，就是要求企业对每一项具体的财务活动全面分析其收益性和安全性，在此基础上制订方案。

（二）风险越大潜在收益越大

根据各年股票的收益率绘制的分布直方图，又称频数（或频率）分布图。横轴表示年收益率，纵轴表示落在该收益率区间的年份数。它体现的是普通股年收益率的变动性，即普通股收益的风险。用类似的方法，可以描绘出其他各种投资的风险，如图 2-7 所示。

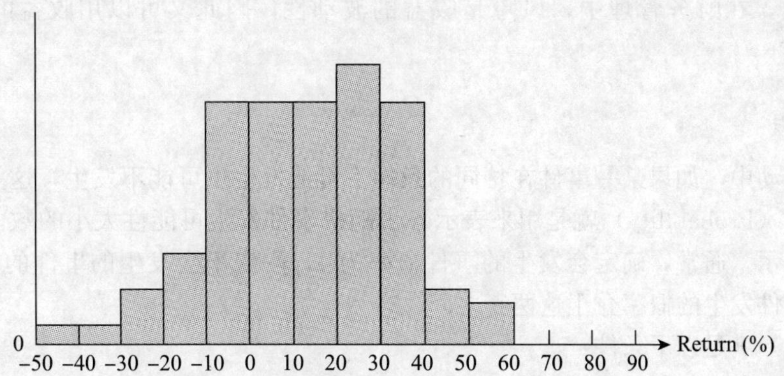

图 2-7　普通股年收益率的频度分布（1926—2007 年）

资料来源：Roger G. Ibbotson，Rex A. Sinquefield. Stock，Bonds，Bills and Inflation：1998 Year Book$_{TM}$Annually Updateswork. Chicago：Ibbotson Associates.

如表 2-2 所示，展示了 1926—2007 年的部分股票、债券、国库券的平均收益率和平均通货膨胀率。可知，柱状图越少，表明波动性越小；柱状图越集中，表明波动性越小。例如，大公司股票收益的标准差大大高于国库券的标准差，这表明大公司股票的风险比国库券的风险要大得多。与此同时，大公司股票的平均收益率也比国库券的平均收益率要高得多。可见，风险与收益之间存在着对应关系，即风险越大，潜在收益越大，这是美国资本市场历史给我们的第二个启示。

表 2-2　1926—2007 年间各种投资的年总收益

投资品种	平均收益率	标准差	收益率分布
大公司股票	12.3%	20.0	
小公司股票	17.1%	32.6	
长期公司债券	6.2%	8.4	
长期美国国债	5.8%	9.2	
中期美国国债	5.5%	5.7	
美国国库券	3.8%	3.1	
通货膨胀	3.1%	4.2	

资料来源：Roger G. Ibbotson，Rex A. Sinquefield. Stock，Bonds，Bills and Inflation：1998 Year Book$_{TM}$Annually Updateswork. Chicago：Ibbotson Associates.

在财务管理中，收益以风险为代价，风险用收益来补偿，收益与风险相对应。风险较大的资产，其要求的收益率相对较高；反之，收益率较低的投资，风险也相对较小。

三、风险的计量

在财务管理中，我们需要考虑投资项目的风险及其可能带来的收益，因此我们就必须运用某些方法对风险进行定量分析。首先，风险是一种不确定性，因此，可以采用概率予以衡量；其次，在财务管理中，风险是收益的波动性，因此又可以用收益的波动程度来衡量。

（一）概率

在经济活动中，如果某一事件在相同的条件下可能发生也可能不发生，这类事件称为随机事件。概率（Probability）就是用来表示各个随机事件发生可能性大小的数值，一般用百分数或小数表示。通常，确定会发生的事件概率为 1，一定不会发生的事件的概率为 0，大多数情况下事件发生的概率介于这两者之间。

概率（P_i）满足以下条件：

（1）$0 \leqslant P_i \leqslant 1$，$i=1，2，\cdots，n$；

（2）$\sum_{i=1}^{n} P_i = 1$。

可见，每个随机事件发生的概率最小为 0，最大为 1，一般随机事件的概率是介于 0 和 1 之间的，概率越大表示该事件发生的可能性越大。另外，各随机事件发生的概率之和一定等于 1。

【例 2-4】某公司目前有两个投资项目。A 项目是一个高科技项目，该领域竞争激烈，如果经济形势好则可取得较大市场占有率，获得较高利润；如果经济萧条则利润很小甚至亏本。而 B 项目是一种传统产品且具有稳定的市场，销售前景可以准确预测。为简化问题，假设未来的经济情况只有繁荣、正常、萧条 3 种，并且项目的预期报酬率只与未来经济情况有关。

有关的概率分布和预期报酬率，如表 2-3 所示。

表 2-3　某公司两个项目未来报酬率预期表

经济情况	发生概率	A 项目预期报酬率	B 项目预期报酬率
繁荣	0.3	80%	25%
正常	0.5	20%	20%
萧条	0.2	−70%	15%
合计	1.0	20%	20.5%

此例中，概率表示每一种经济情况出现的可能性大小，每一种经济情况下对应各自的项目预期报酬率。例如，未来经济情况繁荣的概率是 0.3，即有 30%的可能性经济是繁荣的，如果这种情况出现，那么投资于 A 项目可以获得高达 80%的报酬率，投资于 B 项目可以获得 25%的报酬率。换言之，A 项目获利 80%的可能性为 0.3，获利 20%的可能性为 0.5，亏损 70%的可能性为 0.2；B 项目获利 25%的可能性为 0.3，获利 20%的可能性为 0.5，获利 15%的可能性为 0.2。

将随机事件各种可能的结果按一定的规则进行排列，同时列出各种结果出现的相应概率，这一完整的描述称为概率分布。概率分布可分为离散型分布与连续型分布两种类型。

（二）期望

期望是一个概率分布中的所有可能结果，即随机变量的各个取值以各自相应概率为权数的加权平均，或称数学期望、均值，它反映随机变量取值的平均化。

设某个随机变量有 n 个可能的取值，其值分别为 K_1，K_2，…，K_n，其相应的概率为 P_1，P_2，…，P_n，则：

$$期望\ \overline{K}=K_1P_i+K_2P_2+\cdots+K_nP_n=\sum_{i=1}^{n}K_iP_i$$

依据期望的计算公式，上例中 A、B 项目的预期报酬率可计算如下：

预期报酬率（A）$=0.3\times80\%+0.5\times20\%+0.2\times(-70\%)=20\%$

预期报酬率（B）$=0.3\times25\%+0.5\times20\%+0.2\times15\%=20.5\%$

可见，A、B 项目的预期报酬率基本上相等，然而评价一个项目或投资，不仅要看其预期报酬率，还要看其波动程度或离散程度。

（三）标准差

利用概率分布的概念能够对风险进行衡量，即未来报酬的概率分布越集中，则该投资的风险越小。标准差，就是度量风险的另一个重要指标，而且被现代财务管理理论和实践广泛采用。标准差越小，说明未来收益的波动性越小，概率分布越集中，风险也就越小。标准差的计算过程如下：

（1）计算期望。

$$期望\ \overline{K}=\sum_{i=1}^{n}K_iP_i$$

（2）每个可能的取值 K_i 减去期望得到一组离差。

$$离差=K_i-\overline{K}$$

（3）计算方差。

$$方差\ \sigma^2=\sum_{i=1}^{n}(K_i-\overline{K})^2P_i$$

（4）计算标准差 σ。

$$标准差\ \sigma=\sqrt{\sum_{i=1}^{n}(K_i-\overline{K})^2P_i}$$

（四）离散系数

离散系数（Coefficient of Variation，CV）是以相对数来衡量风险的，一般情况下，离散系数越大，风险越大；相反，离散系数越小，风险越小。离散系数指标的适用范围较广，尤其适用于期望值不同情况下的风险比较。离散系数公式如下：

$$CV=\frac{\sigma}{K}$$

练习与解析

复习思考

1. 现金流和会计利润有什么差异，对公司理财的影响何在？
2. 资金时间价值有哪些形态？
3. 如何理解风险与报酬的关系？
4. 在投资组合理论中，风险有哪些基本类型？
5. 风险有哪些衡量方法？

阅读材料

2019 年 5 月 29 日晚间，东方财富披露可转债发行预案，拟发行规模达 73 亿元，其中“大头”用于发展两融业务。这和目前的股市行情相匹配，2019 年以来，两融数据活跃，融资融券余额逐渐攀升。

另外，东方财富还将增资全资子公司东方财富创新资本，该公司初期重点参与科创板项目投资，于 5 月中旬刚刚成立。

主要用于发展融资融券

互联网券商东方财富公告称，拟发行不超过 73 亿元的可转债，本次可转债期限为发行之日起六年。

记者统计了 2019 年以来 A 股上市公司的可转债预案，截至 5 月 29 日，在 105 家已披露可转债预案的上市公司中，东方财富的发行规模最大。此前可转债预案发行规模最大的是本钢板材，达到 68 亿元。

根据募集资金用途，东方财富拟将不超过 65 亿元用于信用交易业务，扩大融资融券业务规模；不超过 5 亿元用于证券投资业务；不超过 3 亿元用于增资全资子公司东方财富创新资本。

不难发现，东方财富计划把可转债募集资金的“大头”用于两融业务。

对于融资融券业务，东方财富非常看好，并将其视作业绩新增长点。数据显示，东方财富证券融资融券业务的市场占有率，由 2016 年末的 0.45%增长至 2018 年 5 月末的 1.26%；截至 2018 年 5 月末，东方财富融资融券余额为 48.92 亿元。

事实上，融资融券的利息收入同样占东方财富利息收入的“大头”。2018 年，东方财富利息收入由 2017 年的 7.63 亿元增加至 10.03 亿元；其中，融资融券的利息收入由 3.81 亿元增加至 5.91 亿元。

由于融资融券业务属于资本消耗型业务，其规模地扩大需要配套资金支持。根据《关于证券公司风险资本准备计算标准的规定》要求，“证券公司经营融资融券业务的，应当分别按对客户融资业务规模的5%、融券业务规模的10%计算融资融券业务风险资本准备”，东方财富证券融资融券规模和市场占有率地进一步提升，也受到资金规模限制。

东方财富发展融资融券业务，也与A股市场行情转好有关。2019年，两市融资融券余额由1月的7 500亿元左右增长至目前的超过9 000亿元。

科创板股权投资为新业务

除了发展两融业务外，东方财富剩余募集资金分别用于证券投资和增资全资子公司东方财富创新资本。

其中不超过5亿元用于发展自营盘。不过东方财富的自营收入并不稳定，2016年至2018年，东方财富证券自营业务的营业收入分别为−18.43万元、4 905.93万元和1.96亿元，营收占比分别为−0.02%、3.22%和10.87%。只有在2018年，东方财富证券自营业务才出现了迅猛增长，之前该业务发展一直不温不火。

记者注意到，此次被增资的全资子公司东方财富创新资本带有一丝“风投”色彩，而且直接与科创板相关。

东方财富表示，东方财富创新资本初期将重点参与科创板项目投资，聚焦新一代信息技术、高端装备、新材料、新能源、节能环保、生物医药等行业；不仅要挖掘企业孵化、成长、上市过程中的股权投资机会，还要逐步向一级市场股权、新三板企业股权、非公开企业股权等投资领域渗透。此次增资的3亿元主要用于补充其资本金和营运资金。

天眼查显示，东方财富创新资本是东方财富新设的公司，成立于5月15日，公司董事长兼总经理为任晓旭。过往机构调研记录显示，任晓旭曾任职东方财富证券北京分公司总经理。

事实上，科创板股权投资是东方财富的新业务。一直以来，东方财富的盈利主要依托于数据服务和证券服务。2018年年报显示，公司证券服务、金融电子商务服务、金融数据服务分别实现营业收入18.13亿元、10.65亿元、1.60亿元，营收占比合计超过90%。

资料来源：胥帅．A股年内最大可转债预案！东方财富拟发债73亿，“大头”做两融．每日经济新闻，2019-05-29.（有改动）

讨论与运用

1. 本案例中，企业可转债的好处有哪些？
2. 如何认识投资中风险与收益的关系？

第三章

财务分析

案例导引

2019年5月5日，上交所下发问询函，要求康美药业核实并补充披露多计货币资金的存放方式、主要账户、限制性情况、是否存在违规资金使用及资金的主要去向；货币资金核算出现重大差错的具体原因、涉及的主要交易事项、交易安排、交易对手方及是否为关联方等具体情况。

此外，上交所还要求康美药业结合公司近年的融资情况，说明是否存在募集资金违规使用的情形，公司资金管理制度及执行存在重大缺陷的具体情况；结合公司现存债务规模、现有货币资金的受限情况等。上交所对于康美药业2017年定期报告中的营业收入和成本涉及的虚增也提出质疑。

根据康美药业公告，公司在确认营业收入和营业成本时存在错误，造成2017年度营业收入多计88.98亿元，营业成本多计76.62亿元。

上述存在巨大差异的财务数据引起市场一片哗然。可见，通过财务报表，不仅能分析某一个企业的财务状况、经营成果、现金流量情况，还能作为市场投资者对投资活动的重要参考。

资料来源：李伟，余冬梅．如果白马股我们都不敢信任了，我们还敢买什么？．每日经济新闻，2019-05-09.（有改动）

学习目标

1. 了解财务报表的基本格式、内容。
2. 了解财务分析的基本方法。

3. 掌握财务分析的几类重要指标。

4. 掌握杜邦分析、雷达图分析。

内容提要

财务分析的重要资料来源于企业发布的财务报告。最常见的财务报告即财务报表，其中资产负债表、利润表以及现金流量表尤为重要。财务指标，是财务分析的重要对象和内容；而杜邦分析、雷达图分析等综合分析，为进一步判断和研究企业财务状况提供了可能。但财务分析仅仅是基于企业过去经营信息的判断，对于企业未来的发展还要有更多的其他分析。

第一节　财务报表

财务报表，是经过会计加工的企业经济信息汇总，是财务分析的主要数据来源。财务报表，根据服务对象不同可以分为对外报表和对内报表，对外报表是以财务准则为规范编制的，向所有者、债权人、政府及社会公众等外部使用者披露的报表。对内报表，主要是根据企业内部管理需要编制的报表。本书所讲到的报表都仅指对外报表。

一、财务报表概述

(一) 财务报表组成

财务报表（Financial Statements）是指在日常会计核算资料的基础上，按照规定的格式、内容和方法定期编制的，综合反映企业某一特定时点财务状况和某一特定时期经营成果、现金流量的书面文件。

一套完整的财务报表一般包括资产负债表、利润表、现金流量表以及相关报表附注，从财务的角度勾画了企业的全部面貌。其中，资产负债表、利润表和现金流量表，是企业对外提供的三大最重要的财务报表，这三张表从不同的角度反映了企业的财务状况、经营成果和现金流量。附注是对在资产负债表、利润表、现金流量表和所有者权益变动表等报表中相关项目的文字描述或明细资料，以及对未能在这些报表中列示项目的说明等。

表 3-1 总结了企业决策人员非常关心的四个基本问题，而每一问题的答案都对应一张财务报表。

表 3-1　财务报表报告的信息

问题	答案	财务报表
1. 某一时点企业财务状况如何？	资产＝负债＋所有者权益	资产负债表（又称财务状况表）

续表

问题	答案	财务报表
2. 某一期间内企业的经营状况如何？	收入－费用＝净收益（或净损失）	利润表（又称收益表、损益表）
3. 某一期间内企业现金流量状况如何？	经营活动现金流量±投资活动现金流量±筹资活动现金流量＝期间内现金增加（或减少）	现金流量表
4. 某一期间内企业股东权益变化多少？	期初留存收益±净收益（或净损失）－已分配收益＝期末留存收益	所有者权益变动表

（二）财务报表的分类

1. 按服务对象，可以分为对外报表和对内报表

对外报表是企业必须定期编制、定期向上级主管部门、投资者、财税部门等报送或按规定向社会公布的财务报表。这是一种主要的、定期的、规范化的财务报表，它要求有统一的报表格式、指标体系和编制时间等。资产负债表、利润表和现金流量表等均属于对外报表。内部报表是企业根据其内部经营管理的需要而编制的，供其内部管理人员使用的财务报表。它不要求统一格式，没有统一指标体系，如成本报表等。

这里的对外报表和对内报表，并不是财务违法行为中所谓的“两套账”。这里的对外和对内报表，其经济事实、确认和计量规则与方法都是相同的，只是目标、格式、内容等有所差异或侧重而已。

2. 按报表所提供会计信息的重要性，可以分为主表和附表

财务报表主表即主要财务报表，其提供的信息比较全面、完整，能基本满足各种需要者的不同要求。我国现行的主表主要有三张，即资产负债表、利润表和现金流量表。

附表是从属报表，是对主表中不能或难以详细反映的一些重要信息所做的补充说明，现行的附表主要有：所有者权益变动表和分部报表，是利润表的附表；应交增值税明细表和资产减值准备明细表，是资产负债表的附表。主表与有关附表之间存在着钩稽关系，主表反映企业的主要财务状况、经营成果和现金流量，附表则对主表进行补充说明。

3. 按编制和报送的时间分类，可分为中期财务报表和年度财务报表

某种意义上，广义的中期财务报表包括月份、季度、半年期财务报表，狭义的中期财务报表仅指半年期财务报表。

年度财务报表是全面反映企业整个会计年度的经营成果、现金流量情况及年末财务状况的财务报表。企业每年年底必须编制并报送年度财务报表。

4. 按编报的会计主体不同，分为个别报表和合并报表

个别报表是指在以母公司和子公司组成的具有控股关系的企业集团中，由母公司和子公司各自为主体分别单独编制的报表，用以分别反映母公司和子公司本身各自的财务状况和经营成果。合并报表是以母公司和子公司组成的企业集团为一个会计主体，以母公司和子公司单独编制的个别财务报表为基础，由母公司编制的综合反映企业集团经营成果、财务状况及

其资金变动情况的财务报表。

国际上，财务报表格式和附注分别按一般企业、商业银行、保险企业、证券企业等企业类型予以规定。企业根据其经营活动的性质，确定本企业适用的财务报表格式和附注。本教材选用的财务报表格式系按照《财政部关于修订印发 2019 年度一般企业财务报表格式的通知》规定，已执行新金融准则、新收入准则和新租赁准则的非金融企业应当采取的财务报表格式。

企业编制财务报表的目标，是向财务报表使用者提供与企业财务状况、经营成果和现金流量等有关的会计信息，反映企业管理层受托责任的履行情况，有助于财务报表使用者正确决策。

二、资产负债表

资产负债表（Balance Sheet），是反映企业某一特定日期资产、负债和所有者权益等财务状况的会计报表。资产负债表可以反映企业在某一特定日期所拥有或控制的经济资源、所承担的现时义务和所有者对净资产的要求权，帮助财务报表使用者全面了解企业的财务状况，分析企业的偿债能力等情况，从而为其正确决策提供依据。

我国资产负债表采用账户式结构，有资产、负债、所有者权益三大要素，如表 3－2 所示。账户式资产负债表中，资产各项目合计等于负债和所有者权益各项目的合计，即资产负债表左方和右方平衡，"资产＝负债＋所有者权益"。

报表左边是资产。所谓资产（Asset）就是企业拥有或控制的、能以货币计量的、在未来能为企业带来利益的经济资源。根据资产的周转性划分，资产可以分为长期资产和流动资产。长期资产包括固定资产、无形资产、长期投资和递延资产等。流动资产（Current Asset），是指企业可以在一年内或者超过一年的一个营业周期内变现或者耗用的资产，主要包括货币资金、短期投资、应收票据、应收账款和存货等。固定资产（Fixed Asset），是指企业使用期限超过 1 年的房屋、建筑物、机器、机械、运输工具以及其他与生产、经营有关的设备、器具、工具等。无形资产（Intangible Asset）是指企业为生产商品或者提供劳务、出租给他人，或为管理目的而持有的、没有实物形态的非货币性长期资产。长期投资（Long-term Investment），是指除短期投资以外的投资，包括持有时间准备超过 1 年（不含 1 年）的各种股权性质的投资、不能变现或不准备随时变现的债券和其他长期投资。递延资产（Deferred Asset），是指不能全部计入当年损益，应在以后年度内较长时期摊销的除固定资产和无形资产以外的其他费用支出，包括开办费、租入固定资产改良支出，以及摊销期在 1 年以上的长期待摊费用等。

报表右上边是负债。所谓负债（Liability），就是企业过去的交易、事项形成的现时义务，履行该义务预期会导致经济利益的流出。按其偿还速度或偿还时间的长短划分，负债一般包括流动负债和长期负债两类。流动负债（Current Liability），也称为短期负债，是指将在 1 年或超过 1 年的一个营业周期内偿还的债务，主要包括短期借款、应付票据、应付账款、预收账款、应付工资、应交税金、应付利润、其他应付款、预提费用等。非流动负债（Long-term Liability），是指偿还期在 1 年或超过 1 年的一个营业周期以上的债务，包括长期借款、应付债券、长期应付款等。

报表右下边是所有者权益。所有者权益（Equity），也称为股东权益，是指企业所有者在企业资产中享有的经济利益。按照来源和特定用途进行分类，股东权益主要包括实收资本（或股本）、资本公积、盈余公积、未分配利润等项目。

资产和负债类项目按周转期限分别列示，其意义在于：一方面可以反映企业资产、负债的分布状况和存在形式。另一方面资产负债表左右两方都按流动性对称排列，可以方便使用者分析资金来源与运用的对应关系。例如，通过流动资产和流动负债的比较，可以判断企业是否可以用1年以内的流动资产作为短期债务的偿还保证。

另外，由于企业总资产在一定程度上反映了企业的经营规模，而它的增减变化与企业负债、股东权益的变化有着密切关系。例如，当企业股东权益低于资产总额的增长幅度而增长时，说明企业规模扩大的主要原因是来自负债的大规模上升，进而说明企业的资本金实力在降低，债务偿还的安全性也在下降。

表3-2 资产负债表

会企01表

编制单位： 年 月 日 单位：元

资产	期末余额	上年年末余额	负债和所有者权益（或股东权益）	期末余额	上年年末余额
流动资产：			流动负债：		
货币资金			短期借款		
交易性金融资产			交易性金融负债		
衍生金融资产			衍生金融负债		
应收票据			应付票据		
应收账款			应付账款		
应收款项融资			预收款项		
预付款项			合同负债		
其他应收款			应付职工薪酬		
存货			应交税费		
合同资产			其他应付款		
持有待售资产			持有待售负债		
一年内到期的非流动资产			一年内到期的非流动负债		
其他流动资产			其他流动负债		
流动资产合计			流动负债合计		
非流动资产：			非流动负债：		
债权投资			长期借款		
其他债券投资			应付债券		
长期应收款			其中：优先股		
长期股权投资			永续债		

续表

资产	期末余额	上年年末余额	负债和所有者权益（或股东权益）	期末余额	上年年末余额
其他权益工具投资			长期应付款		
其他非流动金融资产			预计负债		
投资性房地产			递延收益		
固定资产			递延所得税负债		
在建工程			其他非流动负债		
生产性生物资产			非流动负债合计		
油气资产			负债合计		
使用权资产			所有者权益（或股东权益）		
无形资产			实收资本（或股本）		
开发支出			其他权益工具		
商誉			其中：优先股		
长期待摊费用			永续债		
递延所得税资产			资本公积		
其他非流动资产			减：库存股		
非流动资产合计			其他综合收益		
			专项储备		
			盈余公积		
			未分配利润		
			所有者权益（或股东权益）合计		
资产总计			负债和所有者权益（或股东权益）总计		

三、利润表

利润表（Income Statement），是反映企业在一定会计期间经营成果的报表，展现了企业的经营过程和盈亏原因。利润表将收入、费用、利润三大要素按“收入－费用＝利润”的形式表现出来，因此，根据利润表提供的信息，可以分析企业的利润构成，以及企业实现其盈利目的的程度和能力，并能预测企业在未来一定时期内的盈利变化趋势和获利能力。我国企业利润表采用多步式格式，将不同性质的收入、成本与费用类别进行对比，从而得出一些中间性的利润数据，便于使用者理解企业经营成果的不同来源。

资产负债表是按照“资产＝负债＋所有者权益”编制的，它反映的是某一时点会计主体全部资产的分布状况及其相应的资金来源，即资产负债表及其恒等式反映了企业在某一时点上资金运动的相对静止状态。而利润表是按照“收入－费用＝利润”编制的，它反映的是某一期间会计主体的经营成果；从企业某一期间即动态的角度来观察，会计恒等式可以表达为“资产＝负债＋所有者权益＋收入－费用”。可见，上述两个恒等式揭示了资产负债表与利润表之间的关系。

我国企业利润表采用多步式格式，将不同性质的收入、成本与费用类别进行对比，从而得出一些中间性的利润数据，便于使用者理解企业经营成果的不同来源。我国一般股份制企业利润表的格式，如表 3-3 所示。

表 3-3 利润表

会企 02 表

编制单位： 年 月 单位：元

项目	本期金额	上期金额
一、营业收入		
减：营业成本		
税金及附加		
销售费用		
管理费用		
研发费用		
财务费用		
其中：利息费用		
利息收入		
加：其他收益		
投资收益（损失以“－”号填列）		
其中：对联营企业和合营企业的投资收益		
以摊余成本计量的金融资产终止确认收益（损失以“－”号填列）		
净敞口套期收益（损失以“－”号填写）		
公允价值变动收益（损失以“－”号填写）		
信用减值损失（损失以“－”号填写）		
资产减值损失（损失以“－”号填写）		
资产处置收益（损失以“－”号填写）		
二、营业利润（亏损以“－”号填写）		
加：营业外收入		
减：营业外支出		
三、利润总额（亏损总额以“－”号填列）		
减：所得税费用		

续表

项目	本期金额	上期金额
四、净利润（净亏损以“—”号填写）		
（一）持续经营净利润（净亏损以“—”号填写）		
（二）终止经营净利润（净亏损以“—”号填写）		
五、其他综合收益的税后净额		
（一）不能重分类进损益的其他综合收益		
1. 重新计量设定受益计划变动额		
2. 权益法下不能转损益的其他综合收益		
3. 其他权益工具投资公允价值变动		
4. 企业自身信用风险公允价值变动		
……		
（二）将重分类进损益的其他综合收益		
1. 权益法下可转损益的其他综合收益		
2. 其他债权投资公允价值变动		
3. 金融资产重分类计入其他综合收益的金额		
4. 其他债权投资信用减值准备		
5. 现金流量套期储备		
6. 外币财务报表折算差额		
……		
六、综合收益总额		
七、每股收益：		
（一）基本每股收益		
（二）稀释每股收益		

四、现金流量表

现金流量表（Cash Flow Statement），是以收付实现制为编制基础，反映企业在一定会计期间内现金和现金等价物流入和流出的报表。它是诸多财务报表中唯一完全采用收付实现制为基础编制的报表，这一点是和资产负债表、利润表不同的。通过现金流量表，使用者可以了解和评价企业获取现金和现金等价物的能力，据此预测企业未来现金流量及其变动，评估企业流动性和偿债能力。

1998 年 1 月 27 日，财政部以财会字〔1998〕7 号文件的形式发布了《股份有限公司会计制度——会计科目和会计报表》。该文件规定，企业向外提供的会计报表包括资产负债表、利润表、现金流量表和有关附表。该文件的发布，正式以“现金流量表”替代了原《股份制试点企业会计制度》中规定的“财务状况变动表”。为适应编制现金流量表的要求，财政部于 1998 年 3 月 20 日以财会〔1998〕10 号文件的形式又发布了《企业会计准则——现金流量表》及其指南，明确“编制现金流量表的目的是为会计报表使用者提供企业一定会计期间内获取现金和现金等价物的能力，并据此预测未来的现金流量”。至此，现金流量表正式成为我国企业必须编制、上报和对外公布的一个基本财务报表。

我国企业现金流量表采用报告式结构，分类反映经营活动产生的现金流量、投资活动产生的现金流量以及筹资活动产生的现金流量，最后汇总反映企业某一期间现金及现金等价物的净增加额，如表 3－4 所示。

表 3－4 现金流量表

会企 03 表

编制单位： 年 月 单位：元

项目	本期金额	上期金额
一、经营活动产生的现金流量：		
销售商品、提供劳务收到的现金		
收到的税费返还		
收到其他与经营活动有关的现金		
经营活动现金流入小计		
购买商品、接受劳务支付的现金		
支付给职工以及为职工支付的现金		
支付的各项税费		
支付其他与经营活动有关的现金		
经营活动现金流出小计		
经营活动产生的现金流量净额		
二、投资活动产生的现金流量		
收回投资收到的现金		
取得投资收益收到的现金		
处置固定资产、无形资产和其他长期资产收回的现金净额		
收到其他与投资活动有关的现金		
投资活动现金流入小计		
购建固定资产、无形资产和其他长期资产支付的现金		
投资支付的现金		
取得子公司及其他营业单位支付的现金净额		
支付其他与投资活动有关的现金		
投资活动现金流出小计		
投资活动产生的现金流量净额		
三、筹资活动产生的现金流量：		
吸收投资收到的现金		
取得借款收到的现金		

续表

项目	本期金额	上期金额
收到其他与筹资活动有关的现金		
筹资活动现金流入小计		
偿还债务支付的现金		
分配股利、利润或偿付利息支付的现金		
支付其他与筹资活动有关的现金		
筹资活动现金流出小计		
筹资活动产生的现金流量净额		
四、汇率变动对现金及现金等价物的影响		
五、现金及现金等价物净增加额		
加：期初现金及现金等价物余额		
六、期末现金及现金等价物余额		

筹资活动，是指导致企业资本及债务规模和构成发生变化的活动。筹资活动产生的主要原因包括吸收投资、发行股票、分配利润、发行债券、偿还债务等流入和流出的现金和现金等价物。偿付应付账款、应付票据等商业应付款属于经营活动，不属于筹资活动。

投资活动，是指企业长期资产的购建和不包括在现金等价物范围内的投资及其处置活动。投资活动产生的现金流量主要包括购建固定资产、处置子企业及其他营业单位等流入和流出的现金和现金等价物。

经营活动，是指企业投资活动和筹资活动以外的所有交易和事项。经营活动产生的现金流量主要包括销售商品或提供劳务、购买商品、接受劳务、支付工资和缴纳税款等流入和流出的现金和现金等价物。

五、所有者权益变动表

所有者权益变动表是反映公司本期（年度或中期）内截至期末所有者权益变动情况的报表，如表 3-5 所示。所有者权益变动表应当全面反映一定时期所有者权益变动的情况。2007 年以前，公司所有者权益变动情况是以资产负债表附表的形式予以体现的。现行准则颁布后，要求上市公司于 2007 年以后正式对外呈现所有者权益变动表。所有者权益变动表应当单独列示下列信息：(1) 所有者权益总量的增减变动；(2) 所有者权益增减变动的重要结构性信息；(3) 直接计入所有者权益的利得和损失。

所有者权益变动表各项目均需填列“本年金额”和“上年金额”两栏。所有者权益变动表“上年金额”栏内各项数字，应根据上年度所有者权益变动表“本年金额”内所列数字填列。所有者权益变动表“本年金额”栏内各项数字一般应根据“实收资本（或股本)”“资本公积”“盈余公积”“利润分配”“库存股”“以前年度损益调整”科目的发生额分析填列。所有者权益变动表，如表 3-5 所示。

表 3-5　所有者权益变动表

会企 04 表

编制单位：　　　　　　　　　　　　____年度　　　　　　　　　　　　单位：元

项目	本年金额											上年金额										
	实收资本（或股本）	其他权益工具			资本公积	减：库存股	其他综合收益	专项储备	盈余公积	未分配利润	所有者权益合计	实收资本（或股本）	其他权益工具			资本公积	减：库存股	其他综合收益	专项储备	盈余公积	未分配利润	所有者权益合计
		优先股	永续债	其他									优先股	永续债	其他							
一、上年年末余额																						
加：会计政策变更																						
前期差错更正																						
其他																						
二、本年年初余额																						
三、本年增减变动金额（减少以“—”号填列）																						
（一）综合收益总额																						
（二）所有者投入和减少资本																						
1. 所有者投入的普通股																						
2. 其他权益工具持有者投入资本																						
3. 股份支付计入所有者权益的金额																						
4. 其他																						
（三）利润分配																						
1. 提取盈余公积																						
2. 对所有者（或股东）的分配																						
3. 其他																						
（四）所有者权益内部结转																						
1. 资本公积转增资本（或股本）																						
2. 盈余公积转增资本（或股本）																						
3. 盈余公积弥补亏损																						
4. 设定受益计划变动额结转留存收益																						
5. 其他综合收益结转留存收益																						
6. 其他																						
四、本年年末余额																						

第二节 财务分析的方法与程序

财务报表能够全面反映企业的财务状况、经营成果和现金流量等情况，但是，单纯的财务数据还不能完全表明企业的经营管理情况，特别是不能说明企业经营状况的好坏和经营成果的大小，因此要对财务报表进行分析。

一、财务分析的基本概念

财务分析（Financial Analysis）是以企业的财务报告等会计资料为基础，对企业的财务状况、经营成果和现金流量进行分析和评估的一种方法。通过财务分析，不仅可以全面评价企业在一定时期内的各种财务能力，还可以为企业外部投资者、债权人和其他有关部门和人员提供更加系统的、完整的会计信息，便于他们更加深入了解企业的情况。

财务分析的基本类型有以下几种。

（一）内部分析与外部分析

内部分析是指企业内部管理者所进行的分析。其目的是判别企业内部各职能部门和各单位的经营绩效及财务状况，可为今后财务人员制订投融资计划、利润分配计划提供有效的依据。

外部分析是企业外部利益相关者根据各自的要求而进行的分析。如银行在贷款给企业之前，需要对企业的偿债能力进行评估；投资者在购买企业的股票和债券时，也需要对企业的财务状况进行全面分析。

（二）资产负债表分析和利润表分析

资产负债表分析是以资产负债表为对象所进行的分析。在分析企业的资产状况、负债状况、资金周转状况时，常用到资产负债表。

利润表分析是以利润表为对象所进行的分析。在分析企业的盈利状况和经营成果时，常采用利润表进行分析。

（三）比较分析、比率分析和趋势分析

财务报表提供的是企业某一时点或期间财务数据的绝对数，当我们希望看到报表中各项目的相对关系，或者同一项目的时间变化，以及同一项目不同企业之间的横向相对关系时，我们需要对报表进行一些处理。其中，标准化为我们提供了一个很好的方式，即将报表中各数据换算成具有共同比的相对数或比值，然后在此基础上进行相对量的比较与分析，这就是所说的财务报表的标准化。

比较分析法是指将两个或两个以上的可比数据进行对比，从而揭示差异和矛盾的分析方

法。这种比较可以是实际与计划比较，可以是本期与上期比较，也可以是与同行业的其他企业比较。

比率分析法是以同一期财务报表上若干项目的相关数据相互比较，求出比率，用以分析和评价企业的经营活动以及企业目前和历史状况的一种方法。

趋势分析法，又称水平分析法，是通过对比两期或多期的财务数据，确定其增减变动的方向、数额和幅度，研判企业财务状况和经营成果变动趋势的一种方法。

二、判别财务指标优劣的标准

企业的财务分析是通过一系列指标来进行的。那么要选择什么样的财务指标才能更好地满足要求呢？下面就是财务指标优劣的几组比对标准。

（一）以经验数据为标准

经验数据都是在长期的财务管理实践中总结出来的，并且被实践证明比较合适的数据。它有绝对标准和相对标准两种，如总收入应大于总成本、资产总额应大于负债总额等都是绝对标准，而“流动比率在 1 左右较好”就是相对标准。

（二）以历史数据为标准

历史数据是企业在过去的财务管理工作中实际发生过的一系列数据，如去年同期数据、历史最低水平等。在与历史数据进行对比分析时，要注意剔除因物价变动、会计核算方法变更等带来的一系列不可比因素，以对企业的财务状况做更加客观的评价。

（三）以同行业数据为标准

同行业数据是指同行业有关企业在财务管理中产生的一系列数据，如行业平均数、标杆企业数据等。通过对比，可以发现企业财务管理中存在的问题和提升的空间，但不可忽略可比性这一条件。

（四）以本企业预订数据为标准

预订数据是企业以前确定的力争达到的一系列数据。如企业预先制订的生产计划、销售目标等。通过与预订数据的分析，可以发现实际工作中仍需改进的地方，也可使下一次的预订计划更加合理。

三、财务分析的基本程序

无论是企业的管理者还是投资者，在做财务评价和经济决策时，都必须进行充分的财务分析。而想要得到更加有效的分析结果，需要遵守以下几点。

（一）明确财务分析的目的

企业进行财务分析的目的有多种，在前面已经提到一些，这里再补充说明。其主要包括：

(1) 评价企业的偿债能力。

(2) 评价企业的盈利能力。

(3) 评价企业资产管理情况。

(4) 评价企业发展趋势。

(5) 评价企业综合财务状况。

财务分析的目的决定了所要收集信息的多少以及财务分析方法的选择，所以需要首先明确。

（二）收集有关信息资料

明确目的之后，就要根据目的有针对性地进行资料的收集。财务分析最主要的资料就是财务报表，同时还要注意收集企业内部供产销各方面的有关资料及企业外部的金融、财政、税收等方面的信息。

（三）选择适当的分析方法

不同的人进行财务分析的目的是不同的，这就决定了他们关注的财务指标不同，他们也会采用不同的分析方法。常用的分析方法有比率分析法、趋势分析法等。这些方法各有特点，在进行财务分析时尽量将多种方法综合运用，以便得到更符合实际的结果。

（四）发现财务管理中存在的问题

采用特定的方法计算出有关指标，并进行对比，可以发现企业财务管理中存在的问题。

（五）提出改善财务状况的具体方案

财务分析的最终目的是为经济决策提供依据。通过上述分析，我们已经发现问题所在，接下来就要提出改善财务管理的各种方案，然后权衡各种方案的利弊与得失，选择最佳方案，不断改进，最终达到财务管理的目标。

第三节　财务指标分析

财务报表分析因其目的不同，分析的角度、内容、重点也各不相同。一般而言，财务指标分析主要有四个基本方面，分别衡量公司的偿债能力、营运能力、盈利能力以及市场价值创造能力。以上四个方面互相联系、互相补充，对企业财务状况、经营成果、现金流量以及市场价值进行了全面描述和综合分析，以满足报表不同使用者的需要。

一、偿债能力分析

偿债能力，即企业偿还债务的能力。因为债务本金和利息能否清偿直接涉及企业破产问题，所以，偿债能力分析非常重要。偿债能力可分为短期偿债能力和长期偿债能力。

(一) 短期偿债能力分析

短期偿债能力反映企业用流动资产偿还流动负债的现金保障程度。一个企业的短期偿债能力大小，要看流动资产和流动负债的配比和质量状况。

1. 流动比率

流动比率（Current Ratio）是流动资产与流动负债的比值，反映企业短期偿债能力的强弱。其计算公式为：

流动比率＝流动资产÷流动负债

这一比率越大，表明企业短期偿债能力越强，企业有充足的营运资金；反之，说明企业的短期偿债能力不强，营运资金不足。即流动比率越大，对企业短期债务的清偿越有保障。但是，对于企业和股东而言，这一比率并不是越大越好。流动比率过大，不一定代表企业财务状况良好，尤其是应收账款和存货余额过大引起的流动比率过大，因为这意味着企业流动资产并未得到充分利用。

2. 速动比率

在流动资产中，存货的变现速度是最慢的。因此，为了更好地衡量企业流动负债的清偿能力，就从流动资产中剔除存货，从而形成速动资产。速动比率（Quick Ratio）是速动资产与流动负债的比值，也称为酸性测试比率。其计算公式为：

速动比率＝(流动资产－存货)÷流动负债

3. 现金比率

现金比率（Cash Ratio）中现金类资产包括库存现金、随时可用于支付的存款等现金等价物。现金比率可反映企业的直接偿付能力，其计算公式为：

现金比率＝(现金＋现金等价物)÷流动负债

4. 现金净流量比率

现金净流量比率（Net Cash Flow Ratio）是企业经营活动产生的现金净流量与流动负债的比值，反映本期经营活动产生的现金流量净额偿付流动负债的能力。其计算公式为：

现金净流量比率＝经营活动产生的现金净流量÷流动负债

(二) 长期偿债能力分析

长期偿债能力是指企业偿还长期负债的能力。为便于债权人和投资者全面了解企业的偿债能力及财务风险，有必要在分析短期偿债能力的同时分析其长期偿债能力。反映企业长期偿债能力的财务比率主要有资产负债率、股东权益比率、权益乘数、负债权益比、有形净值债务率、利息保障倍数、现金覆盖率等。

1. 资产负债率

资产负债率（Debt Ratio）是企业负债总额与资产总额的比率，也称为举债经营比率，它反映企业的资产总额中有多少是通过举债而得到的。其计算公式为：

资产负债率＝负债总额÷资产总额

资产负债率反映企业偿还债务的综合能力。这个比率越高，企业偿还债务的能力越差；

反之，偿还债务的能力越强。至于资产负债率为多少才是合理的，并没有一个确定的标准，不同行业、不同类型的企业是有较大差异的。一般而言，处于高速成长的企业，其负债比率可能会高一些，但所有者会得到更多的杠杆利益。但是，作为财务管理者，在确定资产负债率时一定要充分考虑企业内部各种因素和外部的市场环境，在收益与风险之间权衡利弊得失，然后才能做出正确的财务决策。

2. 股东权益比率和权益乘数

股东权益比率（Equity Ratio）是股东权益与资产总额的比率，该比率反映企业资产中有多少是所有者投入的。其计算公式为：

股东权益比率＝股东权益总额÷资产总额

如果股东权益比率过小，表明企业过度负债，公司抵御外部冲击的能力较弱，企业的财务风险较大；而比率过大，意味着企业没有积极地利用财务杠杆作用来扩大经营规模。

股东权益比率的倒数，即权益乘数（Equity Multiplier），直接反映了股东权益对资产的放大作用。

3. 负债权益比与有形净值债务率

负债权益比是负债总额与股东权益总额的比，也称为产权比率（Debt-Equity Ratio）。其计算公式为：

负债权益比＝负债总额÷股东权益总额

这个比率反映了债权人所提供资金与股东所提供资金的对比关系，因此，它可以揭示企业的财务风险以及股东权益对债务的保障程度。该比率越低，说明企业长期财务状况越好，债权越有保障，企业财务风险越小。

因为股东权益就是资产扣除负债后的净资产，所以，为了进一步分析股东权益对负债的保障程度，可以将无形资产从净资产中扣除，因为，我们可以保守地认为无形资产难以变现，不宜用来偿还债务，虽然实际上未必如此。这样计算出的财务比率称为有形净值债务率(Debt to Tangible Assets Ratio)。其计算公式为：

有形净值债务率＝负债总额÷(股东权益－无形资产及其他资产总额)

4. 利息保障倍数

利息保障倍数（Interest Protection Multiply），又称已获利息倍数，是指企业息税前收益与利息费用之比。它是衡量企业支付债务利息能力的重要指标，其计算公式为：

利息保障倍数＝息税前收益÷利息费用

＝(净收益＋利息费用＋税收)÷利息费用

息税前收益（Earning before Interest &Tax，EBIT），是指未扣除利息费用和所得税之前的利润，即息税前收益等于净收益与利息费用、税收的和。

利息保障倍数不仅反映了企业获利能力的大小，而且反映了企业获利能力对偿还到期债务利息的保障程度。它既是企业举债经营的前提和依据，也是衡量企业长期偿债能力大小的重要标志。要维持正常偿债能力，利息保障倍数至少应该大于1，且比值越高，企业长期偿债能力越强。如果利息保障倍数过低，意味着企业可能面临亏损，偿债安全性下降等风险。

5. 现金覆盖率

现金覆盖率是衡量企业现金创造能力与债务利息偿还负担之间关系的指标，其计算公式为：

$$现金覆盖率=(净利润+利息费用+税收+折旧+摊销)\div 利息费用$$
$$=(EBIT+折旧+摊销)\div 利息费用$$
$$=EBITDA\div 利息费用$$

EBITDA(Earning before Interest，Taxes，Depreciation &Amortization)，即税息折旧及摊销前收益。

可见，EBIT 主要用来衡量企业主营业务的盈利能力，EBITDA 则主要用于衡量企业主营业务创造现金流量的能力。EBIT 通过涵盖所得税和利息，可以使投资者评价项目时不用考虑项目适用的所得税税率和融资成本。而 EBITDA 进一步涵盖了摊销和折旧等，这些非现金项目是以前会计期间取得固定资产和无形资产时支付的成本，而并非当期的现金支出。因此，现金覆盖率能更好地评估企业创造现金流量偿还债务利息的能力。

二、营运能力分析

营运能力是指企业利用资产的效率。它反映了企业管理人员资产运用、经营管理的能力，主要包括与资产周转速度相关的指标。企业生产经营资产周转的速度越快，表明企业资产利用的效率越高，企业管理人员的经营能力越强。营运能力分析包括流动资产周转、总资产周转等的分析。

（一）应收账款周转率

应收账款周转率（Receivables Turnover Ratio)，即应收账款周转次数，是赊销收入净额除以平均应收账款的比值，也就是年度内应收账款转为现金的平均次数，它说明应收账款流动的速度。应收账款回收迅速既可以节约资金，也说明企业不易发生坏账损失，一般认为周转率越高越好。

用时间表示的周转速度是应收账款周转天数，也叫平均应收账款回收期或平均收现期，表示企业从取得应收账款到收回款项、获得现金所需要的时间，其等于 365 天（假设一年的天数，下同）除以应收账款周转率。可见，周转天数愈短愈好。

应收账款周转率的计算公式为：

$$应收账款周转率=赊销收入净额\div 应收账款平均余额$$
$$应收账款周转天数=计算期天数\ (365)\div 应收账款周转率$$

式中：

$$赊销收入净额=销售收入-现销收入-销售退回与折让$$
$$应收账款平均余额=(期初应收账款+期末应收账款)\div 2$$

另外，该计算公式中，分子是存量，而分母是流量，所以，为了使得分子、分母的性质、内容相互对应，分母一般使用某个期间期末与期初的应收账款平均余额；当数据缺乏的时候，也可以用期末应收账款余额代替。而且，有时，作为分子的赊销收入净额也可以使用全部销售收入净额来计算，此时表示从全部销售收入实现到收回现金的速度和时间。分母的应收账款，一般不包括应收票据，因为后者的信用保障程度高，不存在呆账或坏账的风险。

（二）存货周转率

存货周转率（Inventory Turnover Ratio）是指一定时期内企业销售成本与平均存货的比率，是衡量和评价企业购入存货、投入生产、销售收回等各环节管理效率的综合性指标。因此，存货周转指标有存货周转率和存货周转天数两种形式。

存货周转率的计算公式为：

存货周转率＝销售成本÷存货平均余额

式中：

存货平均余额＝(期初存货＋期末存货)÷2

存货周转天数＝计算期天数（365）÷存货周转率

应当注意，存货周转率和周转天数的实质是相同的。但其数量标准不同，存货周转率是个正指标，周转率越大越好，而周转天数越小表明企业存货的周转越快，企业营运能力越强。通过不同时期存货周转率的比较，可评价存货管理水平，找出影响存货利用效率的原因，不断提高存货管理水平。

（三）流动资产周转率

流动资产周转率（Liquid Assets Turnover Ratio），表明一定期间内企业流动资产周转的次数，它反映了流动资产周转的速度。其计算公式为：

流动资产周转率＝销售收入÷流动资产平均余额

流动资产周转天数＝计算期天数（365）÷流动资产周转率

式中：

流动资产平均余额＝(期初流动资产余额＋期末流动资产余额)÷2

流动资产周转率是分析流动资产周转情况的一个综合指标，该指标越高，说明企业流动资产的营运效率越高。

（四）固定资产周转率

固定资产周转率（Fixed Assets Turnover Ratio），也称固定资产利用率，主要用于分析企业对厂房、设备等固定资产的利用效率。其计算公式为：

固定资产周转率＝销售收入÷固定资产平均净值

固定资产平均净值＝(期初固定资产净值＋期末固定资产净值)÷2

该比率越高，说明固定资产的利用率越高，管理水平越好。如果固定资产周转率低于行业平均水平，则说明企业的生产效率较低，可能会影响企业的盈利能力。

（五）总资产周转率

总资产周转率（Total Assets Turnover Ratio）是指企业在一定时期内销售（营业）收入同平均总资产的比值。总资产周转率是综合评价企业全部资产经营质量和利用效率的重要指标。周转率越大，说明总资产周转越快，企业销售能力越强。例如，企业可以通过薄利多销的办法，加速资产的周转，带来利润绝对额的增加。其计算公式为：

总资产周转率＝总收入÷平均总资产

【例 3-1】根据某企业财务报表及附表的有关资料，计算该企业总资产周转率及相关指标，如表 3-6 所示。

表 3-6 某企业资产周转率分析资料

单位：万元

项目	2018 年	2017 年	差异
销售收入	48 201	40 938	—
平均总资产	100 731	69 491	—
平均流动资产	48 592	35 563	—
总资产周转率	0.48	0.59	−0.11
流动资产周转率	0.99	1.15	−0.16

由表 3-6 可知，该企业的总资产周转率为：

2018 年总资产周转率＝48 201÷100 731＝0.48

2017 年总资产周转率＝40 938÷69 491＝0.59

从表 3-6 可见，该企业总资产营运效率较差，和 2017 年本来就不高的周转速度相比，2018 年又有所减慢。

三、盈利能力分析

盈利能力是指企业获取利润的能力，也称为企业的资金或资本增值能力，通常表现为一定时期内企业收益的多少及其水平高低。盈利能力是企业各利益相关者都关心的问题，同时也是企业成败的关键。反映企业盈利能力的指标，主要有销售毛利率、销售净利率、资产报酬率、净资产报酬率等。

（一）销售毛利率

销售毛利率（Gross Profit Margin）是毛利占销售收入的百分比。其计算公式为：

销售毛利率＝(销售收入－销售成本)÷销售收入×100%

它反映了企业产品销售的初始获利能力，是企业净利润的起点。与同行业比较，如果企业的毛利率显著高于同行业水平，说明企业产品附加值高，或与同行业比较企业存在成本上的优势，有竞争力。与历史比较，如果企业的毛利率显著提高，则可能是企业所在行业处于复苏时期，产品价格大幅上升；相反，如果企业的毛利率显著降低，则可能是企业所在行业竞争激烈，在发生价格战的情况下往往会造成两败俱伤。

（二）销售净利率

销售净利率（Sales Profit Rate）是企业净利润与销售收入的比率。其计算公式为：

销售净利率＝净利润÷销售收入×100%

该项比率越高，表明企业为社会新创价值越多，贡献越大。

表 3-7 为 ACT 企业盈利能力计算基础数据。

表 3-7 ACT企业盈利能力计算基础数据 单位：万元

项目	2017年	2018年	2019年
利润总额	280	235	200
净利润	200	160	136
销售收入	2 360	2 850	3 000
成本费用总额	2 465	2 659	2 822
资产总额	1 270	1 680	2 000
资本金总额	100	100	100
股东权益	800	880	960

根据表3-7可知，ACT企业的盈利能力数据为：

2019年销售净利率＝(136÷3 000)×100％＝4.53％

2018年销售净利率＝(160÷2 850)×100％＝5.61％

2017年销售净利率＝(200÷2 360)×100％＝8.47％

（三）资产报酬率

资产报酬率（Return on Assets，ROA），有时也称为资产收益率、资产利润率，是企业利润额与资产平均总额的比率，它是反映企业资产综合利用效果的指标，也是衡量企业利用债权人和所有者权益总额取得盈利能力的重要指标。

利润额可以分为息税前利润、利润总额和净利润。按照所采用的利润额不同，资产报酬率可以分为资产息税前利润率、资产利润率和资产净利率。在我国，很多情况下，一般指资产净利率，其计算公式为：

资产净利率＝净利润÷资产平均总额×100％

根据表3-7中ACT企业的财务报表数据，可以得到：

2019年资产净利率＝136÷[(1 680＋2 000)÷2]×100％＝7.39％

（四）净资产报酬率

净资产报酬率（Return on Equity，ROE），也称为股东权益报酬率、资本收益率等，是企业净利润与股东权益平均总额的比率。其计算公式为：

净资产报酬率＝净利润÷股东权益平均总额×100％

净资产，也可称为股东权益，即股东对企业资产所拥有的权益，是企业全部资产减去全部负债后的余额。股东权益一般包括实收资本、资本公积、盈余公积和未分配利润等项目。实际计算中，股东权益平均总额为年初股东权益与年末股东权益的平均数，期初数据缺失时也可以直接使用“年末股东权益”。

该项比率越高，表明股东投资的收益水平越高，获利能力越强。根据表3-7中ACT企业的财务报表，可以得到：

2019年股东权益报酬率＝136÷[(880＋960)÷2]×100％＝14.78％

2018年股东权益报酬率＝160÷[(800＋880)÷2]×100％＝19.05％

ACT企业2019年股东权益利润率比2018年降低了4.27％，这是因为企业股东权益逐年增长，但销售额和净利润却逐年减少。

四、市场价值分析

（一）每股收益

每股收益（Earning per Share，EPS），也称每股盈余，是指发行在外的普通股每股税后收益。该指标中的利润，是利润总额扣除应缴所得税的税后净利润。如果发行了优先股，还要扣除优先股应分的股利，然后除以发行在外的普通股股数。其计算公式为：

每股收益＝(净利润－优先股股利)÷发行在外的普通股股数

根据表3-7中的数据，假定ACT企业普通股平均为68万股，未发行优先股，所得税税率为25%，则：

2019年普通股每股收益为＝[200×(1－25%)]÷68＝2.21（元）

（二）市盈率

市盈率，又称价格-盈余比率（Price-Earning Ratio，PE或P/E），是指普通股每股市场价格与每股收益的比率。它是反映股票盈利状况的重要指标，也是投资者对从某种股票获得1元利润所愿意支付的现时价格。其计算公式为：

市盈率＝每股市价÷每股盈余

该项比率较高，表明市场对该股票的认可度较高，即市场估值较高；如果资本市场整体的市盈率都较高，表明市场成交活跃。当然，这个指标太高，也可能意味着市场过热，炒作气氛偏浓。在规范和成熟的资本市场中，该指标一般保持在20～30倍比较合理。

例如，前述ACT企业普通股市场价格为5.5元，该股票每股收益为2.21元，则：

该企业2019年的市盈率＝5.5÷2.21＝2.49

（三）市净率

市净率（Market-to-Book Ratio，MB），指的是每股股价与每股净资产的比率。一般来说市净率较低的股票，投资价值较高；相反，则投资价值较低。其计算公式为：

市净率＝每股市价÷每股净资产

式中：

每股净资产＝期末股东权益÷期末普通股股数

每股净资产是股票的账面价值，是用历史成本计量的。而每股市价是这些资产的现时市场价值，是证券市场现时交易的结果。市价高于账面价值，说明企业资产的质量较高，有较好的发展潜力。

（四）托宾的Q比率

托宾的Q比率（Tobin's Q Ratio），由诺贝尔经济学奖得主詹姆斯·托宾（James Tobin）于1969年提出。

托宾的Q比率是公司市场价值对其资产重置成本的比率。分子上的价值是企业在市场上的价值，包括公司股票和债务资本的市场价值；分母中的重置成本是公司实现当前状态的成本或买下当前所有资产的花费。其计算公式为：

Q 比率＝市场价值÷重置成本

可见，当 Q<1 时，表明该企业的市场价值被低估了，即市场价值还没有公司重新购置当前资产的成本高。在企业并购中，该企业很可能成为并购目标，因为收购该企业获得额外生产能力的成本比自己从头做起的代价要低得多。

第四节　财务综合分析法

一、报表标准化

财务报表提供的是企业某一时点或期间财务数据的绝对数，当我们希望看到报表中各项目的相对关系，或者同一项目的时间变化，以及同一项目不同企业之间的横向比较关系时，我们需要对报表进行一些处理。其中，标准化为我们提供了一个很好的思路，即将报表中各数据换算成具有共同比的相对数或比值，然后在此基础上进行相对量的比较与分析。

当我们用百分比代替报表中的具体数额，即报表中的每个科目均用百分比进行填写所形成的财务报表，称为共同比报表，它是以百分比显示的标准化财务报表。现实中，资产负债表各项目均可以以总资产的某个百分比来表示，利润表各项目以销售额的某个百分比来表示。当普通的财务报表转换为标准化的财务报表后，阅读起来就很简单，而且报表中各项目的结构和比例关系很容易就能看得出来。

二、杜邦分析法

杜邦分析的基本思想是将企业资本收益率指标逐级分解为多项财务比率，利用几种主要财务比率之间的关系来综合分析企业对股东财富的影响和作用。这种分析方法由美国杜邦公司首创并最先使用，故名杜邦分析法。杜邦分析法有助于分析者更加清晰地看到权益资本收益率的决定因素，也给管理层提供了一张明晰的考察企业资产管理效率和是否最大化股东投资回报的路线图。

（一）杜邦分析指标体系

杜邦分析的最显著特点是将若干个用以评价企业经营管理效率和效果的指标按其内在逻辑有机联结起来，形成一个完整的指标体系，并最终反映到资本收益率指标上来。

杜邦分析法中的财务指标体系及其关系为：

$$
\begin{aligned}
\text{资本收益率（ROE）} &= \frac{\text{净利润}}{\text{股东权益}} \\
&= \frac{\text{净利润}}{\text{总资产}} \times \frac{\text{总资产}}{\text{股东权益}} \\
&= \text{资产净利率} \times \text{权益乘数}
\end{aligned}
$$

而：

$$资产净利率=\frac{净利润}{总资产}=\frac{净利润}{销售收入}\times\frac{销售收入}{总资产}=销售净利率\times资产周转率$$

$$权益乘数=\frac{总资产}{股东权益}=\frac{1}{1-\frac{负债}{资产}}=\frac{1}{1-资产负债率}$$

可见，资本收益率可写成：

资本收益率（ROE）=销售净利率×资产周转率×权益乘数

（二）杜邦分析

采用杜邦分析图将有关分析指标按内在联系加以排列，从而直观地反映出企业财务状况和经营成果的总体面貌。杜邦分析图，如图 3-1 所示。

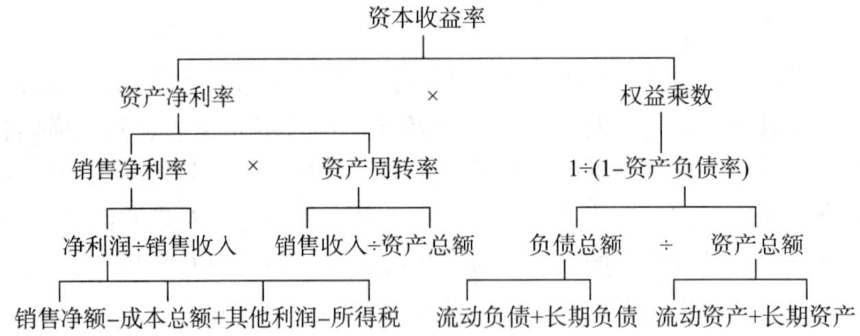

图 3-1 杜邦分析图

杜邦分析图提供了下列主要的财务指标关系的信息：

（1）资本收益率是杜邦分析系统的核心。资本收益率是最能反映股东财富的一个财务比率，它能反映所有者投入资本的获利能力，同时也能反映企业筹资、投资、资产运营等活动的效率。

（2）决定资本收益率高低的指标有三个，即权益乘数、销售净利率和资产周转率，而这三个比率分别反映了企业的偿债能力、盈利能力和资产营运管理能力。

（3）权益乘数是反映企业偿债能力的重要指标。企业资本结构中负债比率越大，权益乘数越高，说明企业有较高的负债水平，企业获得的杠杆收益也越大，但也给企业带来了较大的财务风险。因此，权益乘数也是衡量企业债务清偿能力的重要指标。

（4）销售净利率是反映企业盈利能力的重要指标。它反映了企业净利润与销售收入的关系，是提高企业盈利能力的关键所在。可知，要想提高销售净利率，一是扩大销售收入；二是降低成本费用。

（5）资产周转率是反映企业资产营运能力的重要指标。一般而言，流动资产直接体现企业的偿债能力和变现能力；非流动资产体现企业的经营规模和发展潜力。两者之间应有一个合理的结构比率。为此，就要进一步分析各项资产的占比和周转速度。对流动资产应重点分析存货是否有积压现象、货币资金是否闲置、应收账款的回收水平；对非流动资产应重点分析企业固定资产是否得到充分的利用。

可见，反映企业经营管理效率和效果的债务清偿能力、资产营运能力以及盈利能力三类指标，通过杜邦分析法最终归结到资本收益率这个指标上。因此，通过杜邦分析，可以掌握企业的股东财富创造能力，并能因此找到影响股东财富最大化的主要因素或环节。

（三）杜邦分析法实例

杜邦分析法可以解释指标变动的原因和变动趋势，并为采取措施指明方向。

【例 3－2】 某企业的基本财务数据，如表 3－8 所示。

表 3－8 企业基本财务数据

单位：万元

年度	净利润	销售收入	资产总额	负债总额	全部成本
2017	10 284.04	411 224.01	306 222.94	205 677.07	403 967.43
2018	12 653.92	757 613.81	330 580.21	215 659.54	737 045.24

由该企业相关财务比率表（见表 3－9）可知，该企业的资本收益率在 2018 年有了一定程度的好转，从 2017 年的 0.097 增加至 2018 年的 0.112。为进一步考察影响股东财富的主要因素，我们可以将资本收益率分解为权益乘数和资产净利率。

资本收益率＝权益乘数×资产净利率

2017 年资本收益率＝3.049×0.032＝0.097

2018 年资本收益率＝2.874×0.039＝0.112

表 3－9 该企业相关财务比率

项目	2017 年	2018 年
资本收益率	0.097	0.112
权益乘数	3.049	2.874
资产负债率	0.672	0.652
资产净利率	0.032	0.039
销售净利率	0.025	0.017
资产周转率	1.34	2.29

通过分解可见，该企业的资产净利率太低，即资产利用效果较差。我们继续对资产净利率进行分解：

资产净利率＝销售净利率×资产周转率

2017 年资产净利率＝0.025×1.34＝0.032

2018 年资产净利率＝0.017×2.29＝0.039

可见，2018 年的资产周转率有所提高，表明该企业利用其总资产产生销售收入的效率在增加。我们再对销售净利率进行分解：

销售净利率＝净利润÷销售收入

2017 年销售净利率＝10 284.04÷411 224.01＝0.025

2018 年销售净利率＝12 653.92÷757 613.81＝0.017

可见，该企业 2018 年大幅度提高了销售收入，但是净利润的提高却很小，分析其原因是成本费用增多。

综上所述，在本例中导致资本收益率比较小的主要原因是企业成本过大。由于全部成本过大导致了企业净利润较小，所以销售净利率减少，显示出该企业销售盈利能力较低。而资产净利率在 2018 年的提高要归功于资产周转率的较大提高。

三、雷达图分析法

雷达图分析法是从企业的生产性、安全性、收益性、成长性和流动性等五个方面，对企业财务状态和经营成果进行直观、形象地对比分析，并用图表予以反映的财务分析方法。因其形状如雷达的放射波，而且对企业经营管理具有“航向”作用，故而得名。

（一）雷达图指标体系

1. 收益性指标

分析收益性指标的目的在于观察企业一定时期的获利能力，其主要指标及其含义、计算公式如表 3－10 所示。

表 3－10 企业收益性指标

收益性比率	基础含义	计算公式
资产报酬率	反映企业总资产的利用效率	净利润÷平均资产总额
所有者权益报酬率	反映所有者权益的回报	税后净利润÷所有者权益
普通股权益报酬率	反映股东权益的报酬	(净利润－优先股股利)÷平均普通股权益
普通股每股收益额	反映股东权益的报酬	(净利润－优先股股利)÷普通股股数
股利发放率	反映股东权益的报酬	每股股利÷每股利润
市盈率	反映股东权益的报酬	普通股每股市场价格÷普通股每股利润
销售利税率	反映企业销售收入的收益水平	利税总额÷销售收入
毛利率	反映企业销售收入的收益水平	销售毛利÷销售收入
净利润率	反映企业销售收入的收益水平	净利润÷销售收入
成本费用利润率	反映企业为取得利润所付出的代价	(净收益＋利息费用＋所得税)÷成本费用总额

2. 安全性指标

安全性指标是指企业经营的安全程度，即债务清偿能力。其主要指标及其含义、计算公式，如表 3－11 所示。

表 3－11 企业安全性指标

安全性比率	基础含义	计算公式
流动比率	反映企业短期偿债能力和信用状况	流动资产÷流动负债
速动比率	反映企业立刻偿付流动负债的能力	速动资产÷流动负债
资产负债率	反映企业总资产中有多少是负债	负债总额÷资产总额
所有者权益比率（股东权益比率）	反映企业总资产中有多少是所有者权益	所有者权益总额÷资产总额
利息保障倍数	反映企业经营所得偿付借债利息的能力	(税前利润＋利息费用)÷利息费用

3. 流动性指标

流动性指标主要考察企业的资产变现或周转能力，有些类似于前述的企业资产营运管理能力指标。其主要指标及其含义、计算公式如表 3－12 所示。

表 3－12 企业流动性指标

流动性比率	基础含义	计算公式
总资产周转率	反映全部资产的使用效率	销售收入÷平均资产总额
固定资产周转率	反映固定资产的使用效率	销售收入÷平均固定资产总额
流动资产周转率	反映流动资产的使用效率	销售收入÷平均流动资产总额
应收账款周转率	反映年度内应收账款的变现速度	销售收入÷平均应收账款
存货周转率	反映存货的变现速度	销售成本÷平均存货

4. 成长性指标

分析成长性指标的目的在于考察企业在一定时期内经营能力的发展变化趋势。一个客户虽然收益性高，但成长性不高，表明其未来的盈利能力下降。因此，以发展的眼光动态地分析企业及其财务资料，对投资决策的正确制定至关重要。这类指标及其含义、计算公式如表 3－13 所示。

表 3－13 企业成长性指标

成长性比率	基础含义	计算公式
销售收入增长率	反映销售收入变化趋势	本期销售收入÷前期销售收入
税前利润增长率	反映税前利润变化趋势	本期税前利润÷前期税前利润
固定资产增长率	反映固定资产变化趋势	本期固定资产÷前期固定资产
人员增长率	反映人员变化趋势	本期职工人数÷前期职工人数
产品成本降低率	反映产品成本变化趋势	本期产品成本÷前期产品成本

5. 生产性指标

分析生产性指标的目的在于了解在一定时期内企业的生产经营能力、水平以及成果分配，其主要指标及其含义、计算公式如表 3－14 所示。

表 3－14 企业生产性指标

生产性比率	基础含义	计算公式
人均销售收入	反映企业人均销售能力	销售收入÷平均职工人数
人均净利润	反映企业经营管理水平	净利润÷平均职工人数
人均资产总额	反映企业生产经营能力	资产总额÷平均职工人数
人均工资	反映企业成果分配状况	工资总额÷平均职工人数

（二）雷达图分析方法

上述反映企业经营管理能力的五大类指标及其分析结果，可以用雷达图表示出来，如图 3－2 所示。

雷达图的绘制方法是：先画出三个同心圆，并将其等分成五个扇形区，分别表示生产性、安全性、收益性、流动性和成长性。通常最小的圆圈代表同行业平均水平的 1/2 或最低水平；中间的圆圈代表同行业平均水平，又称标准线；最大的圆圈代表同行业先进水平或平均水平的 1.5 倍。在五个扇形区中，从圆心开始，分别以放射线形式画出 5～6 条主要经营指标线，并标明指标名次及标度。然后将企业同期的相应指标值标在图上，以线段依次连接相邻点，形成折线闭环，构成雷达图。

一般而言，在图 3-2 中，当指标值处于标准线以内时，说明该指标低于同行业水平，需要加以改进；若接近最小圆圈或处于其内，说明该指标处于极差状态，是客户经营危险的标志；若处于标准线外侧，说明该指标处于较理想状态，是客户的优势所在。当然，并不是所有指标都处于标准线外侧就是最好的，还要具体指标具体分析。

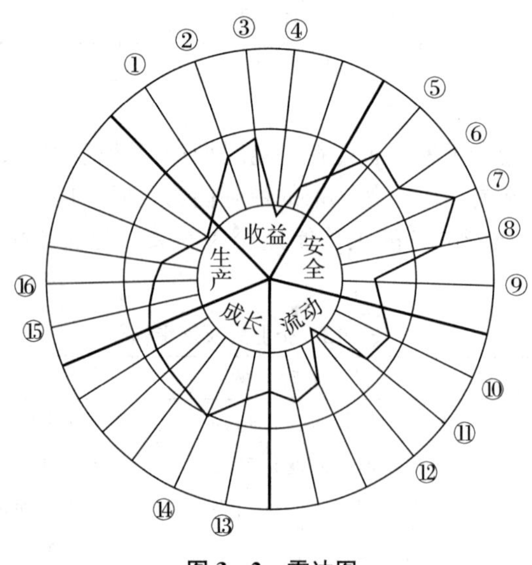

图 3-2 雷达图

四、计分综合分析法

（一）计分综合分析法概述

计分综合分析法是指通过对选定的几项财务比率进行评分，然后计算出综合得分，并据此评价企业的综合财务状况的方法。采用该方法需要遵从以下程序：

1. 选择有代表性的财务指标

在选择财务指标时需要注意一些问题：

（1）财务指标要全面，反映企业的偿债能力、营运能力和盈利能力的指标都应包括在内。

（2）财务指标应该具有代表性，要选择能够说明问题的重要财务指标。

（3）各项财务指标要具有变化方向的一致性，当财务比率增大时，表示财务状况的改善；反之，则表示财务状况的恶化。

（4）除了财务报表上能计算出的指标外，适当选取一些非财务方面的指标，如职工平均年龄等。

2. 确定各项财务指标的标准值与标准评分值

财务指标标准值一般以行业平均数或企业上年数为基准来加以确定。标准评分值根据指标的重要性来确定，越重要的指标分数越高，但所有指标总分数应为 100。

3. 计算综合分数

综合分数是用各指标的实际得分汇总得到的。各指标的实际得分的计算公式如下：

实际得分值＝指标的标准评分值×(指标的实际数÷指标的标准数)

4. 做出综合评价

运用计分综合分析法时，若分数大于100，则说明企业的财务状况超过行业平均水平或历史有关水平，情况较好；反之，则说明企业的财务状况较差。

(二) 计分综合分析法实例

由表3-15所示的计分综合分析表可以看出，该公司的得分为104.28，超过平均水平，说明其财务状况较好。

表3-15 某公司2019年计分综合分析表

指标		标准评分值	标准值	实际值	实际得分值
	(1)	(2)	(3)	(4)	(5)＝(2)×(4)÷(3)
偿债能力指标	流动比率 利息保障倍数 股东权益比率	8 8 12	2 4 0.4	2.11 4 0.44	8.44 8 13.2
盈利能力指标	销售净利率 资产报酬率 净资产报酬率	10 10 16	8% 16% 40%	9% 18% 41%	11.25 11.25 16.4
营运能力指标	存货周转率 应收账款周转率 总资产周转率	8 8 12	5 6 2	4 5 2	6.4 6.67 12
其他指标	大专以上职工的比率	8	30%	40%	10.67
合计		100	—	—	104.28

练习与解析

复习思考

1. 衡量企业财务能力的指标有哪些?
2. 简述企业短期偿债能力指标。
3. 在评价股份公司的盈利能力时，哪个财务指标应当作为核心指标？为什么？
4. 通过杜邦分析可知，影响股东收益的因素有哪些?

5. 某企业当年的赊销收入净额为 1 000 万元，销售成本为 800 万元，应收账款为 200 万元，存货余额为 200 万元，年末速动比率为 2。假定该企业流动资产由速动资产和存货组成，速动资产由应收账款和现金资产组成，现金资产为 200 万元，一年按 360 天计算。

请计算：

(1) 应收账款周转天数、存货周转天数。

(2) 流动负债余额和速动资产余额。

(3) 年末流动比率。

6. 某企业有关资料如表 3-16 所示。已知销售收入为 800 万元，应收账款周转天数为 90 天，销售成本为 500 万元，存货周转率为 5，权益乘数为 2。

表 3-16 某企业相关财务数据 单位：万元

资产	金额	负债及所有者权益	金额
货币资金	100	应付账款	100
应收账款		应交税费	50
存货		长期负债	
固定资产净值	200	实收资本	200
无形资产	100	未分配利润	
总计		总计	

请计算：

(1) 应收账款、存货和资产合计的金额。

(2) 长期负债、未分配利润以及负债和所有者权益总计的金额。

7. 某企业有关资料如表 3-17 所示。

表 3-17 某企业有关财务数据 单位：万元

资产负债表					利润表	
资产			负债及所有者权益			
	年初	年末				
现金	1 146	465	应付账款	774	销售收入	9 645
应收账款	1 743	2 016	应付票据	504	销售成本	8 355
存货	1 050	1 449	其他应付款	702	管理费用	870
固定资产净值	1 746	1 755	长期负债	1 539	财务费用	147
			所有者权益	2 166	所得税	108
合计	5 685	5 685		5 685	税后净利	165

请计算：

流动比率、资产负债率、已获利息倍数、销售净利率、总资产报酬率、自有资金利润率以及存货、应收账款、流动资产、固定资产及总资产的周转率。

阅读材料

近日，上交所对海航基础下发 2018 年年度报告事后审核问询函。该问询函共有 18 个问题，涉及货币资金和逾期贷款、偿债压力、业绩承诺未完成等多个方面。

海航基础是海航旗下专注于基础设施投资建设运营的大型企业集团，主营业务范围包括地产、机场、物业、工程建设、免税店、酒店等。

年报显示，2018 年，海航基础实现收入 116.56 亿元，同比下降 1.36%；实现净利润 18.85 亿元，同比下降 8.69%。

问资金：货币资金充足为何出现逾期还款?

针对海航基础的资金情况，上交所重点问询了货币资金和逾期贷款、偿债压力以及集团财务公司存、贷资金等三个方面。

截至 2018 年年底，海航基础的货币资金余额为 156 亿元，但是，公司在报告期内却出现逾期未偿还 4.03 亿元短期借款、7.49 亿元长期借款和 1.68 亿元利息。上交所在问询函中要求海航基础补充披露货币资金余额充足但未按期偿还借款本息的原因和合理性，以及逾期事项对上市公司的影响。同时，要求其披露货币资金的具体存款银行，是否存在任何形式的权利受限情况；核实是否存在与股东或其他关联方联合或共管账户的情况，是否存在货币资金被关联方违规占用的情形。

近年来，海航基础金融负债居高不下，2018 年期末余额 453.64 亿元。其中，短期借款、一年内到期的非流动负债和短期应付债券合计金额高达 160.83 亿元，短期偿债压力较大。上交所要求海航基础分季度披露 2019 年需要偿还的本息金额；同时，要求其结合资金安排说明公司的还款能力和资金压力，并充分提示相关风险。

值得注意的是，海航基础在集团财务公司的存款过去两年骤增 830.63%，期末规模达到 57.42 亿元。同时，报告期内，公司对海航集团财务公司增加 1.08 亿元投资，持股比例未发生变化。对此，上交所要求海航基础说明公司将巨额资金存放在集团财务公司并增加投资的主要考虑，是否符合上市公司的经营利益；公司与集团财务公司的存、贷等资金往来记录，说明是否形成实质性资金占用。

问业绩承诺：相关补偿是否存在障碍?

海航基础 2018 年业绩承诺未完成，也成为上交所问询的重点。资料显示，海航基础 2018 年完成了五次重大资产和股权出售，实现利润 15.07 亿元，前述资产及股权基本均是控股股东在公司 2016 年重组时注入上市公司。不过，基础产业集团 2018 年的扣非净利润为 22.45 亿元，未实现当期 29.10 亿元的业绩承诺。

上交所问询函要求海航基础列示在三年业绩承诺期间，出售的重大资产和股权的名称、重组前后投资金额、出售时间、转让价格、利润率、对业绩承诺的贡献和与交易对手方的关联关系等，说明重组业绩是否主要通过直接出售重组注入的项目公司股权或资产实现；值得注意是，海航基础重组置入不久即卖出，上交所要求其说明此举措的原因，置入与卖出的价格差异、差异原因，以及重组决策是否审慎，说明是否符合重组估值的前提和基础。

海航基础近期发布的最新公告显示，鉴于未能完成业绩承诺，控股股东基础控股拟以其持有的公司股份进行业绩补偿。经测算，上述应补偿股份数量为 9 915.59 万股，公司将以 1.00 元总价回购全部补偿股份并进行注销。上述股份回购注销完成后，公司总股本将减少至 38.08 亿股。

不过，由于控股股东目前所持股份均已被质押或司法冻结，上交所要求公司结合公司及控股股东资金情况说明是否存在回购障碍，以及补充披露回购方案实施安排。

问经营：百货业务是否已经剥离？

针对海航基础的具体业务问询了公司目前的经营情况，以处置长期股权投资为例，上交所要求其补充披露开曼机场地面服务发展的基本信息和主要财务数据，说明新增该项投资的原因；联营企业三亚新机场和美兰机场出现巨额亏损的原因，分析未计提减值准备的合理性以及是否符合会计准则相关要求；对联营企业金达融资全额计提资产减值准备的原因和合理性；新增投资的江南机场和天津珠免两家公司在首个年度即出现巨额亏损或资产减值的原因和合理性。

海航基础 2018 年机场业务实现收入 17.83 亿元，其中收到政府补助金额 9.86 亿元，占比 55.30%；毛利率为 10.66%，同比大幅下滑 14.66 个百分点。同时，控股股东在公司 2016 年重组时承诺机场业务未来三年实现净利润 19.19 亿元，然而机场业务累计仅实现毛利润 11.34 亿元，远未达到承诺目标。上交所要求海航基础结合业务开展情况分析经营业绩不及预期的原因和合理性；结合业务模式说明毛利率大幅下滑的原因以及未来经营安排。

2018 年，海航基础工程业务实现营收 0.94 亿元，同比减少 94.46%；毛利率为 5.34%，明显低于行业水平。上交所要求海航基础补充披露工程业务的经营模式和主要项目的基本信息；营收大幅下滑、毛利率明显较低的原因；以及对工程业务板块的经营安排。

过去三年，海航基础百货业务实现营收由 10.85 亿元减少至零。上交所要求公司说明该业务具体经营模式和主要子公司情况；2018 年该业务未实现营收的原因，业务板块是否剥离及具体情况。

问现金流：其他与经营活动有关的现金数据是否符合逻辑？

现金流方面，海航基础 2018 年“支付筹资款及其他”科目流出资金 79.76 亿元，同比大幅增长 9 173.26%。上交所要求海航基础补充披露该科目金额大幅增长的原因和合理性，前十大具体流向和发生背景；同时要求其核实是否存在流向关联方的情形及具体占比。

2018 年，海航基础支付的其他与经营活动有关的现金 56.26 亿元，过去两年合计金额 109.31 亿元。上交所要求海航基础分年度披露该科目下前十大流向和发生背景，说明交易实质以及是否符合商业逻辑；核实该科目下流向关联方金额及占比。

问应收应付款：对海南融创股权转让款为何未完全收回？

应收和应付款项方面，截至 2018 年年末，海航基础应收账款期末余额 37.72 亿元，同比增长 32.40%，主要系富力项目大宗资产交易分期应收账款增加所致。上交所要求其补充披露：富力项目交易资产内容，是否充分履行决策程序和信息披露义务；富力项目的支付安排，是否出现逾期；关联方应收账款金额及占比，主要款项的交易背景、付款安排、资产减值是否充分。

2018 年 3 月，海航基础将高和房地产和海岛物流的股权出售给海南融创，合计作价 19.33 亿元。11 月，公司将兴华实业股权出售给厚朴投资。同时，年报显示，公司应收海南融创 1.35 亿元股权转让款，应收兴华实业 5.83 亿元关联方往来款。上交所问询函指出，海航基础需补充披露对海南融创的股权转让款未能完全收回的原因，是否符合协议约定和回款安排；与兴华实业关联方往来款的形成原因和回款安排。

问资产：公司是否具有持续开发投资能力？

上交所对海航基础提出的还有关于公司的资产的问题。截至 2018 年年末，海航基础 232.86 亿元存货被用于抵押借款，占全部存货比重的 78.29%。上交所问海航基础，公司是否具备持续开发投资能力，并要求补充披露较高比重存货被用于抵押借款的原因，量化说明融资主要用途。

上交所还注意到，海航基础较多土地储备面积较小、尚未进行规划，要求补充披露该特点形成的原因，核实是否合规；分析是否存在资产减值情形或被收回的风险。

问资金占用：全面自查造成内控重大缺陷原因

2018年，海航基础通过委托支付的方式向关联方拆出资金21.75亿元，形成关联方非经营性占用公司资金的违规情形，且金额重大。由于内部控制存在重大缺陷，公司被会计师出具否定意见的审计报告。

上交所在问询函中要求海航基础穿透披露与上述公司的关联关系，全面自查造成内控重大缺陷的原因、影响及具体责任人；充分核实资金占用的整改情况，进一步核查是否存在其他资金占用行为。同时，上交所要求海航基础提出整改措施，完善内部控制程序，建立健全并切实执行有效的风险防控机制。

问关联方资产与互保：是否存在偿付风险？

关于与关联方相关的资产及互保方面。报告期内，海航基础对外提供担保合计规模334.44亿元，占公司净资产的107.89%。其中，公司为股东、实际控制人及其关联方提供担保205.89亿元，占公司净资产的66.42%。部分提供担保的子公司存在逾期未偿还借款的重大风险，依然为关联方提供巨额担保。上交所要求海航基础核实是否出现债务逾期情形，说明是否存在偿付风险；结合逾期未偿还借款的子公司的资产和经营情况，说明提供巨额担保的考虑及是否具备担保资金实力；担保对象为上述被担保债务有无其他增信措施。

2018年，海航基础受限资产合计392.67亿元，占公司总资产的41.80%。上交所要求公司补充披露上述受限资产被质押或抵押的交易背景；质押融资的融资对象和融得资金的具体用途；有无存在为控股股东或其他关联方提供质押或抵押资产的情形及金额；公司与关联方相关的资产的具体内容及规模。

资料来源：安平．上交所对海航基础下发问询函　货币资金充足为何出现逾期还款？中国网财经．2019-05-29.

讨论与运用

1. 本案中现金流的变化反映了什么？
2. 如何通过财务报告分析企业的经营管理状况？

第四章

财务管理理论基础

案例导引

云南白药2019年4月3日发布公告称，公司于4月2日接股东中国平安《股份减持计划告知函》，称将以集中竞价交易和大宗交易方式，减持该公司股份不超过31 241 991股（占公司总股本比例不超过3%），公告中提及中国平安此次减持云南白药的原因是资金周转需要。

4月4日早间，中国平安相关负责人对记者表示，本次减持股份为平安人寿2008年投资且2012年年初即上市流通的股份。平安人寿已于2018年8月向云南白药集团股份有限公司提交了《股份减持计划告知函》，云南白药也进行了公告，本次公告为2018年公告的延续。本项投资是平安人寿坚持长期价值投资的结果，减持计划是公司整体投资组合再平衡和动态调整的一部分。

据悉，截至2019年3月31日，中国平安仍持有云南白药股份共计97 879 566股，占公司总股本的9.40%。万得资讯（Wind）的调查数据显示，减持前，中国平安是云南白药的第三大股东，此次减持后，中国平安也仍持有云南白药占总股本比例超过5%的股份，按目前的股东持股占比来看，中国平安后续或仍将位列云南白药前五大股东之列。

资料来源：张益铭．中国平安回应：减持云南白药计划是公司整体投资组合再平衡和动态调整的一部分．每日经济新闻，2019-04-03.（有改动）

学习目标

1. 掌握有效市场及其基本类型。
2. 掌握现代投资组合理论、资本资产定价模型。

3. 了解套利定价理论。
4. 了解行为金融理论，以及实践中的市场心理。

内容提要

风险与收益的量化关系是现代财务管理的重大成果和重要内容。现代投资组合理论用严密的数学推导证明了分散化原理，而资本资产定价模型在此基础上量化了风险及其与收益的关系；套利定价理论进一步放宽了风险与收益量化关系的适用条件。以上两大理论体系基本是基于有效市场假设的，但行为金融理论则从交易者行为心理的角度研究了市场中的"非有效"现象。

第一节 有效市场理论

自从萨缪尔森（Samuelson，1965）、法玛（Fama，1965）和曼德布罗特（Mandelbrot，1966）开创有效资本市场研究（Efficient Market Hypothesis，EMH）以来，有效市场假说就很好地融入了金融经济学。有效市场假说的出现深刻地改变了人们对资本市场的认识和投资实践。

一、有效市场的概念

法玛曾说，"一个'有效率'的市场是指一个大量理性参与者活跃竞争的市场，在这个市场上，每位参与者都尽力预测未来证券的市场价值，并且当前重要的信息几乎是免费地被所有的参与者获得。在有效市场中，参与者的竞争导致这样一种状况，在任何时点上证券的实际价格已经反映了已发生事件和市场预计将来会发生事件的信息。换句话说，在一个有效市场上，证券在任何时点的价格都是它内在价值的最好估计。"

可见，有效市场假说指出，如果在一个资本市场中，价格完全反映了所有可获得的信息，那么这个市场就是有效市场；证券价格对有关信息的反应速度越快、越全面，资本市场就越有效率。举一个例子来说明：如果大街上有一个被丢弃的钱包，若不考虑法律、道德的约束，这个钱包很快会被人捡走。因此，从总体来看，大街上是不会有钱包等着被人捡的。如果存在钱包长期无人拾取的情形，也是非常特殊的极端情况，并不具有普遍意义。

资本市场的有效性主要表现为资本市场的效率，包括资本市场的运行效率（Run Efficiency）与资本市场的配置效率（Allocation Efficiency）。前者指市场本身的运作效率，包含了证券交易的畅通程度及信息完整性、价格能否反映证券的内在价值；后者指资本市场运行对社会经济资源优化配置的能力，以及对国民经济总体发展推动作用的大小。资本市场的有效性，最终应看它能否将资金分配到最能有效使用资金的企业和行业。如果资本市场能够迅速、准确地把资金导向最有效的企业和行业，那么这个资本市场就具有资源配置功能，是有效的。

从资本市场的角度看，价格是资本市场资金配置的信号和内在机制，资本市场能否有效地调节和分配资金，核心在于价格是否有效。而价格是否有效，关键是看市场价格是否在任何时间点上都收敛于或等于其均衡价格，即证券的内在价值。

二、有效市场的分类

资本市场上，影响证券价格的相关信息多种多样。从信息的时间分布、来源看，与证券价格形成相关的信息可分为三个递进的层次：一是历史信息；二是公开信息，包括企业外部环境、内部经营管理中能够影响证券价格的所有公开可用信息，当然包括历史信息；三是所有信息，即所能得到的所有信息，包括私人的、内幕的信息。依据证券价格对三个层次信息的反映能力与水平，资本市场的有效性分为三种类型，即弱式有效、半强式有效和强式有效。

（一）弱式有效市场

弱式有效市场（Weak Form Efficiency）是资本市场有效性的最低层次。在这种市场有效性下，市场价格只能充分反映所有过去的信息，包括证券的成交价、成交量、卖空金额、融资金额等，不能反映未来市场信息，而历史信息已经完全公开，因此，投资者不能根据证券以往价格推测出未来价格，也不能因此而获得超额利润。在弱式有效市场下，投资者无法依靠对证券价格历史趋势的分析来获得超额利润，即股票价格的技术分析失去了作用。

（二）半强式有效市场

半强式有效市场（Semi-Strong Form Efficiency）中，市场价格能充分反映所有已公开信息，包括成交价、成交量、盈利资料、盈利预测值、公司管理状况及其他公开披露的财务信息等。证券价格不但完全反映了所有历史信息，而且反映了所有公开信息。在半强式有效市场下，在新的资料尚未公布前，证券价格基本处于均衡状态。一旦新的信息出现，价格将根据新的信息而调整。信息公开的速度越快、越均匀，证券价格调整越迅速；反之则越慢。如果每个投资者都掌握和使用公开信息进行投资决策，技术分析和基本分析都将失去作用，只有利用内幕信息才可能获得超额利润。

（三）强式有效市场

强式有效市场（Strong-Form Efficiency）是资本市场有效性的最高层次。在这种市场状态下，市场价格能充分反映所有信息，这些信息包括历史的、已公开的、尚未公开但已经发生的信息，或者说，这种市场根本就不存在内幕信息。但是，在资本市场上，总是有少数人掌握公司尚未公开的信息。如果有人利用内幕信息买卖证券而获利，则至少说明资本市场尚未达到强式效率。

值得说明的是，强式有效市场并不意味着投资者不能获取一定的收益。但是，平均而言，其获得的收益只和其承担的风险相一致，不可能获得额外的或超额的收益。

三、有效市场假说的意义

在金融学领域，也许很难再有其他理论像有效市场假说这样引起人们如此关注，并引发广泛而持久的争论。其原因在于，有效市场假说探讨的是金融资产价格对信息的反应效率，即金融市场价格形成机制问题，这无论是对理论研究还是对实际应用都具有不可替代的重要作用。

从理论意义上讲，20 世纪 50 年代以来，投资组合选择理论、有效市场假说、资本资产定价模型、套利定价理论以及期权定价理论逐渐形成了现代金融学的整个分析框架。在这样一个分析框架中，有效市场假说无疑是整个体系的基础性理论。

从实际应用来看，在宏观层面上，资本市场的效率状况是政府政策干预的基础。资本市场的非效率意味着“市场失灵”，从而政府利用“有形之手”就具备了合理的经济学基础。同时，资本市场效率不断提高的过程，也是政府“有形之手”不断“归位”的过程，即干预程度不断弱化的过程。在微观层面上，资本市场的效率状况也是市场投资者制定投资策略的基础。因为，如果资本市场的证券价格对市场信息没有反映或者反映过当，将使投资者无所适从，也最终使投资决策及其行为“失灵”。

行为金融学认为，有效市场假说体现的是经济学家们梦寐以求的完全竞争均衡，该理论实际上是一个在完全理性预期基础之上的完全竞争模型。综合来看，行为金融学主要从两个方面抨击有效资本市场假说。

第一，完全竞争市场一般需要满足四个条件：（1）交易者是同质的；（2）交易双方均可以自由进出市场；（3）交易双方都是价格的接受者，即不存在操纵价格的可能；（4）所有交易者都具备完全知识和完全信息。在现代发达的资本市场中，证券基本是同质的，合法的交易者也没有进出市场的限制，条件（1）和（2）在现实中基本是满足的，但是，条件(3）和（4）在现实中难以有效成立。

第二，完全竞争市场还需以投资者的完全理性为基础，而完全理性要以确定性为前提。在资本市场信息和知识都不完全的情况下，对证券收益无法做出准确的预测，即投资者面临的是一种不确定性环境，因此，不确定性是造成资本市场上主体行为异化，即有限理性的主要原因。

第二节　现代投资组合理论

现代投资组合理论（Modern Portfolio Theory）是由美国经济学家哈里·马科维茨(Harry Markowitz）于 1952 年在论文《证券组合选择》中系统论证和提出的。马科维茨用期望收益率来衡量投资的预期收益水平，用期望收益的方差或标准差来衡量投资的风险，建立均值方差模型来解释如何在保证预期收益的前提下使投资风险最小化或者在风险控制的前提下使投资收益最大化。其核心结论是：投资者应该同时购买多种证券而不是一种证券来进行分散化投资。

一、投资组合的风险分散

证券组合是指个人或者机构投资者所持有的包含各种证券，如债券、股票等的组合。证券的不同组合方式是实现投资多元化的基本途径，其组合方式包括：

（1）投资工具组合。投资工具组合指不同投资工具的选择和搭配。选择何种投资工具，一方面应考虑投资者的资金规模、管理能力以及投资者的偏好；另一方面则应考虑不同投资工具各自的风险和收益以及相互间的相关性。

（2）投资期限组合。投资期限组合指证券投资资产长短期限的搭配。不同投资工具所形成资产的期限是不同的，同种投资工具所形成的不同资产也会有不同的期限。证券投资的期限组合主要应考虑：一是投资者预期的现金支付的需求，包括支付的时间和数量；二是不同资产的约定期限及流动性；三是经济周期变化。

（3）投资的区域组合。投资的区域组合是指通过向不同地区、不同国家或不同证券交易场所的金融资产进行投资来达到分散投资风险、获得稳定收益的目的。证券投资的区域组合主要应考虑如下因素：一是各国资本市场的相关性；二是各国经济周期的同步性；三是汇率变动对投资的影响。

假设有两种证券 A 和 B，某投资者将资金以 X_A 的比例投资于证券 A，以 X_B 的比例投资于证券 B，则有 $X_A+X_B=1$。如果证券 A 的期望收益率为 R_A、标准差为 σ_A，证券 B 的期望收益率为 R_B、标准差为 σ_B，则证券 A、B 组成的投资组合 P 的收益率 R_p 为：

$$R_p=R_AX_A+R_BX_B$$

即投资组合的期望收益等于各资产预期收益的加权平均。

但投资组合的风险，即投资组合期望收益的方差并不是各资产方差的加权平均。在两种资产组成投资组合的情况下，投资组合的期望收益的方差为：

$$\sigma_p^2=X_A^2\sigma_A^2+X_B^2\sigma_B^2+2X_AX_BCov(\text{A},\text{B})$$

式中，$Cov(\text{A},\text{B})$ 为证券 A、B 期望收益的协方差，且证券 A、B 期望收益的相关系数 $\rho_{AB}=Cov(\text{A},\text{B})/(\sigma_A\sigma_B)$。

【例 4-1】 某公司投资 60%于资产 A，投资 40%于资产 B。在不同的经济状态条件下 A、B 资产的收益不同，具体情况如表 4-1 所示。

表 4-1　不同经济条件下 A、B 的收益情况　　单位：%

状态	概率	A	B
繁荣	25	15	10
正常	60	10	9
萧条	15	5	1

根据表 4-1，可以计算资产 A、B 的期望收益分别为：0.105、0.080 5，其方差为：

$$\sigma_A^2=0.25\times(0.105-0.15)^2+0.6\times(0.105-0.1)^2+0.15\times(0.105-0.05)^2=0.000\,975$$

$$\sigma_B^2=0.25\times(0.080\,5-0.1)^2+0.6\times(0.080\,5-0.09)^2+0.15\times(0.080\,5-0.01)^2=0.000\,895$$

则资产 A、B 组成的投资组合的期望收益、方差为：

$$R_p=R_AX_A+R_BX_B=0.105\times0.6+0.080\,5\times0.4=0.095\,2$$

$$\begin{aligned}\text{协方差 } Cov(\text{A},\text{B})&=0.25\times(0.105-0.15)\times(0.080\,5-0.1)\\&\quad+0.6\times(0.105-0.1)\times(0.080\,5-0.09)\\&\quad+0.15\times(0.105-0.05)\times(0.080\,5-0.01)=0.000\,772\,5\end{aligned}$$

方差$\sigma_P^2 = X_A^2\sigma_A^2 + X_B^2\sigma_B^2 + 2X_AX_BCov(A, B) = 0.000\,865$

计算得到的相关结果，如表 4-2 所示。

表 4-2　不同经济条件下 A、B 的各项指标数　　单位：%

状态	概率	A	B	Portfolio
繁荣	25	15	10	13
正常	60	10	9	9.6
萧条	15	5	1	3.4
权重		60	40	
期望收益率		10.5	8.05	9.52
方差		0.097 5	0.089 5	0.086 5
标准差		0.031 225	0.029 912	0.029 410

若用 X_A 和 X_B 表示投资于资产 A、B 的权重，σ_A、σ_B 分别表示资产 A、B 期望收益的标准差，则资产 A、B 构成的投资组合在以下特殊情况时的标准差或方差为：

当 $\rho=-1$ 时，则 $\sigma_P = |X_A\sigma_A - X_B\sigma_B|$；

当 $\rho=0$ 时，则$\sigma_P^2 = X_A^2\sigma_A^2 + X_B^2\sigma_B^2$；

当 $\rho=1$ 时，则 $\sigma_P = |X_A\sigma_A + X_B\sigma_B|$；

当 A 为无风险资产，即 $\sigma_A=0$ 时，则 $\sigma_P = X_B\sigma_B$。

不论从投资组合方差的计算，还是上述几种特殊情形看，投资组合内资产的相关性程度越大，投资组合的风险就越大；相关性程度越小，投资组合的风险就越小。即广泛的分散化投资，能降低投资组合的风险。

二、投资组合的最优选择

前面探讨了资产或证券数量增加，以及资产相互间关联程度对投资组合风险的影响。下面，我们探讨如何选择资产的最优比例。

（一）两种证券组合的可行域

任何证券组合都可以通过其期望收益率和标准差来确定出坐标系中的一点。在组合内各资产相关关系一定时，各资产的权重不同，对应的这一点也不同。把这些不同的点连接起来形成一条连续的曲线，这条曲线称为证券 A、B 的投资组合线。可见，这条曲线描述了证券 A、B 所有可能的投资组合，如图 4-1 所示。

当 $0<\rho_{AB}<1$ 时，期望收益率 R_P 与标准差 σ_P 之间是一条双曲线。这条曲线所组成的区域，即为证券 A、B 所组成的投资可行域。随着 ρ_{AB} 的增大，曲线弯曲程度将降低。

（二）证券组合的有效边界

人们在投资决策时希望期望收益越大越好，风险越小越好。这种投资心理反映在证券组合的选择上可由以下两条规则来描述：

（1）如果两种证券组合具有相同的收益率方差和不同的期望收益率，那么投资者选择期望收益率高的组合。如图4-1所示，在点3和点4比较时，投资者显然会选择点4代表的投资组合。

(2) 如果两种证券组合具有相同的期望收益率和不同的收益率方差，则选择方差较小的组合。如图4-1所示，在点1和点2比较时，投资者显然会选择点1代表的投资组合。

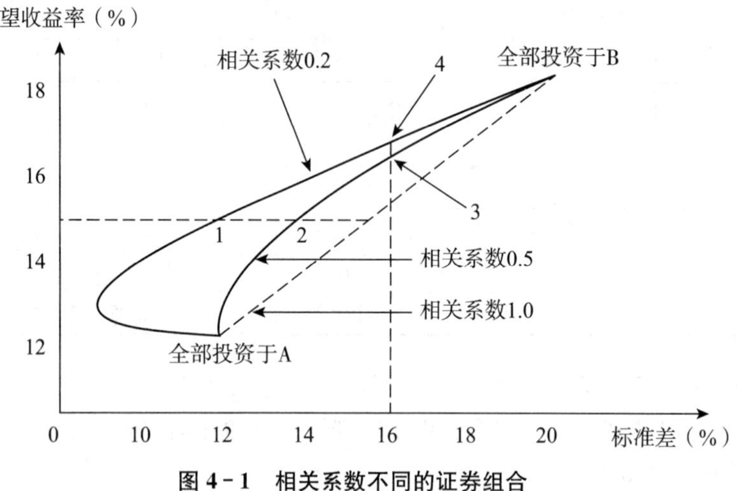

图4-1 相关系数不同的证券组合

这就是投资者的共同偏好规则。按照这个规则，可以排除那些被所有投资者都认为差的组合，余下的这些组合称为有效证券组合。反映在图4-1上，有效证券组合是可行域的左上边界。对于可行域内部及下边界上的任意可行组合，均可以在有效边界上找到一个有效组合比它更有效；但有效边界上的不同组合，按共同偏好规则不能区分其优劣，因为有效边界代表的各证券投资比例都是等效的。

(三) 最优证券组合

无差异曲线是对一个特定投资者而言的，根据其风险偏好，按照期望收益率对风险补偿的要求，得到的一系列效用相同的证券投资比例配置。

因此，投资者到底应该选择有效边界线上的哪一点作为组合中各证券的比例，即最优证券组合到底是哪一点，就可以由无差异曲线和有效边界线的切点来决定。如图4-2所示，投资者将选择有效边界上的A点所代表的证券组合作为最佳组合，因为A点所代表的投资组合不仅是可行的，而且所获得的满意度或收益也是最大的。

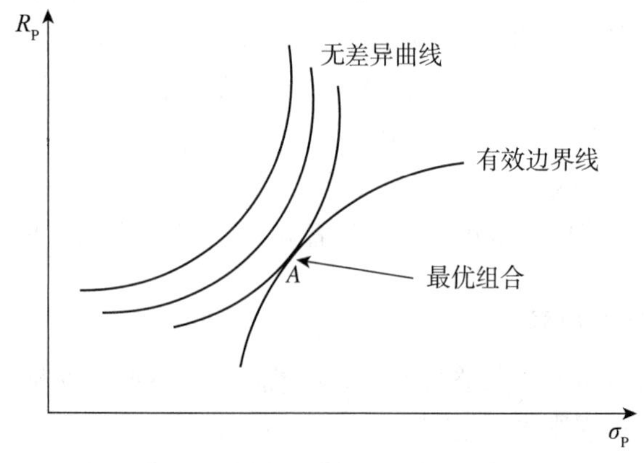

图4-2 最优投资组合示意图

三、现代投资组合理论的运用与发展

现代投资组合理论，即证券投资组合选择，其核心思想是要解决长期困扰证券投资活动的两个根本性问题。第一个问题是，虽然证券市场上客观地存在着大量的证券组合投资，但需要解释为何要进行组合投资，组合投资的机制和效应究竟如何。针对这一问题，现代投资组合理论给出了逻辑严密并能经得起实践检验的答案，即证券的组合投资是为了实现风险一定情况下的收益最大化或收益一定情况下的风险最小化，具有降低投资活动非系统性风险的机制，这就是众所周知的"不要把所有鸡蛋放到同一个篮子里"。第二个问题是，证券投资者除了通过组合投资来降低风险外，还能如何进一步实现投资的最优选择。对于这一问题，马科维茨运用数理统计方法全面细致地分析了何为最优的资产结构和如何选择最优的资产结构。这里还要强调的是，所谓的投资组合降低风险，是指多元化投资通过分散非系统性风险而降低整个投资组合的风险，但系统性风险此时是分散不掉的。系统性风险本身并非不可分散，但不能通过投资组合来达到分散的目的。

马科维茨虽然在理论上阐明了组合投资能够分散风险的重要机制，但在实际运用中，证券组合的选择和确定面临大量繁重和复杂的计算。基于此，威廉·夏普（William Sharpe）提出了简化证券组合分析的指数模型，而资本资产定价模型也应运而生了。

第三节 资本资产定价模型

现代资本资产定价模型（Capital Asset Pricing Model，CAPM）是由威廉·夏普、约翰·林特纳和简·莫辛 1966 年根据哈里·马科维茨资产组合优化选择的思想分别提出来的，因此，资本资产定价模型也被称为 SLM 模型。由于资本资产定价模型在资产组合管理中具有重要的作用，从其创立的 20 世纪 60 年代中期起，就迅速为实业界所接受并转化为实际运用，但学术界对其质疑和研究也一直不断。

一、模型的基本假设与参数

任何一种模型或者理论的建立，都需要对现实环境进行抽象以便将注意力集中在最重要的几个因素上。资本资产定价模型也一样，其假设主要包括：

（1）投资者都依据期望收益来评价证券及其组合的收益，依据方差（或标准差）评价证券及其组合的风险，并采用马科维茨理论选择最优证券组合，并能以无风险利率进行自由借贷。

（2）投资者对证券的收益、风险及证券间的关联性具有完全相同的预期。

（3）资本市场没有摩擦，即市场对资本和信息自由流动没有障碍。

可见，第（1）、（2）项假设是对投资者行为的假设和抽象，第（3）项是对资本市场本身的假设。

在介绍正式的模型及其结论之前，我们先介绍一下 CAPM 模型的相关参数及其意义。

（一）无风险投资收益率 R_f

无风险投资收益率（Rate of Free-risk），是投资于一个没有任何风险的证券或资产所能获得的收益率。一般情况下，这里的无风险是指除了通货膨胀风险之外没有任何其他风险，例如，没有信用风险等。在财务管理实践中，一般会把无风险收益率作为投资收益的基本参照，在此基础上再考虑投资项目可能出现的风险及收益。

现实中，人们通常将短期政府债券的收益率作为无风险投资收益率。因为，短期政府债券没有违约风险，而且期限较短、流动性强，所以，短期国债的收益率完全可以看成是无风险收益率。

（二）市场收益率 R_m

资本市场的充分竞争性和有效性，以及投资者追求收益最大化的理性行为，决定了资本市场具有一个均衡的投资收益率，这个均衡的收益率就是市场收益率（Rate of Market）或市场平均收益率。显然，实践中几乎无法计算出资本市场投资收益率的均衡点。

现实中，市场收益率可以认为是将资金按市值比例投资分配到资本市场各项资产上所获得的收益率；这样的一个组合，称为市场组合。同样，碍于投资规模限制、市场价值波动等因素，这种投资组合也是很难实现的。但是，可以选择一个代表性很强的股票价格指数，按照该指数的样本选择投资品种，按照该指数各样本的权重选择投资比例，于是，这种指数化投资带来的收益就与该指数的变动保持基本一致。由于股票价格指数时刻波动，在实际计算中一般采用一个较长时间段的平均股票价格指数收益率作为 R_m 的参考值。

R_m-R_f 反映了市场平均收益率与无风险收益率之间的差额，是对投资者因为投资于市场组合而承受风险的补偿，因此称为市场风险溢价（Risk Premium）。

（三）风险系数 β

资本资产定价模型引进了一个重要变量 β 系数。从风险量化角度看，β 系数反映了证券或证券组合对市场组合方差的贡献率，即证券或证券组合对于整个市场风险的反映与敏感程度。可见，β 系数是衡量系统性风险水平的一个重要变量。β 系数大于 1，表示该资产风险大于市场平均风险，即该资产收益波动要强于市场。从收益角度看，β 系数反映了证券或证券组合的收益水平对市场平均收益率水平变化的敏感性。

β 系数被广泛应用于证券价值分析、投资决策和风险控制中。首先，β 系数作为一种风险量化指标，测度了能够带来收益补偿的那部分风险。如果投资者希望通过承担较高的风险来获得较高的期望收益，就应该选择 β 系数较高的证券，而不是总风险较高的证券。其次，由于 β 系数衡量了证券或证券组合的系统性风险，因此，风险管理部门或投资者为控制投资风险，可以限制 β 系数过高的证券投资比例。

二、资本市场线与证券市场线

（一）资本市场线

所谓资本市场线（Capital Market Line，CML），就是在预期收益率 R 和标准差 σ 组成的坐标系中，将无风险资产 F 和市场组合 M 相连所形成的射线。它是沿着投资组合的有效边界线，由风险资产和无风险资产构成的投资组合，如图 4－3 所示。

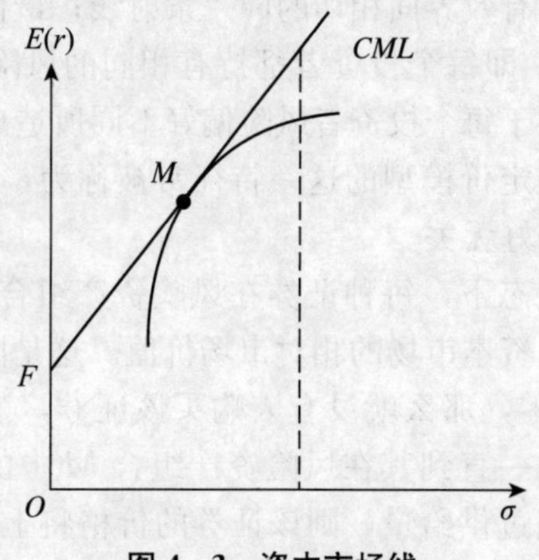

图 4－3　资本市场线

资本市场线上的每一点都对应着某种由无风险资产和市场组合构成的新组合。也就是说，在满足前述资本资产定价模型的假设条件下，资本市场线就是所有投资者选择投资组合的有效界面。任何不利用市场组合或者不进行无风险资产借贷的其他投资组合都不存在于该资本市场线上。即从逻辑上看，当资本市场均衡时，所有投资者会根据投资预算选择无风险资产和市场组合的适当比例，这一比例配置成的投资组合，可以称为有效组合。

资本市场均衡状态下，所有有效组合且只有有效组合才会落在资本市场线上，那么，所有有效组合的风险和收益都将满足一种简单的线性关系。而对于无效的证券组合或单个证券，其标准差与预期收益率之间则不存在这种线性关系，因而，资本市场线完整地阐述了有效证券组合的风险和收益关系，即：

$$R_{\mathrm{P}} = R_f + R_e\sigma_{\mathrm{P}}$$

式中，R_{P} 为任意有效组合 P 的收益率；R_f 为无风险收益率；R_e 为资本市场线的斜率；σ_{P} 为有效组合 P 的标准差或风险。

相应地，市场组合 M 本身是一个有效证券组合，它将会落在资本市场线上，如图 4－4 所示。由此，资本市场线的斜率，即夏普比率（Sharpe Ratio）R_e 为：

$$R_e = \frac{R_m - R_f}{\sigma_m}$$

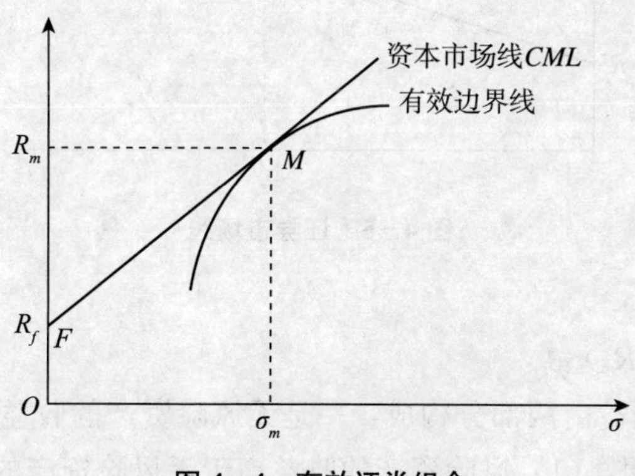

图 4－4　有效证券组合

显然，当所有投资者对风险资产的预期一致，而且每个投资者都可以不受限制地以固定的无风险利率借入或贷出资金时，根据上面的分析，每个投资者的最优投资组合都位于从无风险资产出发，并与风险资产有效界面相切的同一条射线；最优投资组合中风险证券的各投资比例均与市场组合 M 相同，即每个投资者都持有相同的风险资产组合 M。不同投资者最优组合的唯一区别仅在于：由于每个投资者风险偏好不同所造成的无风险资产和风险资产组合的投资比例不同。资本资产定价模型的这一特征常被称为“分离定理”，即投资者应当持有的风险资产组合与其风险偏好无关。

另外，在资本市场均衡状态下，每种证券在风险资产组合 M 中的比例都非零，而且这个比例就等于该种证券在整个资本市场的相对市场价值。这是因为，根据分离定理，如果某种证券在组合 M 中的比例为零，那么就没有人购买该证券，该证券的价格就会下降，从而使该证券的预期收益率上升，一直到其在风险资产组合 M 中的比例非零为止。反之，如果投资者对某种证券的需求量超过供给量，则该证券的价格将上升，导致其预期收益率下降，从而降低其吸引力，它在风险资产组合 M 中的比例也将下降，直至对其需求量等于供给量为止。

当所有证券的供求达到均衡时，整个市场就进入一种均衡状态：（1）每个投资者对每一种证券都愿意持有一定的数量；（2）市场上每种证券的价格都处在供需平衡时的水平上；（3）无风险利率的水平正好使得借入资金的总量等于贷出资金的总量。结果，在均衡状态下，切点处的市场组合 M 中每种证券的比例就等于该种证券的相对市值。也正是由于切点处风险资产组合 M 的这一特征，人们习惯上也把它叫作市场组合或全市场组合。

（二）证券市场线

证券市场线（Security Market Line，SML），就是资本资产定价模型的图示形式，如图 4－5 所示。如同资本资产定价模型一样，它主要用来说明投资组合的收益率与系统性风险 β 系数之间的关系，即证券市场线揭示了证券市场上所有风险资产的均衡期望收益与风险之间的关系。

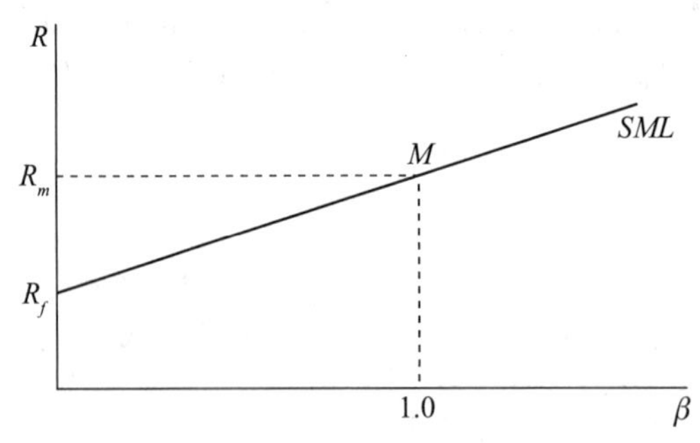

图 4－5 证券市场线

证券市场线方程为：

$$R_i = R_f + (R_m - R_f)\beta_i$$

可见，风险资产的收益由两部分构成：一是无风险资产的收益 R_f；二是市场风险溢价 $R_m - R_f$。证券市场线表明：（1）风险资产的收益高于无风险资产的收益；（2）只有系统性风险需要补偿，非系统性风险可以通过投资多样化减少甚至消除，因而不需要补偿；（3）某种风险资产实际获得的市场风险溢价收益取决于β_i的大小。β_i值越大，则风险溢价就越大；反之，β_i越小，风险溢价就越小。

可见，证券市场线揭示的是风险证券本身的风险和报酬之间的对应关系，而资本市场线揭示的是无风险资产和市场组合配比下的风险和报酬的权衡关系。因为，投资组合中非系统性风险可以通过投资多元化分散，所以，在证券市场线中横轴是β系数，只包括系统性风险；资本市场线的横轴是标准差，既包括系统性风险又包括非系统性风险。

三、资本资产定价模型的意义

资本资产定价模型说明了单个证券的期望收益与相对风险程度间的关系，即任何资产的期望收益一定等于无风险收益加上一个风险调整后的风险溢价水平。风险越高，需要得到的额外补偿也就越高。这一结论告诉我们，在市场行情看跌的时候，可以投资于β值较低的证券；而当市场行情看涨的时候，可以投资β值大于1的证券。

另外，资本资产定价模型通过预测证券的期望收益和风险的定量关系来判断证券当前定价的“合理性”，从而帮助投资者搜寻市场中估值偏低的证券。

第四节 套利定价理论

套利定价模型（Arbitrage Pricing Theory，APT），由斯蒂芬·罗斯（Stephen Ross）于1976年提出，是描述资产合理定价但又有别于资本资产定价模型的均衡模型。该模型表明，资产的收益率是由一系列产业方面和市场方面的因素确定的，如GDP的增长、通货膨胀的水平等，并不仅仅只受证券组合系统性风险因素的影响。资本资产定价模型只是套利定价理论的一个特殊类型而已，所以，套利定价理论可以认为是一种广义的资本资产定价模型，从而为投资者提供了一种替代性方法去理解市场中的风险与收益率间的均衡关系。

一、套利定价模型

套利定价理论用套利概念定义均衡，不需要市场组合的存在性，而且所需的假设比资本资产定价模型更少、更合理。与资本资产定价模型相比，建立套利定价模型的假设条件较少，可概括为如下几个：

(1) 资本市场是完全竞争的，无摩擦的。

(2) 投资者是风险厌恶者，且是非满足的。当具有套利机会时，他们会构造套利组合来增加自己的财富，从而追求效用最大化。

任何证券i的收益率都是一个线性函数，其中包含k个影响该证券收益率的因素，函数表达式为：

$$R_i = a_i + b_{i1}F_1 + b_{i2}F_2 + \cdots + b_{ik}F_k + x_i$$

式中，R_i为证券 i 的期望收益率；F_k为第 k 个影响因素的某个指标；b_{ik}为证券 i 的收益对因素 k 的敏感度或系数；a_i为截距项，表示 F_1、F_2、…、F_k均为 0 时，证券 i 的期望收益率；x_i为影响证券 i 收益率的随机误差项，用来衡量证券 i 收益中的非系统性风险部分，其均值 $E(x_i)=0$。它的所有影响因素及证券 i 以外的其他证券的误差项是彼此独立不相关的。

这些参数还需要满足下述三个条件：

(1) $Cov(F_i, F_j)=Cov(x_i, F_j)=Cov(x_i, x_j)=0$。

(2) $E(F_i)=E(x_i)=0$。

(3) $Var(F_i)=1$。

对上式取数学期望，即有：

$$E(R_i)=a_i+b_{i1}E(F_1)+b_{i2}E(F_2)+\cdots+b_{ik}E(F_k)=a_i+\sum_{k=1}^{K}b_{ik}E(F_k)$$

如果上述表达式成立且参数满足相关条件，则市场不存在套利机会。否则，意味着投资者持有任一套利组合，其就会在不追加投资的情况下获得无风险套利利润，直到资产的价格达到均衡价格为止。

二、套利定价模型的应用

资本资产定价模型认为，资产的收益率是由系统性风险这一单一因素决定的。而套利定价理论认为证券收益率的影响因素有多种，既包括市场因素，也包括非市场因素，但并没有给出这些非市场因素到底有哪些。

另外，资本资产定价模型度量的是与整体市场波动相关的系统性风险，任何资产或资产组合的收益率均是对系统性风险的补偿，理性的投资者不会承担任何可分散的非系统性风险，该理论认为任何资产的收益率均是市场风险溢价的线性函数。而套利定价理论是用多种公共因素来度量证券资产的收益率，因此它度量的是多种公共因素风险，但没有关注单个资产或资产组合的风险。

虽然两者存在诸多差异，但套利定价理论毕竟是在弥补资本资产定价模型的局限性中发展起来的，两者也具有一定的相同点。从均衡价格形成机制来看，无论是资本资产定价模型，还是套利定价理论，均认为资产的收益是其相对应风险的函数，只是这两者表达风险的含义不同而已。如果把市场组合的收益率作为唯一因子，套利定价理论导出的风险与收益关系与资本资产定价模型完全相同。因此，资本资产定价模型可以看作是套利定价理论的一个特例。

套利定价理论同资本资产定价模型一样，其应用的核心是寻求那些价值被低估或高估的证券。不过，套利定价理论更具体的表现为寻找套利机会，通过建立套利组合来实现非正常的收益，它在实践中的应用至少有两个层次：

首先，猜测某些因素可能是证券收益的影响因素，但是并不确定这些因素的具体影响和作用。于是，可运用统计分析模型对证券的历史收益率数据进行分析，以分离出那些具有统计显著性的影响因素。

其次，确定某些因素与证券收益有关，于是对证券历史收益数据进行回归以获得相应的灵敏度系数，再用套利定价理论预测证券的收益。

第五节　期权定价理论

一、期权

(一) 期权的概念

期权（Option）是指一种合约，该合约赋予持有人在某一特定日期或该日期之前的任何时间以预定价格购进或售出一种资产的权利。其定义的要点主要有：

1. 期权是一种权利

期权合约至少涉及购买人和出售人两方。获得期权的一方称为期权购买人，出售期权的一方称为期权出售人。交易完成后，购买人成为期权持有人。

期权赋予持有人做某件事的自主选择权，可以选择执行或者不执行该权利。持有人仅在执行期权有利时才会利用它，否则该期权将被放弃。在这种意义上，期权是一种“特权”，因为持有人只享有权利而不承担相应的义务。

期权合约不同于远期合约和期货合约。在远期合约和期货合约中，双方的权利和义务是对等的，双方互相承担责任，各自具有要求对方履约的权利。当然，与此相适应，投资人签订远期或期货合约时不需要向对方支付任何费用，而投资人购买期权合约必须支付期权费，作为不承担到期执行义务的代价。

2. 期权的标的资产

期权的标的资产是指选择购买或出售的资产。它包括股票、政府债券、货币、股票指数、商品期货、房地产等。期权是这些标的物“衍生”的，因此，称为衍生金融工具。本书没有特别说明之处，都是以股票期权为例。

值得注意的是，期权出售人不一定拥有标的资产；而且，期权合约的购买方，不一定是标的资产的购买方，他可能是标的资产的购买方也可能是出售方。

3. 期权费

期权的购买成本称为期权费，也称为权利金或权利费，是指期权购买人为获得这份权利所必须支付的补偿费用。期权购买人购买了期权合约以后，就拥有了期权到期时执行或不执行期权合约的选择权。

4. 到期日

双方约定的期权到期的那一天称为“到期日”。在那一天之后，期权失效。

按照期权执行时间分为欧式期权和美式期权。如果该期权只能在到期日执行，则称为欧式期权。如果该期权可以在到期日或到期日之前的任何时间执行，则称为美式期权。

5. 期权的执行

依据期权合约购进或售出标的资产的行为称为“执行”。在期权合约中约定的、期权持有人据以购进或售出标的资产的固定价格，称为“执行价格”。这个执行价格，是在期权合同买卖时已经达成并事先确定的。

（二）期权的类型

按照合约授予期权持有人权利的类别，期权分为看涨期权和看跌期权两大类。

看涨期权是指期权赋予持有人在到期日或到期日之前，以预定价格购买标的资产的权利。其授予权利的特征是“购买”。因此，也可以称为“择购期权”、“买入期权”或“买权”。

看涨期权的执行净收入，被称为看涨期权到期日价值。以股票期权为例，执行净收入等于股票价格减去执行价格的价差。如果在到期日股票价格高于执行价格，看涨期权的到期日价值随标的资产价值上升而上升；如果在到期日股票价格低于执行价格，则看涨期权没有价值。期权到期日价值减去期权费后的剩余，称为期权购买人的“损益”。

看跌期权是指期权赋予持有人在到期日或到期日前，以固定价格出售标的资产的权利。其授予权利的特征是“出售”。因此，也可以称为“择售期权”、“卖出期权”或“卖权”。

（三）期权的投资策略

买入期权的特点是最小的净收入为零，不会发生进一步的损失。从理论上讲，期权可以帮助我们建立任意形式的损益状态，用于控制投资风险。以股票期权为例，这里只介绍三种投资策略。

1. 保护性看跌期权

保护性看跌期权即构建股票加多头看跌期权组合，是指购买 1 股股票，同时购入该股票的 1 股看跌期权。这种组合被称为保护性看跌期权。单独投资于股票风险很大，同时增加一股看跌期权，情况就会有变化，可以降低投资的风险。

2. 抛补性看涨期权

抛补性看涨期权即构建股票加空头看涨期权组合，是指购买 1 股股票，同时出售该股票的 1 股看涨期权。这种组合被称为抛补性看涨期权。抛出看涨期权所承担的到期出售股票的潜在义务，可以被组合中持有的股票抵补，不需要另外补进股票。

3. 对敲

对敲策略分为多头对敲和空头对敲。

（1）多头对敲。

多头对敲是指同时买进一只股票的看涨期权和看跌期权，它们的执行价格、到期日都相同。多头对敲策略对于预计市场价格将发生剧烈变动，但是不知道升高还是降低的投资者非常有用。例如，得知一家公司的未决诉讼将要宣判，如果该公司胜诉，预计股价将翻一番，如果败诉，预计股价将下跌一半。无论结果如何，多头对敲策略都会取得收益。

多头对敲的最坏结果是到期股价与执行价格一致，白白损失了看涨期权和看跌期权的购买成本。股价偏离执行价格的差额必须超过期权购买成本，才能给投资者带来净收益。

（2）空头对敲。

空头对敲是指同时卖出一只股票的看涨期权和看跌期权，它们的执行价格、到期日都相同。空头对敲策略对于预计市场价格变化不大的投资者非常有用。空头对敲的最好结果是到期股价与执行价格一致，投资者白白赚取出售看涨期权和看跌期权的收入。空头对敲的股价偏离执行价格的差额必须小于期权出售收入，才能给投资者带来净收益。

二、金融期权及其定价

（一）金融期权价值的影响因素

1. 期权的内在价值和时间溢价

期权价值由两部分构成：内在价值和时间溢价。

(1) 期权的内在价值。

期权的内在价值，是指期权立即执行产生的经济价值。内在价值的大小，取决于期权标的资产的现行市价与期权执行价格的高低。内在价值不同于到期日价值，期权的到期日价值取决于“到期日”标的股票市价与执行价格的高低。如果现在已经到期，则内在价值与到期日价值相同。

对于看涨期权来说，现行资产价格高于执行价格时，立即执行期权能够给持有人带来净收入，其内在价值为现行价格与执行价格的差额（S_0-X）。如果资产的现行市价等于或低于执行价格时，立即执行不会给持有人带来净收入，持有人也不会去执行期权，此时看涨期权的内在价值为零。例如，看涨期权的执行价格为 100 元，现行价格为 120 元，其内在价值为 20（120－100）元。如果现行价格变为 80 元，则内在价值为零。

对于看跌期权来说，现行资产价格低于执行价格时，其内在价值为执行价格减去现行价格（$X-S_0$）。如果资产的现行市价等于或高于执行价格，看跌期权的内在价值等于零。例如，看跌期权的执行价格为 100 元，现行价格为 80 元，其内在价值为 20（100－80）元。如果现行价格变为 120 元，则内在价值为零。

由于标的资产的价格是随时间变化的，所以内在价值也是变化的。当执行期权能给持有人带来正回报时，称该期权为“实值期权”，或者说处于“实值状态”（溢价状态）；当执行期权将给持有人带来负回报时，称该期权为“虚值期权”，或者说处于“虚值状态”（折价状态）；当资产的现行市价等于执行价格时，称期权为“平价期权”，或者说处于“平价状态”。

对于看涨期权来说，标的资产现行市价高于执行价格时，该期权处于实值状态；当资产的现行市价低于执行价格时，该期权处于虚值状态。对于看跌期权来说，资产现行市价低于执行价格时，该期权处于实值状态；当资产的现行市价高于执行价格时，该期权处于虚值状态。

期权处于虚值状态或平价状态时不会被执行，只有处于实值状态时才有可能被执行，但也不一定会被执行。

(2) 期权的时间溢价。

期权的时间溢价是指期权价值超过内在价值的部分。

时间溢价＝期权价值－内在价值

例如，股票的现行价格为 120 元，看涨期权的执行价格为 100 元，期权价格为 21 元，则时间溢价为 1（21－20）元。如果现行价格等于或低于 100 元，则 21 元全部是时间溢价。

期权的时间溢价是一种等待的价值。期权买方愿意支付超出内在价值的溢价，是寄希望于标的股票价格的变化可以增加期权的价值。很显然，对于美式期权，在其他条件不变的情况下，离到期时间越远，股价波动的可能性越大，期权的时间溢价也就越大。如果已经到了到期时间，期权的价值（价格）就只剩下内在价值（时间溢价为零），因为已经不能再等待了。

1股看涨期权处于虚值状态，仍然可以按正的价格售出，尽管其内在价值为零，但它还有时间溢价。在未来的一段时间里，如果价格上涨进入实值状态，投资人可以获得净收入；如果价格进一步下跌，也不会造成更多的损失，选择权为其提供了下跌保护。

时间溢价有时也称为“期权的时间价值”，但它和“货币的时间价值”是不同的概念。时间溢价是时间带来的“波动的价值”，是未来存在不确定性而产生的价值，不确定性越强，期权的时间价值越大。而货币的时间价值是时间“延续的价值”，时间延续得越长，货币的时间价值越大。

2. 影响期权价值的主要因素

期权价值是指期权的现值，不同于期权的到期日价值。影响期权价值的主要因素有股票市价、执行价格、到期期限、股价波动率、无风险利率和预期红利。

（1）股票市价。

如果看涨期权在将来某一时间执行，其收入为股票价格与执行价格的差额。如果其他因素不变，随着股票价格的上升，看涨期权的价值也增加。

看跌期权与看涨期权相反，看跌期权在未来某一时间执行，其收入是执行价格与股票价格的差额。如果其他因素不变，当股票价格上升时，看跌期权的价值下降。

（2）执行价格。

执行价格对期权价格的影响与股票价格相反。看涨期权的执行价格越高，其价值越小。看跌期权的执行价格越高，其价值越大。

（3）到期期限。

对于美式期权来说，较长的到期时间能增加看涨期权的价值。到期日离现在越远，发生不可预知事件的可能性越大，股价变动的范围也越大。此外，随着时间的延长，执行价格的现值会减少，从而有利于看涨期权的持有人，能够增加期权的价值。

对于欧式期权来说，较长的时间不一定能增加期权价值。虽然较长的时间可以降低执行价格的现值，但并不增加执行的机会。到期日价格的降低，有可能超过时间价值的差额。例如，两个欧式看涨期权，一个是1个月后到期，另一个是3个月后到期，预计标的公司两个月后将发放大量现金股利，股票价格会大幅下降，则有可能使时间长的期权价值低于时间短的期权价值。

（4）股票价格的波动率。

股票价格的波动率，是指股票价格变动的不确定性，通常用标准差衡量。股票价格的波动率越大，股票上升或下降的机会越大。对于股票持有者来说，两种变动趋势可以相互抵消，期望股价是其均值。

对于看涨期权持有者来说，股价上升对其有利，股价下降对其不利，最大损失以期权费为限，两者不会抵消。因此，股价的波动率增加会使看涨期权价值增加。对于看跌期权持有者来说，股价下降对其有利，股价上升对其不利，最大损失以期权费为限，两者不会抵消。

因此，股价的波动率增加会使期权价值增加。

在期权估值过程中，股价的波动性是最重要的因素。如果一种股票的价格波动性很小，其期权也值不了多少钱。

（5）无风险利率。

利率对于期权价格的影响是比较复杂的。一种简单而不全面的解释是：假设股票价格不变，高利率会导致执行价格的现值降低，从而增加看涨期权的价值。还有一种理解的办法是：投资于股票需要占用投资人一定的资金，投资于同样数量的该股票的看涨期权需要较少的资金。在高利率的情况下，购买股票并持有到期的成本越大，购买期权的吸引力越大。因此，无风险利率越高，看涨期权的价格越高。对于看跌期权来说，情况正好与此相反。

（6）期权有效期内预计发放的红利。

在除息日后，红利的发放引起股票价格降低，看涨期权价格降低。与此相反，股票价格的下降会引起看跌期权价格上升。因此，看跌期权价值与预期红利大小呈正向变动，而看涨期权与预期红利大小呈反向变动。

（二）金融期权价值的评估方法

从 20 世纪 50 年代开始，现金流量折现法成为资产估值的主流方法，任何资产的价值都可以用其预期未来现金流量的现值来估值。现金流量折现法估值的基本步骤是：首先，预测资产的期望现金流量；其次，估计投资的必要报酬率；最后，用必要报酬率折现现金流量。人们曾力图使用现金流量折现法解决期权估值问题，但是一直没有成功。问题在于期权的必要报酬率非常不稳定。期权的风险依赖于标的资产的市场价格，而市场价格是随机变动的，期权投资的必要报酬率也处于不断变动之中。既然找不到一个适当的折现率，现金流量折现法也就无法使用。因此，必须开发新的模型，才能解决期权定价问题。

1973 年，布莱克-斯科尔斯期权定价模型被提出，人们终于找到了实用的期权定价方法。此后，期权市场和整个衍生金融工具交易飞速发展。由于对期权定价问题研究的杰出贡献，斯科尔斯和默顿获得了 1997 年的诺贝尔经济学奖。

如果没有足够的数学背景知识，要全面了解期权定价模型是非常困难的。出于本教材的教学目的，在此不全面介绍期权估值模型，仅主要介绍期权估值的基本原理和主要模型。

1. 期权估值原理

（1）复制原理。

复制原理的基本思想是：构造一个股票和借款的适当组合，使得无论股价如何变动，投资组合的损益都与期权相同，那么，创建该投资组合的成本就是期权的价值。

（2）套期保值原理。

在了解过复制原理的基础上，要确定组合的股票数量和借款数量，使投资组合的到期日价值与期权相同，就需要引入一个比率。这个比率称为套期保值比率（或套头比率、对冲比率、德尔塔系数），我们用 H 来表示。

$$套期保值比率\ H=\frac{C_u-C_d}{S_u-S_d}=\frac{C_u-C_d}{S_0\times(u-d)}$$

（3）风险中性原理。

运用财务杠杆投资股票来复制期权是很麻烦的。一个再简单不过的期权，如果是复杂期权或涉及多个期间，复制就成为令人苦恼的工作。好在有一个替代办法，使我们不用每一步计算都要复制投资组合，它被称为风险中性原理。

所谓风险中性原理，是指假设投资者对待风险的态度是中性的，所有证券的预期报酬率都应当是无风险利率。风险中性的投资者不需要额外的收益补偿其承担的风险。在风险中性的环境下，将期望值用无风险利率折现，可以获得现金流量的现值。

在这种情况下，期望报酬率应符合下列公式：

期望报酬率＝上行概率×上行时报酬率＋下行概率×下行时报酬率

假设股票不派发红利，股票价格的上升百分比就是股票投资的报酬率，因此：

期望报酬率＝上行概率×股价上升百分比＋下行概率×股价下降百分比

根据这个原理，在期权定价时只要先求出期权执行日的期望值，然后用无风险利率折现，就可以求出期权的现值。

2. 二叉树期权定价模型

（1）单期二叉树定价模型。

与任何估值模型一样，都需要假设。二叉树期权定价模型建立在以下假设基础之上：市场投资没有交易成本；投资者都是价格的接受者；允许完全使用卖空所得款项；允许以无风险利率借入或贷出款项；未来股票的价格将是两种可能值中的一个。

二叉树模型的推导始于建立一个投资组合：一是一定数量的股票多头头寸；二是该股票的看涨期权的空头头寸。股票的数量要使头寸足以抵御资产价格在到期日的波动风险，即该组合能实现完全套期保值，产生无风险利率。

设：

S_0＝股票现行价格；

u＝股价上行乘数；

d＝股价下行乘数；

r＝无风险利率；

C_0＝看涨期权现行价格；

C_u＝股价上行时期权的到期日价值；

C_d＝股价下行时期权的到期日价值；

X＝看涨期权执行价格；

H＝套期保值比率。

推导过程如下：

$$\text{初始投资} = \text{股票投资} - \text{期权收入} = HS_0 - C_0$$

$$\text{投资到期日终值} = (HS_0 - C_0) \times (1+r)$$

由于无论价格是上升还是下降，该投资组合的收入（价值）都一样，我们采用价格上升后的收入，即股票出售收入减去期权买方执行期权的支出：

在股票不派发红利的情况下，投资组合到期日价值＝$uHS_0 - C_0$。

令投资到期日终值等于投资组合到期日价值：

$$(HS_0 - C_0) \times (1+r) = uHS_0 - C_0$$

化简：

$$C_0 = HS_0 - \frac{uHS_0 - C_0}{1+r}$$

由于套期保值比率 H 为：

$$H=\frac{C_u-C_d}{(u-d)S_0}$$

将其带入上述简化后的等式，并再次化简得：

$$C_0=(\frac{1+r-d}{u-d})\times\frac{C_u}{1+r}+(\frac{u-1-r}{u-d})\times\frac{C_d}{1+r}$$

（2）两期二叉树定价模型。

单期的定价模型假设本来股价只有两个可能，对于时间很短的期权来说是可以接受的。若到期时间很长，就与事实相去甚远。改善的办法是把到期时间分割成两部分，这样就可以增加股价的选择；还可以进一步分割，把到期时间分割为更多的部分，情况就好多了。如果每个期间无限小，股价就成了连续分布，布莱克-斯科尔斯期权定价模型就诞生了。

简单地说，由单期模型向两期模型的扩展，不过是单期模型的两次应用。

（3）多期二叉树模型。

如果继续增加分割的期数，就可以使期权价值更接近实际。从原理上看，与两期模型一样，从后向前逐级推进，只不过多了一个层次。期数增加以后带来的主要问题是股价上升与下降的百分比如何确定问题。期数增加以后，要调整价格变化的升降幅度，以保证年报酬率的标准差不变。把年报酬率标准差和升降百分比联系起来的公式是：

$$u=1+\text{上升百分比}=e^{\sigma\sqrt{t}}$$

$$d=1-\text{下降百分比}=1\div u$$

式中，e 代表自然常数，约等于 2.718 3；σ 代表标的资产连续复利报酬率的标准差；t 代表以年表示的时段长度。

二叉树方法是一种近似的方法。不同的期数划分，可以得到不同的近似值。期数越多，计算结果与布莱克-斯科尔斯期权定价模型的计算结果的差额越小。

3. 布莱克-斯科尔斯期权定价模型

布莱克-斯科尔斯期权定价模型（简称 BS 模型）是理财学中最复杂的公式之一，其证明和推导过程涉及复杂的数学问题，但使用起来并不困难。该公式有非常重要的意义，它对理财学具有广泛的影响，是近代理财学不可缺少的内容。该模型具有实用性，被期权交易者广泛使用，实际的期权价格与模型计算得到的价格非常接近。

（1）布莱克-斯科尔斯期权定价模型的假设。

1）在期权寿命期内，买方期权标的股票不发放股利，也不做其他分配。

2）股票或期权的买卖没有交易成本。

3）短期的无风险利率是已知的，并且在期权寿命期内保持不变。

4）任何证券购买者都能以短期的无风险利率借得任何数量的资金。

5）允许卖空，卖空者将立即得到所卖空股票当天价格的资金。

6）看涨期权只能在到期日执行。

7）所有证券交易都是连续发生的，股票价格随机游走。

（2）布莱克-斯科尔斯模型。

布莱克-斯科尔斯期权定价模型的公式如下：

$$C_0=S_0[N(d_1)]-Xe^{-r_ct}[N(d_2)]$$

或

$$=S_0[N(d_1)]-PV(X)[N(d_2)]$$

其中：

$$d_1=\frac{\ln(S_0\div X)+[r_c+(\sigma^2\div 2)]t}{\sigma\sqrt{t}}$$

$$=\frac{\ln\{S_0/PV(x)\}t}{\sigma\sqrt{t}}+\frac{\sigma\sqrt{t}}{2}$$

$$d_2=d_1-\sigma\sqrt{t}$$

式中，C_0 为看涨期权的当前价值；S_0 为标的股票的当前价格；$N(d)$ 为标准正态分布中离差小于 d 的概率；X 为期权的执行价格；e 为自然对数的底数，约等于 2.718 3；r_c 为连续复利的年度的无风险利率；t 为期权到期日前的时间（年）；ln（$S_0\div X$）为 $S_0\div X$ 的自然对数；σ^2 为连续复利的以年计的股票回报率的方差。

如果直观（不准确）地解释，它的第一项是最终股票价格的期望现值，第二项是期权执行价格的期望现值，两者之差是期权的价值。

公式的第一项是当前股价和概率 N（d_1）的乘积。股价越高，第一项的数值越大，期权 C_0 价值越大。公式的第二项是执行价格的现值 Xe^{-r_ct} 和概率 N（d_2）的乘积。Xe^{-r_ct} 是按连续复利计算的执行价格 X 的现值，也可以写成 $PV(X)$。执行价格越高，第二项的数值越大，期权的价值越小。

概率 N（d_1）和 N（d_2）可以大致看成看涨期权到期时处于实值状态的风险调整概率。当前股价和 N（d_1）的乘积是股价的期望现值，执行价格的现值与 N（d_2）的乘积是执行价格的期望现值。

在股价上升时，d_1 和 d_2 都会上升，N（d_1）和 N（d_2）也都会上升，股票价格越是高出执行价格，期权越有可能被执行。当 N（d_1）和 N（d_2）接近 1 时，期权肯定被执行，此时期权份值等于 $S_0-Xe^{-r_ct}$。前一项是期权持有者拥有的对当前价格为 S_0 的要求权，后一项是期权持有者的期权执行价格的现值。反过来看，假定 N（d_1）和 N（d_2）接近零时，意味着期权几乎肯定不被执行，看涨期权的价值 C_0 接近零。如果 N（d_1）和 N（d_2）为 0～1 的数值，看涨期权的价值是其潜在收入的现值。

三、实物期权

（一）实物期权

实物期权（Real Options）的概念最初是由斯图尔特·迈尔斯（Stewart Myers）1977 年提出的。迈尔斯指出，一个项目产生的现金流量所创造的利润，来自截至目前所拥有资产的使用，再加上一个对未来投资机会的选择。也就是说，企业可以取得一个权利，在未来以一定价格获得或出售一项实物资产或投资计划，所以实物资产的投资可以应用类似评估一般期权的方式来进行评估。同时又因为其标的物为实物资产，而不是股票或期货等金融资产，因此将这类期权称为实物期权。

可见，实物期权是指企业取得在未来以一定价格买入或出售一项实物资产或投资计划的权利，是企业在一定时期内拥有采纳或放弃某种项目的权利而非义务，是企业管理者对实物资产的一种柔性投资策略。在企业面临不确定性的市场环境下，实物期权的价值来源于企业策略的相应调整。每一个企业都是通过不同的投资组合，确定自己的实物期权，并对其进行管理、运作，从而为股东创造价值。实物期权法应用金融期权理论，给出动态管理的定量价值，从而将不确定性转变成企业的优势。

（二）实物期权的类型

根据契格齐斯在 1996 年发表的权威著作，可以将实物期权分为以下几种：

1. 延迟期权（Option to Defer）

延迟期权即管理者可以选择对本身企业最有利的时机执行某一投资方案。当管理者延迟此投资方案时，对管理者而言即获得一个等待期权的价值，若执行此投资方案也就牺牲了这个等待期权，其损失部分就是此投资方案的机会成本。

2. 延续性投资期权（Time-to-build Option）

企业的投资是一种连续性和阶段性的投资，而企业在每一阶段的投资，决定了下一期是否继续投资，这种决策的弹性可以视为企业每一期的投资取得了下一次的投资机会，就像是一个复合式期权。这种期权的评价多应用于研发密集、高度不确定，资本密集的产业，如高科技、生物制药等。

3. 修正期权（Option to Alter Operating Scale）

在生产过程中，企业的管理者可根据市场行情的变化来调整企业的运营规模。当产品需求增加时，企业便可以扩张生产规模来适应市场需求，反之则缩减规模甚至暂停生产。若未来市场需求较预期乐观，则管理者可以选择维持原生产量或扩大企业规模，而此扩大机会就如同是一种买方期权，因此投资方案价值应是原计划价值加上扩大的期权价值。

4. 放弃期权（Option to Abandon）

若市场情况持续恶化或企业生产出现其他原因导致当前投资计划出现巨额亏损，则管理者可以根据未来投资计划的现金流量大小与放弃目前投资计划的价值来考虑是否要结束此投资计划，也就是管理者拥有放弃期权。

5. 转换期权（Option to Switch）

当未来市场需求或产品价格改变时，企业可利用相同的生产要素，选择生产对企业最有利的产品，也可以投入不同的要素来维持生产特定的产品。管理者可根据未来市场需求变化，来决定最有利的投入与产出，也就是管理者拥有转换期权。

6. 成长期权（growth Option）

企业较早投入的计划，不仅可以获得宝贵的学习经验，也可视为未来投资计划的基础投入，这种计划的关联关系就如同是计划与计划间的复合式期权，因此成长期权多应用于策略性产业，如高科技产业的研发、制药产业的研发等。迈尔斯指出，许多公司拥有成长机会的资产，可被视为买方期权。

7. 多重期权（Multiple Interacting Options）

多重期权就是由上述多种期权所组合而成的，也就是管理者在评估投资计划到投资计划的实行过程中，可以针对市场的变化、新信息的获得来调整原先所规划的投资决策，使管理弹性能更真实地反映在投资评价中。

契格齐斯认为，投资计划包含数个实物期权时，由于每个实物期权组合会产生交互影响，后续期权的存在会增加前一期权标的的资产价值，而前一实物期权的执行可能改变其本身的标的资产。因此，实物期权集合的总价值可能与个别实物期权价值的加总不同。

第六节 行为金融理论

一、行为金融理论的产生与发展

（一）行为经济学

行为金融学（Behavioral Finance）的基础是行为经济学，或者说前者是后者的一个分支或组成部分。行为经济学，顾名思义，是研究经济主体经济行为、心理的一门学科，在实验和心理研究的基础上将行为分析理论与经济运行规律、心理学与经济科学有机结合起来，以发现主流经济学理论或模型中的错误或遗漏，进而修正主流经济学关于人的理性、自利、完全信息、效用最大化及偏好一致基本假设的不足。传统的经济学被认为是非实验科学，然而越来越多的研究人员开始尝试用实验的方法来研究经济学，这也使得经济学的研究更多地依赖实验和各种数据的搜集，从而变得更加可信。同时，认知心理学家有关人的判断与决策的研究和实验对经济学理论与实验也起到了测试的作用。

亚当·斯密很早就提出“经济人”的定义，认为经济主体是风险规避的、追求效应最大化的理性人。此后几百年，这一假设也成了经济学研究约定俗成的前提。1902 年法国心理学家塔拉德（Tarad）提出的主观价值论和心理预期的观点，标志着经济心理学的诞生。但直到 20 世纪 80 年代，经济心理学的研究才引起人们的广泛关注。

经济课题的实验研究，是通过控制某些条件，观察决策者行为并分析实验结果，检验、比较和完善经济理论，目的是通过设计和模拟实验环境，探求经济行为的因果机制，验证经济理论或帮助政府制定经济政策。行为经济学研究的成果以实际经验为根据，修正了传统经济学的某些基本假设。值得一提的是，传统经济学假设人类的行为都是合理且自私的，因此会导致个人与社会整体福利水平的最大化。行为经济学则认为，人类行为不只是自私的，它还会受到社会价值观的制约，进而做出不会导致利益最大化的行为。

（二）行为金融学的发展

行为金融学是金融学、心理学、行为学、社会学等学科相交叉的边缘学科，力图揭示金融市场的非理性行为和决策规律。行为金融理论认为，证券的市场价格并不只由证券内在价值所决定，还在很大程度上受到投资者主体行为的影响，即投资者心理与行为对证券市场的价格决定及其变动具有重大影响。它是和有效市场假说相对应的一种学说。

凯恩斯是最早强调心理预期在投资决策中的作用的经济学家，他提出的“选美竞赛”理论和“空中楼阁”理论强调了心理预期在人们投资决策当中的重要性，认为证券的价格决定于投资者心理预期所形成的合力。20 世纪 80 年代，实证研究发现了许多现代金融学无法解释的异象。为此，一些金融学家将认知心理学的研究成果应用于对投资者的行为分析。90 年代，这个领域涌现了大量高质量的理论和实证文献，形成了最具活力的行为金融学派。1999年克拉克奖得主马修·拉宾（Matthew Rabin）和2002年诺贝尔经济学奖得主丹尼尔·卡尼曼（Daniel Kahneman）、弗农·史密斯（Vernon Smith），都是这个领域的代表人物。这两大奖项的授予，也说明了主流经济学对这个蓬勃发展领域的肯定，更促进了这个学科的进一步发展。

二、行为金融学的分析范式

行为金融学发展到今天，已经积累了许多独特的分析范式。下面就来简单介绍其中的预期理论、套利限制等。

（一）预期理论

预期理论（Prospect Theory）是研究人们在不确定的条件下如何作出决策的理论，主要针对传统经济理论中的理性选择与现实情况相背离的现象，它是由卡尼曼和特沃斯基共同在1979年提出来的。预期理论改进了预期效用理论的不足，预期理论中投资者的效用不再是财富的函数，而是获利与损失的函数，投资者本身也不再总是风险厌恶者。

预期理论包含以下一些颇具信服力的论断。

（1）决策参考点（Reference Point）。预期理论认为，投资效用判断的依据并不像传统理论中所论述的是最终的财富水平，而是以自己身处的位置和衡量标准来判断行为的收益与损失，也就是选取一个决策参考点，以此点来决定行为者对风险的态度，从而做出投资决策。

（2）损失规避。卡尼曼和特沃斯基在研究中发现，在决策参考点进行心理计算的时候，行为者在大多数情况下对预期损失的估值会比预期收益高出两倍，因为在不确定的条件下，人们的偏好是由财富的增量而不是总量决定的，所以人们对损失的敏感度要高于对收益的敏感度，这种现象被称为损失规避（Loss Aversion）。

（3）非贝叶斯法则的预期。贝叶斯法则指的是当分析样本数接近总体数时，样本中事件发生的概率将接近于总体中事件发生的概率。卡尼曼和特沃斯基认为，行为人在面对不确定的情况做预期时，通常把小样本中的概率分布当作总体的概率分布，夸大小样本的代表性，这就是非贝叶斯法则的预期。例如，在10个受试者中，文化程度高的人更容易掌握高尔夫球的初学要领，那么人们会形成一种观念——文化程度高的人更容易学会高尔夫球。

（4）框架效应。框架效应指人们面对决策时，不仅考虑行为的预期效用，也会受到问题的框架方式的影响，也就是说，问题呈现的方式会影响行为人对风险的态度。例如，面对同样预期效用的确定性收益与风险性收益，如果方案代表的是收益，行为人会选择确定性收益，呈现出一种风险规避；如果方案代表的是损失，行为人会选择风险损失，呈现风险爱好。

（二）套利限制

有效市场假说认为，在资本市场中理性交易者能够正确评估证券的价格。纵使市场存在非理性交易者，但非理性交易者的非理性行为相互抵消或得到纠正，资本市场依然能恢复有效性。但是行为金融学认为套利的力量不可能无条件、无限制，在各种客观约束下，套利无法剔除非理性行为的长期性、实质性影响，所以有效市场假说不成立。

（三）行为资产定价模型

行为资产定价模型（Behavioral Assets Pricing Model）体现了行为金融学的基本理念，即非理性行为长期性、实质性的存在。它描述了理性交易者和非理性交易者互动情况下的资产定价方式。该理论将投资者分为两类：信息交易者和噪声交易者。信息交易者是严格遵循资本资产定价模型行事的理性交易者，不会出现系统偏差；噪声交易者则不按资本资产定价模型行事，不具备理想状态下的投资者所应有的知识储备和行为方式，会犯各种认知偏差错误。两类交易者互相影响共同决定资产价格。

（四）心理账户

心理账户（Mental Account）是指行为人在进行决策的时候，并不是权衡了全局的各种情况进行考量，而是在心中无意识地把一项决策分成几个部分来看，这几个部分就是心理账户。行为人对每个心理账户都会有不同的决策，在考虑问题时，行为者往往只考虑一个心理账户，把目前要决策的问题和其他的决策分离看待。

（五）易获得性偏误

如果某件事情比较容易联想到，行为者可能误以为这个事件经常发生；相反，如果某类事情不太容易联想到，在人的记忆中相关信息不丰富、不明确，行为者就会不自觉地认为这类事情不易发生，这就是易获得性偏误。

在资本市场的投资决策中，投资者还可能存在过度自信、从众心理等主流经济学、主流金融学难以解释的心理或现象。

行为金融理论虽然解释了许多主流经济、金融理论难以解释的困惑或异象。但由于主流金融理论对公司金融决策行为的研究遵循线性的、理性的经济学研究范式，而行为金融理论则强调非线性的、复杂的心理学研究范式，后者的难度、运用和实证检验限制了其发展进程。当前，行为金融理论只是拓宽了金融行为的研究范式，或者只是对主流金融理论无力触及的“非理性”死角做了一些补充、丰富，尚未形成一个系统的理论体系，因此，其本身还难以替代主流金融理论。

练习与解析

复习思考

1. 什么是有效市场？它具有哪些特征？

2. 市场有效性存在哪些形式？

3. 系统性风险和非系统性风险的差别是什么？

4. 为什么系统性风险无法通过多元化证券组合分散掉？

5. 什么是证券市场线？什么是资本资产定价模型？

6. 在功能完备的市场上，风险和收益存在什么样的基本关系？

7. β 系数在资本资产定价模型中有什么重要作用？它是用来测量什么的？

8. 某股票的预期收益率为 16%，β 系数为 1.2，无风险收益率为 5%，市场的预期收益率是多少？

9. 某股票预期收益率为 18%，β 系数为 1.4，市场预期收益率为 14%，那么无风险收益率是多少？

10. 某公司拟进行股票投资，计划购买 A、B、C 三种股票，并分别设计了甲、乙两种投资组合。已知三种股票的 β 系数分别为 1.5、1.0 和 0.5，它们在甲种投资组合下的投资比重为 50%、30%和 20%；在乙种投资组合下的风险收益率为 3.4%。同期市场上所有股票的平均收益率为 12%，无风险收益率为 8%。要求：

(1) 根据 A、B、C 股票的 β 系数，分别评价这三种股票相对于市场投资组合而言的投资风险大小。

(2) 按照资本资产定价模型计算 A 股票的必要收益率。

(3) 计算甲种投资组合的 β 系数和风险收益率。

(4) 计算乙种投资组合的 β 系数和必要收益率。

(5) 比较甲、乙两种投资组合的 β 系数，评价它们的投资风险大小。

11. 计算 A、B 两种股票的预期收益和标准差，收益情况如表 4-3 所示。

表 4-3　A、B 两种股票的收益情况　　单位：%

经济状况	概率	A 的收益率	B 的收益率
衰退	0.20	0.04	−0.20
一般	0.50	0.08	0.20
繁荣	0.30	0.16	0.60

12. 某公司打算购入 A 和 B 两只不同公司的股票，预测未来可能的收益率情况如表 4-4 所示。

表 4-4　A、B 股票收益情况

经济形势	概率	A 的收益率	B 的收益率
很不好	0.1	−22.0%	−10.0%
不太好	0.2	−2.0%	0.0%
正常	0.4	20.0%	7.0%
比较好	0.2	35.0%	30.0%
很好	0.1	50.0%	45.0%

已知市场组合的收益率为 12%，无风险利率为 4%，要求：

(1) 计算 A、B 两只股票的 β 系数。

（2）若A、B股票投资的价值比例为8∶2，计算两只股票组成的证券组合的β系数和预期收益率。

阅读材料

2019年4月16日晚间，中国石油在港股率先发布公告，控股股东中国石油集团拟将所持公司股份换购工银沪深300交易型开放式指数证券投资基金（以下简称“工银沪深300ETF”）份额，本次拟认购不超过4.3亿股对应的基金份额，约占公司总股本0.235%。

认购ETF参与国企改革？

中国石油介绍，由于认购证券投资基金属于非交易过户行为，中国石油集团所涉及股票占用竞价减持额度，将在披露之日起15个交易日后的一个月内实施，具体竞价交易时段披露为2019年2月11日至5月10日。

对于本次认购，中国石油集团表示为了丰富投资组合，并承诺在基金成立后90天内，不减持使用股票认购获得的基金份额。截至4月16日，中国石油股价报于7.73元/股。如果按照最新收盘价，本次认购规模最大将达33亿元。

记者注意到，这并非中国石油集团首次认购ETF产品，而前次认购ETF被认为涉及国资改革。

2018年10月12日，中国石油集团以合计11.33亿股A股股份分别认购博时基金、华夏基金和银华基金发行央企结构调整ETF（交易型开放式指数基金）份额。相关股份划转手续完成后，中国石油集团持有中国石油股份比例从2018年三季度末的81.49%降至80.87%。对于这项认购，中国石油集团彼时并未单独披露。

资料显示，央企结构调整指数由中国诚通控股集团有限公司牵头发起设立，并授权华夏、博时、银华3家基金公司发行央企结构调整ETF（央企ETF）产品，该指数编订选取较具代表性的100只国务院国资委管辖央企控股上市公司股票加权计算构成。2018年10月19日，中国诚通披露央企结构调整ETF成功完成募集，募集完成时总规模约483.4亿元，以国企央企上市公司原股东的换购为主要来源。

中国诚通表示，希望通过公募基金产品的形式，在资本市场中实现国有资本和民间资本相互融合，共同推动央企结构调整改革，引领央企价值投资。

早在2016年，上海为推进国资流动进行新尝试，多家当地国企股票认购“上证国企改革ETF”。

套现33亿元？

从基金运作表现来看，目前央企结构调整ETF表现差强人意，并未跑赢同类被动指数基金，同时对中国石油配置均超过跟踪指数权重。

数据显示，3只央企结构调整ETF跟踪的中证央企结构调整指数中，中国石油权重为2.53%，位列第8大权重股，但2018年基金年报显示，中国石油在银华央调结构ETF基金资产净值的比例最高，达22.12%，另外在华夏央调结构ETF和博时央调结构ETF基金资产净值的比例分别为17.55%和15.6%；另据Wind统计显示，博时央企结构调整ETF作为同类中规模最大产品，最新年化回报率为19.81%，落后于同期被动指数基金平均水平，其余ETF也均跑输基准。

此前也有媒体指出，作为该类央企结构调整指数发起人中国诚通，与中国石油存在一定关联关系。工商资料显示，中国诚通全资控股北京诚通，而截至去年年末，北京诚通位列中国石油第 6 大股东。

不过，最新相关 ETF 对中国石油持仓比例有所调整。记者进一步统计发现，2018 年中国石油在三家 ETF 中均被不同程度卖出，累计卖出金额约 19 亿元。

从投资范围来看，本次中国石油集团拟认购的工银沪深 300ETF 并不属于上述类型。而近期，上市公司主要股东借道认购 ETF 成为市场减持花样之一，实质为减持套现。

资料来源：阮润生．中石油集团换购 ETF 套现 33 亿还是参与国企改革？证券时报网，2019-04-17.（有改动）

讨论与运用

1. 本案中指数基金是如何实现风险控制的？
2. 投资风险控制的重要意义何在？

第五章

投资及其决策

案例导引

随着西安通源石油科技股份有限公司在油田增产技术、产品和服务的快速扩张，以及海外市场对油田增产服务业需求的上升，积极快速发展境外市场，推动产品和服务国际化进程已经成为公司发展的必然趋势。因此，公司拟在美国休斯敦设立全资子公司，拟注册资本800万美元，主要从事射孔产品销售及服务，以及石油勘探设备的进出口贸易等。本项目总投资为811.46万美元，其中固定资产投资510.20万美元，流动资金301.26万美元。

可行性研究表明，项目5年计算期内平均销售收入达到6 009.52万元，平均利润总额1 675.05万元，平均净利润1 675.05万元，平均投资利润率33.95%，根据对项目5年全部投资现金流量的分析，税后全部投资内部收益率为25.58%，投资回收期3.91年（不含筹办期），财务净现值为1 982.97万元（12%贴现率），均高于行业平均指标，在经济上是可行的。本项目的盈亏平衡点较低，说明本项目适应市场变化能力较强，具有较强的抗风险能力和市场竞争能力。产品市场前景广阔，经济效益和社会效益显著，符合相关质量标准。

财务分析是项目投资可行性研究的重要组成部分，是企业投融资科学决策的体现。如何在投资决策时，科学地选择、运用相关指标，是财务管理岗位的重要职责。

学习目标

1. 了解企业投资的基本形态或方式。
2. 了解静态投资决策指标及其运用。

3. 掌握动态投资决策指标及其运用。

4. 了解投资决策中风险的调整方法。

内容提要

根据对资金时间价值处理方式的不同，投资决策指标分为静态指标和动态指标。主流财务管理非常重视动态指标的运用，尤其是净现值法、内部收益率和动态投资回收期等。本章不仅详细介绍了各指标的计算与运用，还比较了各指标的优劣，尤其是净现值、内部收益率两大最常用指标。

第一节 投资管理概述

一、投资及其类型

企业投资（Invest）是企业运用资金，承担风险，获取收益的行为。投资是实现财务管理目标的基本前提，是发展生产的必要手段，也是企业降低风险的重要方法。

为了加强企业的投资管理，使投资更有效率，我们在实际生活中需要对投资进行分类。

（一）直接投资与间接投资

按投资与企业生产经营的关系，投资可以分为直接投资和间接投资。直接投资是指把资金直接投资于企业生产经营的投资方式。间接投资是指把资金用于购买公司股票或债券，以取得股利或利息收入的投资。

（二）短期投资与长期投资

按投资回收时间的长短，投资可以分为短期投资和长期投资。短期投资主要投资于流动资产，即一年内或一个营业周期内可以回收的投资，包括应收账款、存货和短期有价证券等。长期投资主要是对非流动资产的投资，包括厂房、机械设备等，广义的长期投资还包括无形资产和长期有价证券的投资。

（三）对内投资与对外投资

按投资的方向，投资可以分为对内投资和对外投资。对内投资是把资金投资于企业内部，用于购置企业生产经营所需的各种资产。对外投资是指企业把资金用于本企业之外的投资，包括购买其他公司的股票和证券。

（四）初创投资与后续投资

按投资进入企业生产经营的时间不同，可分为初创投资和后续投资。初创投资是指企业新建立时投入的资金，构成企业的原始资产。后续投资是指为巩固和发展企业再生产所进行的投资。

二、风险投资

一般所说的风险投资，主要指狭义上的风险投资，也可称为创业投资，主要是指向初创企业提供资金并获取该公司股份的投资行为。从投资行为的角度来看，风险投资是指把资本投向蕴藏着巨大风险的新技术及其研究、开发领域，旨在促进新技术成果商品化、产业化，以获取高收益的一种投资过程；从运作方式来讲，是指由专业的投资机构向新兴的、发展迅速的、具有高成长潜力的企业投入资本的过程。风险投资与一般投资的区别主要在于风险投资具有高风险、高收益的特点，此外，风险投资还具备以下五个特征：

（1）投资对象为处于创业期的中小型企业，而且多为高新技术企业。

（2）投资期限比较长，一般在3～5年以上，投资方式一般为股权投资，但不要求控股权。

（3）投资决策建立在高度专业化和程序化的基础之上。

（4）风险投资人一般积极参与被投资企业的经营管理，提供专业上的知识与经验。

（5）追求超额回报，当被投资企业增值后，风险投资人会通过上市、并购或其他股权转让方式撤出资本，以获取高额利润。

进一步地，风险投资又可细分为风险资本投资和私募股权投资。

（一）风险资本投资

风险资本投资（Venture Capital），一般指对未上市的新兴中小型企业，尤其是高新技术企业进行股权投资。风险资本投资倾向于初创企业的早期投资，一般侧重于两类企业，一类是追求概念、产品、服务但尚未产生任何可观收入的企业；另一类是尚未产生足够现金流来支付大部分费用的企业。因此，风险投资企业对目标企业的价值评估主要基于对其竞争优势的评估，包括任何可以形成核心竞争力的知识产权、创新的商业模式等。如果一家企业有很好的创意，即使该企业出现现金流短缺，也不会影响风险资本对它的青睐。

（二）私募股权投资

私募股权投资（Private Equity）是指通过私募形式对非上市企业进行的权益性投资。不同于风险资本，私募股权投资侧重于初创企业后期的投资，即更倾向于投资已形成一定规模和拥有稳定现金流的公司。私募股权基金会根据现金流和增长预期对目标企业进行估值，寻找优秀的高成长性的未上市公司，并利用自身的专业技能进一步推动被投资公司的发展、上市，最后通过出售持股获利。

第二节　现金流量评估

在投融资决策中，不能以权责发生制下的会计利润作为项目未来收益，而应以现金流入作为项目的收入，以现金流出作为项目的支出，以净现金流量（Net Cash Flow，NCF）作为项目的净收益。另外，科学的投资决策必须考虑资金的时间价值，这就要求在进行投资决策时一定要弄清每笔预期收入、支出的具体时间。

一、项目现金流量及其构成

项目现金流量是指在投资项目整个寿命期内，因该项目而产生的现金流入和现金流出的全部资金收付数量。它是评价投资方案、进行投资决策的必备条件之一。一般来讲，项目现金流量可分为项目初始现金流、项目经营现金流和项目终结现金流。

（一）项目初始现金流

项目初始现金流是指新项目开始时发生的现金流量，主要是固定资产投资和使项目正常运行所必需的直接现金流出，包括设备购置及安装支出、垫支在流动资产上的资金等费用性支出。另外，项目初始现金流还可能包括机会成本。

（二）项目经营现金流

项目经营现金流是指新项目实施后，在寿命周期内因为生产经营所带来的增量现金流入和流出。其中，债务融资带来的利息支付和本金偿还、股权融资带来的现金股利支付均不计入项目经营现金流，因为融资的影响将反映在折现率的调整上。行政管理人员及辅助生产部门等发生的费用，若不受新项目实施的影响，不计入项目经营现金流；若相关，则必须计入项目经营现金流。另外，若该投资项目存在外部效应，也应予以考虑。

（三）项目终结现金流

项目终结现金流是指投资项目完结时发生的现金流量，主要包括固定资产残值净收入、垫支的营运资本回收等。另外，还可能会涉及弃置义务等现金流出。弃置义务是指企业承担环境保护和生态恢复等义务所确定的支出，如核电站，就是存在弃置费用的固定资产。

二、投资项目现金流量评估

（一）项目现金流量的影响因素

在确定投资项目相关的现金流量时，应遵循的基本原则是：只有增量现金流才是与项目相关的现金流。增量现金流是指公司接受或拒绝一个投资项目而产生的直接后果——现金流的变化量，即公司接受项目和不接受项目将产生的未来现金流的差值。为了正确计算投资项目的增量现金流量，需要先判断哪些事项会引起企业现金流量的变动，哪些事项不会引起现金流量的变动。一般主要关注以下四个方面：

1. 沉没成本

沉没成本（Sunk Cost）是指已经发生且不可收回的成本。由于沉没成本已经发生，不会因接受或拒绝该项目的决策而改变，与当前决策无关，在分析评估时也就无须加以考虑。

因此，沉没成本不属于增量现金流量。

例如，某公司正在评估一条新产品生产线。作为评估工作的一部分，公司在去年已经聘请一家咨询公司进行市场调研和可行性分析，并支付了 20 万元咨询费。这项支出是去年支付的，它与公司管理层正面临的投资决策是否相关呢？答案是否定的。因为无论公司现在是接受还是放弃该项目，20 万元咨询费都不可收回。因此，一旦公司的某些支出发生了，这项成本就属于沉没成本，与将来的任一决策无关。

2. 机会成本

在投资决策中，若企业接受了一个投资项目，就必须放弃依托于同一资源的其他投资项目，从而丧失获得其他投资项目收益的机会，那么，从中失去的最高收益就是该投资项目的机会成本（Opportunity Cost）。也就是说，在面临众多方案但只能选其一的决策时，被舍弃的方案中的最高价值者是本次决策的机会成本。机会成本不是一种支出，也不是一项费用，而是失去的潜在收益。

例如，某公司正在考虑新建一个车间，车间的建设需要使用公司拥有的一块土地。在确定项目现金流时，土地的成本是否应该包括在内？答案是肯定的。虽然公司不用支付现金购买这块土地，但使用这块土地也是有成本的，这个成本就是机会成本。因为如果不将这块土地用于车间建设，公司可以选择将其出售或出租获得一定的收入，但车间建设使得公司丧失了利用这块土地获得这些收入的机会。那么该机会成本应如何衡量呢？假如公司将其对外出售可获得净收入 100 万元，而对外出租的净现值为 80 万元，那么这 100 万元就是建设车间的一项机会成本。

3. 外部效应

投资决策中的外部效应（Externality）是指公司的新增项目可能对公司其他项目造成有利或不利的影响。在计算增量现金流时，外部效应也应该考虑在内。外部效应可以分为侵蚀效应（Erosion）和协同效应（Synergy）。

例如，某公司新产品上市后，原有产品的销量和现金流将会减少，最后整个公司的产品销量和现金流可能并未增加甚至减少，这种现象就叫作侵蚀效应。若某公司新产品上市能够使得原有产品的销量和现金流大幅增加，在这种情况下，即使新项目是亏损的，但从整体上看公司的收益是增加的，这种现象就叫作协同效应。因此，在进行项目决策分析时，不能单纯地将新产品的销售收入当作增量收入，而应扣除或加上原有产品减少或增加的销售收入。

4. 净营运资本

在投资决策分析中，净营运资本（Net Working Capital，NWC）是指经营性流动资产与经营性流动负债的差额。为了维持项目的正常运营，公司必须对净营运资本保持一定的投资额。一般情况下，公司扩张并实施一个新项目，对存货、应收账款等经营性流动资产的需求会增加，应付账款、应付职工薪酬等经营性流动负债水平也会同时增加，增加额之间的差额就是新项目的净营运资本需求。在项目运行期间，每期的净营运资本需求会有所变动，每期新增的净营运资本是本期与上期比较的增长部分。

另外，一般情况下，在项目快要结束时，存货将会全部出售，应收账款变为现金，应付账款和应付费用也全部偿付，营运资本将恢复到原有的水平。因此，通常假定所有投入新项目的净营运资本在项目结束时完全收回。

（二）所得税和折旧对现金流量的影响

对于企业而言，所得税属于一种现金流出，在进行投资决策分析时必须要考虑所得税的影响。

1. 机会成本与所得税

若投资决策涉及机会成本，即原有资产存在变现价值，则要考虑原有资产变现净损益对所得税的影响。若原有资产的变现价值大于账面价值，变现价值高于账面价值的差额部分需要缴纳所得税，即与投资项目相关的机会成本为原有资产的变现价值扣除所得税的金额。相反，若原有资产的变现价值小于账面价值，变现价值小于账面价值的差额部分可以抵税，与投资项目相关的机会成本为原有资产的变现价值加上抵减的税额。

另外，在投资项目结束时，需要考虑出售资产的净损益对所得税的影响，处理原则与机会成本一致。

2. 税后收入和税后费用

在投资决策分析时，由于所得税的影响，企业的营业收入金额有一部分会流出企业，企业实际得到的现金流入是税后收入。假定投资项目的销售都是现金销售，税后收入的一般公式为：

税后收入＝销售收入×(1－税率)

由于企业所得税是对利润征税，成本、费用等企业的支出项目均可以起到减免税负的作用。因此，在投资决策分析中，实际支付额并不是企业真实付出的成本，而应将可以抵减的所得税额扣除，扣除了所得税影响后的费用净值，就是税后费用。本章主要讨论项目现金流的评估，费用是指投资项目中所有的付现营业费用，而非传统财务报表意义上的费用支出。税后费用的一般公式为：

税后费用＝付现营业费用×(1－税率)

3. 折旧的抵税作用

在投资项目的经营期内，所得税对项目现金流的影响取决于利润大小和税率的高低。因此，在评估项目经营现金流量时，不管是付现的成本费用还是非付现的成本费用，都要考虑其对所得税的影响。

折旧等非现金项目，本不应纳入考虑范围，但由于折旧属于应纳税所得额的减项，能起到减少税负的作用，使得企业的现金流出变少，所以折旧的抵税作用也应纳入考虑范围。而在不考虑所得税的情况下，折旧与现金流量无关，无须讨论折旧问题。因此，折旧对投资决策分析产生影响，实际是由所得税引起的。其他非现金项目，和折旧一样，这里仅以折旧为例。

折旧对税负的影响可按下列公式计算：

折旧抵税额＝折旧×税率

4. 税后现金流量

在考虑所得税的影响后，项目初始现金流的构成一般由长期资产投资、垫支的营运资本、原有资产的变现价值及原有资产变现净损益对所得税的影响等组成。其中，长期资产包括购置固定资产、无形资产投资、其他长期资产投资等。

而每期的项目经营现金流有三种计算方法。

第一种是自上而下法。从利润表的营业收入开始，逐渐向下减去所有付现的支出，包括成本、所得税及其他费用。

项目经营现金流＝销售收入－付现营业费用－所得税 (1)

此种方法并未单独考虑折旧的影响，是因为折旧并不是一项直接的现金流出。折旧对现金流的影响体现在所得税上，也就是说，折旧费用是计算应纳税所得额时的减项，可以使企业缴纳的所得税减少，抵减作用已经体现在“所得税”这项现金支出项目上。

第二种是自下而上法。首先计算出项目税后经营净利润，再将折旧加回。即

项目经营现金流＝税后经营净利润＋折旧 (2)

由公式（2）可以推导出公式（1），推导过程如下：

项目经营现金流＝税后经营净利润＋折旧
＝税前经营利润－税收＋折旧
＝(销售收入－付现营业费用－折旧）×(1－税率)＋折旧
＝销售收入－付现营业费用－折旧－所得税＋折旧
＝销售收入－付现营业费用－所得税

由此可见，上述两种计算方法的结果是一致的。

第三种是税盾法。这种方法是自上而下法的一个拓展：

项目经营现金流＝税后收入－税后费用＋折旧抵税额 (3)

公式（3）也可以推导出公式（1），推导过程如下：

项目经营现金流＝税后收入－税后费用＋折旧抵税额
＝(销售收入－付现营业费用)×(1－税率)＋折旧×税率
＝销售收入－付现营业费用－(销售收入－付现费用－折旧)×税率
＝销售收入－付现营业费用－所得税

三种计算方法计算出来的结果一致，可以相互推导验证，这里仅列举其中两个推导过程。

上述计算方法中，实践中最常用的是第三种。因为企业的所得税是根据企业的利润总额计算的，而在实际进行投资决策分析时，一般使用差额分析法确定现金流量，主要考虑的是增量现金流量，并不知道企业的税前经营利润与所得税，这使得第一种、第二种方法难以广泛适用。而第三种方法不需要知道企业的税后经营净利润或所得税，使用起来更方便。

项目终结现金流一般由两部分组成，分别是回收垫支的营运资本、回收固定资产的净残值及其对所得税的影响。

（三）投资项目现金流量评估举例

【例 5－1】某公司准备新建一条生产线以扩充生产能力，现有甲、乙两种方案可选择。

甲方案需投资 1 000 万元，购入的生产设备使用寿命为 5 年，采用直线折旧法，5 年后无残值，变现收入为 0。5 年中每年现金销售收入 600 万元，每年付现成本 200 万元。

乙方案需投资 1 200 万元，采用直线折旧法，使用寿命 5 年，预计净残值 200 万元，5 年后实际变现收入 200 万元。5 年中每年现金销售收入 800 万元，付现成本第一年 300 万元，以后每年增加 40 万元修理费用，另需垫支净营运 300 万元。

假设所得税税率为 25％，计算两种方案的现金流量。

为计算现金流量必须先计算两个方案的折旧额：

甲方案每年折旧额：1 000÷5=200（万元）

乙方案每年折旧额：(1 200－200)÷5=200（万元）

下面先用表5-1、表5-2计算两个方案的项目经营现金流量，然后再结合项目初始现金流量和项目终结现金流量编制两个方案的现金流量表，如表5-3所示。

表5-1　甲投资项目的项目经营现金流　　单位：万元

甲方案	1	2	3	4	5
销售收入（1）	600	600	600	600	600
付现成本（2）	200	200	200	200	200
折旧（3）	200	200	200	200	200
税前净利润（4）=(1)－(2)－(3)	200	200	200	200	200
所得税（5）=(4)×25%	50	50	50	50	50
税后净利润（6）=(4)－(5)	150	150	150	150	150
营业现金净流量（7）=(1)－(2)－(5)=(3)+(6)	350	350	350	350	350

表5-2　乙投资项目的项目经营现金流　　单位：万元

乙方案	1	2	3	4	5
销售收入（1）	800	800	800	800	800
付现成本（2）	300	340	380	420	460
折旧（3）	200	200	200	200	200
税前净利润（4）=(1)－(2)－(3)	300	260	220	180	140
所得税（5）=(4)×25%	75	65	55	45	35
税后净利（6）=(4)－(5)	225	195	165	135	105
营业现金净流量（7）=(1)－(2)－(5)=(3)+(6)	425	395	365	335	305

表5-3　甲、乙项目现金流量对比　　单位：万元

		0	1	2	3	4	5
甲方案	固定资产投资	－1 000					
	营业现金净流量		350	350	350	350	350
	现金流量合计	－1 000	350	350	350	350	350
乙方案	固定资产投资	－1 200					
	营运资金垫支	－300					
	营业现金净流量		425	395	365	335	305
	固定资产残值						200
	净营运资本回收						300
	现金流量合计	－1 500	425	395	365	335	805

在表 5-3 中，0 代表第一年年初，1 代表第一年年末。在现金流量的计算中，一般假设资本性投资在期初一次支付，各期营业现金流量在各期期末一次发生，并假设终结现金流量在最后一期期末发生。

第三节 静态投资决策指标

所谓静态，是指不考虑资金时间价值，也不考虑初始投资的终值或未来现金流的现值等。可见，静态方法计算得出的投资决策指标很多时候偏离了项目的真实价值，因此，投资评估中较少采用，静态投资决策指标主要包括静态投资回收期和平均会计报酬率。

一、静态投资回收期

静态投资回收期是在不考虑资金时间价值的情况下，衡量初始投资额回收时间和速度的重要指标。一般而言，该指标越小，回收年限越短，该方案越优。

回收期通常以年为单位，有包括建设期的静态投资回收期和不包括建设期的静态投资回收期两种形式。

使用规则是，将投资项目的静态投资回收期与所确定的基准投资回收期进行比较，如果投资项目的静态投资回收期小，表明该项目能在预定时间内收回投资，则该投资方案是可行的；否则，该投资方案不可行。

（一）公式法

如果某一项目的投资均集中发生在建设期内，投产后一定期间内每年经营净现金流量相等，且其合计大于或等于原始投资额，可按以下简化公式直接求出不包括建设期的投资回收期：

不包括建设期的投资回收期（PP′）＝原始投资合计÷投产后若干年

包括建设期的投资回收期（PP）＝不包括建设期的投资回收期＋建设期

（二）列表法

所谓列表法，是指通过列表计算“累计净现金流量”的方式来确定包括建设期的投资回收期，进而再推算出不包括建设期的投资回收期的方法。可见，不论以后每年的净现金流量是不是相等，都可以通过这种方法来确定静态投资回收期，所以这种方法的使用最为常见。其公式为：

$$\sum_{t=0}^{PP} NCF_t = 0$$

上式表明，在“累计净现金流量”一栏中，包括建设期的投资回收期正好是累计净现金流量为零的年限。如果无法在“累计净现金流量”栏找到零，则必须按下式计算包括建设期的投资回收期：

包括建设期的投资回收期（PP）＝累计净现金流最后一次出现负值的年份
＋该年末尚未回收的投资÷下年净现金流

或：

包括建设期的投资回收期（PP）＝累计净现金流第一次出现正值的年份－1
＋该年初尚未回收的投资÷该年净现金流

【例 5－2】某投资方案的预计现金流如表 5－4 所示，试计算其静态投资回收期。

表 5－4　某投资方案的预计现金流量　单位：万元

年份	每年净现金流量	累计净现金流量	年末尚未收回的投资额
0	－1 800	－1 800	1 800
1	400	－1 400	1 400
2	380	－1 020	1 020
3	350	－670	670
4	320	－350	350
5	700	350	—

从表 5－4 可见，该方案包括建设期的投资回收期＝4＋350÷700＝4.5（年）。如果预定的投资回收期是 5 年，则说明该方案是可行的。

二、平均会计报酬率

平均会计报酬率（Accounting Rate of Return，ARR），也称为平均会计收益率，是投资项目生命周期内平均的年投资报酬率。它通过使用会计报表数据、会计收益与成本理论计算投资年回报率。平均会计报酬率有多种计算方法，常用的计算方法是：

平均会计报酬率＝年平均利润÷原始投资额

和静态回收期法一样，采用平均会计利润这一指标也要事先确定一个平均会计收益率标准。如果 ARR 高于预定的平均会计报酬率，则该方案是可行的；否则，该方案是不可行的。多个可比方案比较时，ARR 高的方案更优。

【例 5－3】假设某公司两个投资方案 A 和 B 所产生的净利润，如表 5－5 所示。

表 5－5　两个投资项目的净利润　单位：元

年份	0	1	2	3	4	5
A	－10 000	2 500	2 500	2 500	2 500	2 500
B	－15 000	3 000	2 800	2 700	2 500	3 000

计算平均会计报酬率：

$$\text{A 方案的平均会计报酬率}=\frac{2\ 500}{10\ 000}\times 100\%=25\%$$

$$\text{B 方案的平均会计报酬率}=\frac{(3\ 000+2\ 800+2\ 700+2\ 500+3\ 000)\div 5}{15\ 000}\times 100\%=18.67\%$$

可见，A 方案的平均会计报酬率较高，所以，应该选择 A 方案。

平均会计报酬率法具有数据易得、计算容易、简单易懂的优点。但是，因为采用了会计收益或会计利润，必然包含了会计确认和计量的一些固有缺陷，如没有反映资金时间价值、基于会计净收益和账面价值而非现金流量和市场价值等。另外，基准收益率的确定，会因投资者个人判断不同而不同，带有很强的主观性。

第四节　动态投资决策指标

动态投资决策指标是指在对投资项目形成的现金流量进行贴现的基础上进行计算的各项指标，它考虑了资金的时间价值，在实践中较常使用，包括净现值、内部报酬率、动态投资回收期、盈利指数等。

一、净现值

净现值（Net Present Value，NPV），是指一项投资所产生的未来净现金流的贴现值与项目初始投资成本之间的差值，也可以认为净现值是投资方案整个生命周期内的净增加值。其计算公式如下：

$$NPV=\sum_{t=1}^{N}\frac{NCF_t}{(1+r)^t}-I$$

式中，NCF_t为第t年年末净现金流量；r为投资项目必要的收益率；I为初始投资额；t为项目投资期限。

现金流贴现所使用的折现率，就是投资者所要求的投资收益率。净现金流量，是现金流入量与同期现金流出量的差额。

因为初始投资额I可以写成：

$$I=NCF_0=\frac{NCF_0}{(1+r)^0}$$

因此，净现值的另一种表述方法是，投资从开始到终结整个生命周期的所有净现金流量的现值之和。其计算公式为：

$$NPV=\sum_{t=0}^{N}\frac{NCF_t}{(1+r)^t}$$

注意，上式中t的起始时间是0。

假设预期的现金流入在年末是可以实现的，并把原始投资看成是按同样的投资要求收益率借入的，则当净现值为正数时，表示偿还本息后该项目仍有剩余收益；当净现值为零时，表示偿还本息后一无所获；当净现值为负数时，表示该项目收益不足以偿还本息。

可见，净现值法的使用法则是：如果净现值为正数，表明该投资方案是可行的；如果净现值为负数，表明该投资方案是不可行的。一般情况下，多个可比的投资方案相比，净现值大的投资方案更优。

【例5-4】航运公司准备购入设备以扩充生产能力，现有甲、乙两个方案可供选择。

甲方案需投资 20 000 元，使用寿命为 5 年，采用直线法计提折旧，5 年后设备无残值，5 年中每年销售收入为 8 000 元，每年的付现成本为 3 000 元。

乙方案需投资 24 000 元，采用直线折旧法计提折旧，使用寿命为 5 年，5 年后有残值收入 4 000 元，5 年中每年的销售收入为 10 000 元，付现成本第一年为 4 000 元，以后随着设备陈旧逐年将增加修理费 200 元。另外，该方案第一年需垫支营运资金 3 000 元。

假设所得税税率为 25%，资本成本为 10%。计算甲、乙两项目的现金净流量及净现值并比较方案的优劣。

解：甲方案：

$NCF_0=-20\,000$，每年折旧为 $20\,000\div5=4\,000$（元）

$NCF_t=[8\,000-(3\,000+4\,000)]\times(1-25\%)+4\,000=4\,750$（元）

其中 $t>1$，

$$NPV=4\,750\times(\text{P/A}, 10\%, 5)-20\,000=4\,750\times3.791-20\,000$$
$$=-1\,992.8\ (\text{元})$$

乙方案：

$NCF_0=-27\,000$，每年折旧为 $(24\,000-4\,000)\div5=4\,000$（元）

$NCF_1=[10\,000-(4\,000+4\,000)]\times(1-25\%)+4\,000=5\,500$（元）

$NCF_2=[10\,000-(4\,200+4\,000)]\times(1-25\%)+4\,000=5\,350$（元）

$NCF_3=[10\,000-(4\,400+4\,000)]\times(1-25\%)+4\,000=5\,200$（元）

$NCF_4=[10\,000-(4\,600+4\,000)]\times(1-25\%)+4\,000=5\,050$（元）

$NCF_5=[10\,000-(4\,800+4\,000)]\times(1-25\%)+4\,000+4\,000+3\,000$
$=11\,900$（元）

$$NPV=NCF_0+5\,500\times(P/F, 10\%, 1)+5\,350\times(P/F, 10\%, 2)$$
$$+5\,200\times(P/F, 10\%, 3)+5\,050\times(P/F, 10\%, 4)$$
$$+11\,900\times(P/F, 10\%, 5)=-2\,834.09\ (\text{元})$$

可见，甲、乙两方案均不可行。

净现值与折现率的关系，如图 5-1 所示。当 r 较小时，有正的净现值，并且净现值较大；当 r 较大时，有较小的净现值，当达到一定程度时，正的净现值可能转为负的净现值。

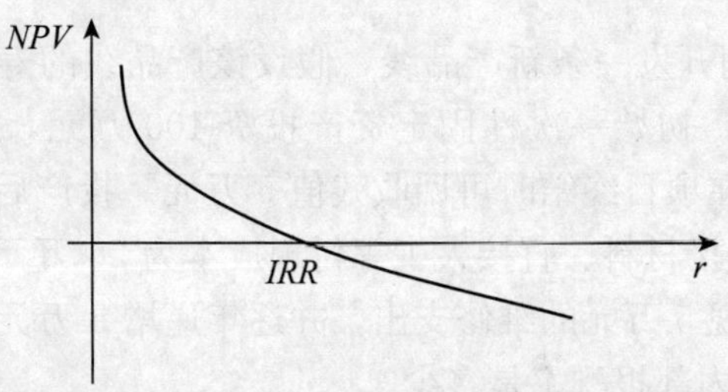

图 5-1　净现值与折现率之间的关系

净现值法使用现金流而不是会计利润，排除了干扰利润的许多人为因素，而且对现金流量进行了合理折现，对资金时间价值给予了足够的重视。所以，净现值法是现代企业资本预算中广泛使用的一种方法。

当然，净现值法同样存在一些缺点。净现值是一个绝对数，不能从动态的角度直接反映投资项目的实际收益率。而且，净现值法的计算需要较准确地预测项目净现金流量，还需要正确选择贴现率，而这两项工作实际操作起来都比较复杂和困难。

二、内部报酬率

内部报酬率（Internal Rate of Return，IRR），又称内含报酬率，是使投资项目整个生命周期之内全部净现金流的现值等于零时的折现率。其计算公式为：

$$\sum_{t=0}^{N} \frac{NCF_t}{(1+IRR)^t} = 0$$

可见，内部报酬率是在考虑了资金时间价值的情况下，使一项投资在未来产生的现金净流量现值刚好等于初始投资的收益率。内部报酬率本身不受资本市场利息率的影响，完全取决于投资项目自身的现金流量，反映了投资项目内部所固有的特性。所以，内部报酬率概括了投资项目自身的收益特征。

内部报酬率用于投资决策的一般规则是：如果备选方案的内部报酬率高于预定的报酬率，则该项目可行；否则，项目不可行。两个投资项目比较选择时，内部报酬率高的项目更优。

内部报酬率的计算可能涉及高次方程的求解，其计算主要有三种方法：

（1）取对数。当面临高次方程时，对方程两边取对数，然后再查对数表即可得出。

（2）试错法，即插值法。一般情况下，如果某个折现率使得计算出的净现值是正值，就要采用更高的折现率来测算，直到测算的净现值趋近于零。当然，从另一个方向，如果某个折现率使得净现值是负值，就降低折现率再测算，直到其净现值接近于零。或者从两个方向计算，根据接近于零的相邻两个正负净现值的折现率，取两者的某个中间数值即是内部报酬率。

（3）图解法。它是一种更直观、明了地理解内部报酬率的方法，是坐标图解法的运用。其一般步骤是，先在横坐标上绘出两个折现率，并使得这两个折现率下的净现值为一正值一负值。然后在此两点画出垂直于横坐标的两条直线，分别等于相应的净现值。最后，再连接净现值两端画一直线，此直线与横轴相交的一点表示净现值为零的折现率，即为内部报酬率。

【例 5-5】某公司计划开发一条新产品线，假设该产品线的寿命期为 5 年，开发新产品线的成本及预计现金流为：初始一次性固定资产投资 100 万元，需垫支流动资金 60 万元，固定资产按直线法折旧且在项目终结时可回收残值 5 万元。投产后，预计每年的销售收入可达 80 万元，每年需支付直接材料、直接人工等付现成本为 26 万元。随着设备逐渐陈旧，该产品线将从第二年开始出现 5 万元的维修支出，并逐年递增 5 万元。该公司适用的所得税税率为 20%。该投资项目的内部报酬率是多少?

根据题意分析，该产品线的预期现金流量可以制作成表 5-6。

表 5-6　某产品线的预期现金流量　　单位：万元

年　份	0	1	2	3	4	5
固定资产投资	100					
垫支流动资金	60					

续表

年　份	0	1	2	3	4	5
销售收入		80	80	80	80	80
付现成本		26	31	36	41	46
折旧		19	19	19	19	19
净利润		28	24	20	16	12
流动资金回收						+60
固定资产残值回收						+5
净现金流量	−160	+47	+43	+39	+35	+96

其中，折旧＝(100－5)÷5＝19（万元），净利润＝(收入－付现成本－折旧)×(1－所得税税率)，则净现金流量＝净利润＋折旧。

用试错法计算内部报酬率，当折现率为16％时的净现值为：

$$NPV=\sum_{t=0}^{5}\frac{NCF_t}{(1+IRR)^t}$$

$$=\frac{47}{(1+0.16)^1}+\frac{43}{(1+0.16)^2}+\frac{39}{(1+0.16)^3}+\frac{35}{(1+0.16)^4}+\frac{96}{(1+0.16)^5}-160$$

$$=2.50$$

在折现率为17％的情况下，净现值为：

$$NPV=\sum_{t=0}^{5}\frac{NCF_t}{(1+IRR)^t}-160=-1.60$$

则估计的内部报酬率为：16％＋2.50÷(2.50＋1.60)×1％＝16.61％

内部报酬率法的优点：能够把项目寿命期内所有的收益与其投资成本联系起来，并将它与同行业基准投资收益率或预定收益率对比，确定这个项目是否值得投资。当项目投资采用借款进行时，在利率等借款条件尚不明朗时，内部报酬率法便可以避开借款条件先计算得出内部报酬率，作为接受借款利率的最高限。

内部报酬率得到的是比率而不是绝对值，因此，一个内部报酬率较低的方案，可能由于其规模较大而有较大的净现值，因而值得投资。而且，这种方法的计算过程比较复杂，特别是每年的净现金流量差异较大时要经过多次测算才能获得内部报酬率。所以，在对各个方案比选时，将内部报酬率与其他指标结合起来运用效果更好。

三、动态投资回收期

动态投资回收期是一个常用的经济评价指标，它弥补了静态投资回收期没有考虑资金时间价值这一缺点，使其更符合实际运用。其使用规则同静态回收期，即某项目的动态投资回收期小于预定的回收期时，该项目是可行的；否则，该项目不可行，应予拒绝。

动态投资回收期的计算在实际应用中根据项目的现金流量表，用下列公式可以近似计算：

P_t＝(累计现值出现正值的年数－1)＋上一年累计现值的绝对值÷累计现值出现正值年份的现值

【例 5-6】某项目有关数据如表 5-7 所示，基准收益率 $i=10\%$，预定的动态投资回收期为 8 年，试计算动态投资回收期并进行项目选择。

表 5-7　某项目的现金流量及其动态投资回收　　单位：万元

年份	0	1	2	3	4	5	6
投资支出	20	500	100				
其他支出				350	450	450	450
收入				450	700	700	700
净现金流量	−20	−500	−100	150	250	250	250
现值	−20	−454	−82	112	170	155	141
累计现值	−20	−474	−556	−444	−274	−119	22

根据动态投资回收期的基本原理，先计算各年的净现金流量现值，然后计算累计现值，如表 5-7 所示。

该项目的动态投资回收期为：(6−1)+119÷141=5.84（年）

由于 5.84 年<8 年，所以该项目是可行的。

不论是静态投资回收期还是动态投资回收期，都有一个缺陷，即投资回收期仅考虑了项目建成收益早期的现金流量状况，忽视了回收期之后的现金流，因此，这种方法容易忽视一些高风险高收益、投资回收期长但回报大的项目，例如研发项目等。

四、盈利指数

盈利指数（Profit Index，PI），也称为获利指数，是指所有未来净现金流量的现值和初始投资的比率。它衡量的是投资项目的相对盈利能力，即每 1 元初始投资所带来未来收益的现值。用公式表示如下：

盈利指数=净现金流量现值和÷初始投资

$$PI=\frac{\sum_{t=1}^{N}\frac{NCF_t}{(1+r)^t}}{I}$$

可见，盈利指数和净现值之间联系密切。一般而言，如果净现值大于 0，则盈利指数大于 1；如果净现值小于 0，则盈利指数小于 1。盈利指数不仅可以反映项目投资是否可行，还能反映出项目的盈利能力，即相对初始投资的未来收益情况。

盈利指数法，是根据某一投资方案的获利指数是否大于 1 来判定该方案是否可行的决策分析方法。其一般规则是：如果指数值大于 1，则该方案是可行的；否则，方案不可行。而且，盈利指数越大，方案越优。

【例 5-7】某固定资产投资项目需要原始投资 1 000 万元，建设期为 1 年，与购建固定资产有关的资本化利息为 100 万元并在建设期初发生。固定资产投资在建设期起点或第一年年初投入。该项目收益年限为 8 年，固定资产按直线法折旧，期满有 100 万元净残值。建成投产后，前两年净现金流为 100 万元，第三年开始每年净现金流为 150 万元。假设该项目的要求收益率为 10%，无任何税收，则其净现值和获利指数各是多少？

固定资产折旧=(1 000+100−100)÷8=125（万元）

$$\begin{aligned}NPV&=-1\,100+(100+125)\times(P/A,\ 10\%,\ 2)\times(P/F,\ 10\%,\ 1)\\&\quad+(150+125)\times(P/A,\ 10\%,\ 5)\times(P/F,\ 10\%,\ 3)\\&\quad+(150+125+100)\times(P/F,\ 10\%,\ 9)\\&=-1\,100+225\times1.735\,5\times0.909\,1+275\times3.790\,8\times0.751\,3+375\times0.424\,1\\&=197\ (\text{万元})\end{aligned}$$

获利指数 $PI=(197+1\,100)\div1\,100=1.179$

可见，不论从净现值还是获利指数看，该固定资产投资项目都是可行的。

盈利指数法注意到了项目的现金流入与现金流出问题，并考虑了资金的时间价值，因此，盈利指数能够真实地反映投资项目的盈亏程度。另外，盈利指数是一个相对数，可以用于投资规模不同方案之间的比较。但在进行项目之间的比较选择时，会忽视项目初始投资的资金约束。

五、动态指标比较

(一) 净现值与内部报酬率的比较

一般情况下，净现值法和内部报酬率法得到的项目评估或比选结果是一致的。但是，以下几种情况却可能使两种方法得出的结果矛盾。

首先，对于互斥投资方案，净现值法和内部报酬率法得出的评估结论可能会产生矛盾。

其次，对于非常规投资项目，即每期净现金流符号变化多次的项目，可能存在多个内部报酬率，但净现值法不会有这方面的困扰。

【例 5-8】假设有两个互斥项目 A 和 B，两者产生的净现金流量如表 5-8 所示。

表 5-8　某投资方案的现金流量　　单位：万元

年份	项目 A	项目 B
0	−100	−100
1	50	20
2	40	40
3	40	50
4	30	60

通过内部报酬率法，可得项目 A 的 $IRR=24\%$，项目 B 的 $IRR=21\%$。由于这两个项目是互斥的，一般情况下我们会选择项目 A。但是，当要求收益率是 10%时，可得项目 A 的 $NPV=2\,906$，项目 B 的 $NPV=2\,979$。显然，根据净现值法则，我们选择项目 B。

另外，当设定不同的要求收益率时，项目 A 和项目 B 的净现值计算，如表 5-9 所示。通过绘出 NPV 的曲线图，可以发现互斥项目 A 和 B 的 NPV 及其差异，如图 5-2 所示。

表 5-9　不同的要求收益率下两项目 NPV 的比较

要求收益率（%）	项目 A 的 NPV	项目 B 的 NPV
0	6 000	7 000
5	4 313	4 788

续表

要求收益率（%）	项目 A 的 *NPV*	项目 B 的 *NPV*
10	2 906	2 979
11.1	2 634	2 634
15	1 718	1 482
20	706	231
25	−163	−822

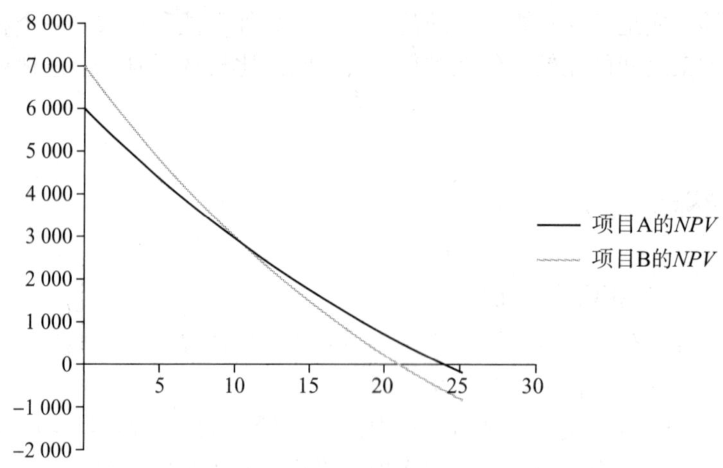

图 5－2　不同的要求收益率下两项目的 *NPV*

可见，当折现率低于 11.1%时，项目 B 的 *NPV* 较大，在这个范围内接受 B 比接受 A 对我们有利，即使 A 的内部报酬率较高。

当内部报酬率法和净现值法的结论冲突时，要选择净现值法进行决策，因为 *NPV* 直接衡量了项目为股东创造财富的多少。

尽管内部报酬率法与净现值法这两种方法都有缺陷并且会有结论上的冲突。但是，投资项目评价是针对未发生事件的预测，未来事件的发生总带有不确定性。因此，*IRR*、*NPV* 与其他财务评估指标一样，都有偏差和失真的可能性。正因如此，除 *IRR* 和 *NPV* 之外，决策者还需考虑其他相关信息，包括投资规模及其回收期特征、投资目标和投资约束等。同时，每个投资者都应该积累与项目价值评估有关的一切信息，以求得到正确的投资决策。

（二）净现值与盈利指数的比较

一般情况下，净现值与盈利指数对项目的评价结果是一致的，但也会在某些情况下产生分歧。由于净现值是用各期现金流量现值减去初始投资，盈利指数是用现金流量现值除以初始投资，在两个项目比选并有投资规模约束时，就有可能导致评价的结果不一致。

因为净现值越高，企业的收益越大，而盈利指数只是反映投资回报的程度而不反映投资回报的多少，因而在净现值和盈利指数不一致的情况下，以净现值法为准。

总之，在无资金约束的情况下，使用净现值指标总能做出正确的决策；在互斥项目中，利用内部报酬率和盈利指数做判断有时候会出现偏差，此时，净现值也是最好的评价方法。

第五节　投资决策风险

在前述的长期投资决策评价方法中，都是假设已知项目的现金流量、要求收益率、项目生命周期等。但现实中，这些指标不仅要在项目投资时估计和预测，而且充满了很多未知因素，即风险。如何较为客观、准确地得出这些投资决策指标呢？这里介绍两种比较常用的方法。

一、按风险调整贴现率

风险调整贴现率法（Risk-adjusted Discount Rate，RADR）是通过对基准收益率或无风险收益率进行风险调整后得到的投资收益率。从一定程度上看，风险调整贴现率是投资者根据项目风险大小和自身的风险承受能力而主观决定对无风险收益率附加一个风险调整系数的方法。

可见，不同的项目有不同的风险调整贴现率，对于高风险的项目采用较高的贴现率去进行价值评估，低风险的项目用较低的贴现率去计算。因此，此种方法的中心思想是根据风险的大小来调整贴现率或必要回报率。

（一）用资本资产定价模型来调整贴现率

在前面我们讨论资本资产定价模型时曾提到，证券的风险包含可分散风险和不可分散风险。不可分散风险是用β值来衡量的，而可分散风险可以通过合理的证券组合来分散。由此我们在进行项目投资时，也可以引入类似的风险模型，用公式表示为：

总资产风险＝不可分散风险＋可分散风险

可分散风险可通过企业的多元化经营而消除，那么在进行投资时，最值得注意的就是不可分散风险。这时，某投资项目按风险调整的折现率可按下列公式来计算：

$$K_j = R_F + \beta_j \times (R_m - R_F)$$

式中，K_j表示项目j按风险调整的折现率或项目的必要报酬率；R_F表示无风险折现率；β_j表示项目j的β系数；R_m表示所有项目平均的折现率或必要报酬率。

（二）按投资项目的风险等级来调整贴现率

这种方法是对影响投资项目风险的各因素进行评分，根据评分来确定风险等级，再根据风险等级来调整折现率的一种方法。按风险等级调整的折现率，如表5-10所示。

表5-10中的分数、风险等级、折现率都由企业管理人员根据以往的经验来设定的，具体的评分工作则应由销售、生产、技术、财务等部门组成专家小组来进行。所设的影响风险的因素可能会更多，风险状况也可能会有多种情况。

表 5－10 按风险等级调整的折现率表

相关因素	投资项目的风险状况及得分									
	A		B		C		D		E	
	状况	得分	状况	得分	状况	得分	状况	得分	状况	得分
市场竞争	无	1	较弱	3	一般	5	较强	8	很强	12
战略上的协调	很好	1	较好	3	一般	5	较差	8	很差	12
投资回收期	1.5 年	4	1 年	1	2.5 年	7	3 年	10	4 年	15
资源供应	一般	8	很好	1	较好	5	很差	15	较差	10
总分	—	14	—	8	—	22	—	41	—	49

总分	风险等级	调整后的折现率
0～8 分	很低	7%
8～16 分	较低	9%
16～24 分	一般	12%
24～32 分	较高	15%
32～40 分	很高	17%
40 分以上	最高	25%以上

$K_A=9\%$　$K_B=7\%$　$K_C=12\%$　$K_D\geqslant 25\%$　$K_E\geqslant 25\%$

（三）用风险报酬率模型来调整贴现率

风险调整贴现率的计算公式为：

$$K=i+bQ$$

式中，K 为风险调整贴现率；i 为无风险贴现率；b 为项目的风险报酬斜率；Q 为该项目的标准离差率风险程度。

在现实中，我们可以采用更为简化的形式，直接在无风险贴现率的基础上进行调整，即直接在无风险贴现率的基础上乘以一个系数即可。

风险调整贴现率法比较符合逻辑，并被广泛使用。在竞争的市场环境中，每个项目效益在将来不同的经济状态下会发生变化，风险调整贴现率法能够通过调整项目在不同经济状态下的现金流贴现率，及时反映并规避市场风险。在竞争的市场环境中，投资风险由整体经济情况决定，分散化投资不一定能降低市场风险。因此，通过风险调整贴现率法，可以让不同种类的项目具有不同的贴现率，从而投资于更具盈利能力或能更快收回投资成本的项目。

当然，风险调整贴现率法也存在一些缺点。首先，把时间价值和风险价值混在一起，并据此对现金流量进行折现，意味着风险随时间的推移而加大，夸大了远期风险。另外，项目投资往往是期初投入，寿命期内收回投资，难以计算各年的必要回报率，而风险调整贴现率法在运用时假定各年的必要回报率均一致，这样的处理显然并不合理。

二、按风险调整现金流量

为了克服风险调整贴现率法的缺点，人们提出了肯定当量法（Certainly Equivalent

Method)。这种方法的基本思路是先用一个系数把有风险的现金流量调整为无风险的现金流量，然后用无风险的贴现率去计算净现值。其计算公式为：

$$NPV=\sum_{t=0}^{n}\frac{a_tNCF_t}{(1+r)^t}$$

式中，a_t 为 t 年现金流量的肯定当量系数，取值范围 0～1；r 为无风险的贴现率；NCF 为税后净现金流量。

肯定当量系数是指不确定的 1 元现金流量期望值相当于使投资者满意、肯定的金额的比值，它可以把各年不确定的现金流量换算成确定的现金流量，即

a_t＝肯定的现金流量÷不肯定的现金流量

如果仍以变化系数表示现金流量的不确定性，则变化系数与肯定当量系数的经验关系如表 5－11 所示。

表 5－11　变化系数与肯定当量系数的经验关系表

变化系数	肯定当量系数
0.01～0.07	1
0.08～0.15	0.9
0.16～0.23	0.8
0.24～0.32	0.7
0.33～0.42	0.6
0.43～0.54	0.5
0.55～0.70	0.4
0.55～0.70	0.4

肯定当量法是通过对现金流量的调整来反映各年的投资风险，并将风险因素与时间因素分开讨论，这在理论上是成立的。但是，肯定当量系数很难确定，每个人都会有不同的估算，数值差别很大。因此，该方法在实际中很少应用。

三、敏感性分析

敏感性分析（Sensitivity Analysis）是投资项目经济评价中常用的一种研究不确定性的方法。它在确定性分析的基础上，进一步分析不确定性因素对投资项目最终经济效果指标的影响及影响程度。敏感性因素一般可选择主要变量，如销售收入、经营成本、生产能力、初始投资、寿命期、建设期、达产期等进行分析。若某变量的小幅度变化能导致经济效果指标的较大变化，则称此变量为敏感性因素，反之则称其为非敏感性因素。

敏感性分析通常是分析某些因素单独变化对净现值、内部报酬率等经济评价指标的影响，从而找出影响决策的敏感性因素，并及早采取措施予以纠正。项目对某种因素的敏感程度可以表示为该因素按一定比例，如±10%、±15%变化时引起评价指标变动的幅度，也可以表示为评价指标达到临界点时允许某个因素变化的最大幅度。其主要有以下几个步骤：

(1) 确定分析对象。在进行敏感性分析时，可以根据不同投资项目的特点，选出最能反映效益的指标作为分析对象，如净现值、内部收益率、获利指数等。

(2) 选取需要分析的不确定因素，并设定这些因素的变动范围。不同性质、规模、类型的投资项目，具有不同的不确定性因素。通常选择那些在成本收益构成中占比较大、对经济效益指标有重大影响的因素，如初始投资额、销售量、销售价格、固定成本和变动成本等。

对选择的不确定性因素，可按其发生变化时增加或减少一定百分比（如±5%、±10%）后，分别计算出对项目的净现值或内部报酬率等评价指标的影响程度。

(3) 调整现金流。根据不确定因素的变动幅度，相应地调整项目的现金流。在调整现金流时要注意变动因素相关内容的调整。如销售收入变动之后，调整现金流时要注意销售收入变动对销售税金的相关变化。

【例 5-9】某企业计划投资一个新项目，在确定性条件下资本预算的现金流量如表 5-12 所示，所采用的数据是根据对未来最可能出现的情况进行预测估算的。项目有效期为 6 年，项目期末残值为 0，按直线折旧法计提折旧。由于对未来某些因素及其变化把握不大，销售收入、变动成本、固定成本均有可能在±10%的范围内变动。设折现率为 12%，公司所得税税率为 25%，分别对上述三个不确定因素做敏感性分析。

表 5-12 该投资项目预期现金流量

单位：万元

项目	第 0 年	第 1～6 年年末
初始投资额	−1 800	
销售额		2 000
变动成本		1 300
固定成本		300
税前利润		400
所得税		100
税后利润		300
现金净流量		600

运用净现值计算公式，可得正常情况下该项目的净现值为：

$NPV=666.8$

同时可以计算得到，销售收入、变动成本以及固定成本三个影响因素变动±10%时，净现值所受的影响如表 5-13 所示。

表 5-13 敏感性因素变动时对 NPV 的影响

项目	正常	销售收入变动		变动成本变动		固定成本变动	
		+10%	−10%	+10%	−10%	+10%	−10%
		2 200	1 800	1 430	1 170	330	270
NPV	666.8	1 489.1	−155.4	132.4	1 201.3	697.7	636
变动比率	0	123.3%	−123.3%	−80.1%	80.1%	4.6%	−4.6%

从表 5-13 可见，与变动成本、固定成本相比，销售收入变动对 *NPV* 的影响较大，即销售收入±10%的变动引起了 *NPV*±123.3%的变动。所以，可以确认销售收入是一个

重要的敏感性因素，企业应该对影响销售收入的价格、销量等进行相应的风险管理与控制。

练习与解析

复习思考

1. 资本预算有哪些方法？各种方法的优缺点是什么？

2. 简述投资决策中项目现金流量的构成。

3. 净现值法和内部报酬率法的差异表现在哪些方面？

4. 风险调整贴现率法的计算公式是什么？该方法有什么优缺点？

5. 风险调整贴现率法是如何对待风险的？它通过什么方式来消除不确定性所带来的影响？

6. 某企业正在考虑两个有同样功能、相同风险特征的互斥项目，项目的预期税后现金流，如表 5－14 所示。

表 5－14　两个项目的预期税后现金流表　　单位：万元

年份	项目 A	项目 B
0	－100	－100
1	12	50
2	45	50
3	89	50

假设该企业的要求收益率为 10%。

要求：

(1) 计算每个项目的净现值。

(2) 应该选择哪一个项目？

7. 某三个互斥项目预期的税后现金流，如表 5－15 所示，它们有相同的风险特征，企业的要求收益率都是 10%。

表 5－15　三个项目的预期税后现金流表　　单位：万元

年份	项目 A	项目 B	项目 C
0	－2 000	－2 000	－2 000
1	200	1 000	900
2	1 100	900	900
3	1 400	800	900

要求：

(1) 计算每个项目的净现值。

(2) 根据计算结果，应该选择哪一个项目？

8. 某公司有两个投资项目 A 和 B，其现金流如表 5－16 所示。

表 5－16 A、B 项目现金流表 单位：万元

年份	项目 A	项目 B
0	−300	−450
1	130	260
2	130	260
3	130	260

要求：

(1) 如果该公司采用获利能力指数法，其要求收益率是 9%，该公司应选择哪个项目？

(2) 如果采用净现值法，公司会选择哪个项目？

(3) 解释为什么 (1) 和 (2) 会出现不同的结果。

9. 某公司准备进行一项投资项目，每年的净现金流量和各年的当量系数如表 5－17 所示。若无风险贴现率为 10%，用肯定当量法判断此项目是否可行？

表 5－17 某项目每年净现金流量与当量系数表

年份	0	1	2	3	4
NCF_t	−20 000	8 000	8 000	8 000	8 000
a_t	1.0	0.95	0.9	0.8	0.8

10. 当代公司准备购入一条矿泉水生产线用以扩充生产能力，该生产线投资 100 万元，使用寿命 5 年，期满无残值。经预测，5 年中每年销售收入 60 万元，每年的付现成本为 20 万元。购入生产线的资金来源通过发行长期债券筹集，债券按面值发行，票面利率为 12%，筹资费率 1%，企业所得税税率为 34%。

要求：计算当代公司投资该生产线的净现值并分析该方案是否可行。

11. 某公司准备购入设备以扩充生产能力，现有甲、乙两个方案可供选择。甲方案购买设备需投资 30 000 元，预计使用寿命为 5 年，期满无残值，采用直线法计提折旧，5 年中每年可增加销售 15 000 元，每年增加的付现成本为 5 000 元；乙方购买设备需投资 36 000 元，使用寿命也是 5 年，5 年后有残值收入 6 000 元，采用直线法计提折旧，5 年中每年可增加销售收入 17 000 元，增加的现付成本第一年为 6 000 元/年，以后随着设备陈旧将逐年增加修理费 300 元，另需在第一年年初垫支营运资金 3 000 元，垫支的营运资金在设备期满报废时可按原来的金额收回。两种方案均无设备安装期，设备购回即可投入使用。该公司的所得税税率为 30%，资本成本率为 10%。

要求：

(1) 计算两个方案的各年净现金流量。

(2) 计算两个方案的净现值，并用净现值法确定选择哪个方案。

12. 海特公司是一个体育用品制造商。2019 年海特公司对家庭健身器材市场进行调查。

市场调查结果显示，健身设备A有广阔的市场前景。经预测分析，生产和销售设备A的有关资料如下：生产设备A，需要新增固定资产投资额630万元，固定资产投资无建设期。预计设备A的产品生命周期为6年，6年后固定资产的预计净残值为30万元。6年中，生产销售设备A，每年可为公司新增销售收入500万元，新增付现成本300万元。海特公司的资本成本为10%，企业所得税税率为40%。固定资产采用直线法计提折旧。

计算有关的系数，如表5-18所示。

表5-18 6年期的复利现值系数和年金现值系数表

系数	利率				
	10%	14%	15%	16%	17%
复利现值系数	0.564	0.456	0.432	0.410	0.390
年金现值系数	4.355	3.889	3.784	3.685	3.589

要求：

计算生产设备A的投资方案的净现值，并确定该投资方案是否可行。（计算结果精确到小数点后两位）

阅读材料

临近全球经济周期尾声之际，国际投资者正相应调整投资策略和组合。其中，2018年在中国出现的一个显著现象是，外资正大幅加仓中国商业地产。而这一趋势已延续到2019年。

据世邦魏理仕最新统计，在海外资本的推动下，2018年中国商业地产大宗投资交易金额超过2 600亿元，创下历史纪录的同时较2017年增长10%。外资在国内大宗商业地产的投资总额超过850亿元，同比大幅增长68%。

2019年一季度，国内大宗物业投资继续活跃，交易金额超过人民币530亿元，其中外资占比进一步大幅提升至50%，为2016年以来单季最高。写字楼大宗交易金额亦超过250亿元。

“因为数据都是以季度为单位进行统计，所以，5月份最新数据还没有出来。但从过去交易来看，2018年之前，外资投资占北京商业地产投资总量只有5%～10%。2018年，外资投资首次在北京商业地产市场上占比27%。外资在中关村、丽泽地区的投资甚至高达80多个亿，占北京商业地产全年投资的47%。外资加仓中国商业地产市场在2018年是集中爆发，因为可匹配资金较多，预计未来外资资金涌入国内商业地产市场会创新高。”世邦魏理仕中国区总裁李凌表示。

外资卷土重来

“临近全球经济周期尾声，投资者将更着重关注房地产所具备的分散投资风险，规避市场短期波动，以及产生稳定收入的属性。近期，国外保险、退休基金、主权财富基金、开发商等长期投资者通过投资地产私募基金或者直投的方式纷纷加快了在国内收购物业的步伐，证实全球资本视增配中国商业地产为长期战略而非一时热点。”李凌表示。

他认为，全球经济是存在周期性的，全球经济增长正在放缓。而中国经济与全球经济周期呈现低相关性，并将在此轮全球经济景气周期临近尾声之际保持中高速增长，使得中国商业地产成为全球资产配置重要拼图。

显然，投资者对中国商业地产的信心首先源于中国经济增长的中长期韧性。世邦魏理仕预测，2018 年至 2027 年，中国经济增长中枢位于 5.3%，在全球主要经济体中高居第二。城镇化、消费升级以及由此推动的产业升级在维持中国经济中高速增长的同时，释放出大量的商业地产需求。世邦魏理仕此前调查显示，2019 年中国首次超越日本和澳大利亚成为亚太地区跨境地产投资的首选目的地；其中，上海首次名列投资目标城市的榜首。

2019 年以来，外资的身影频频活跃在中国商业地产大宗交易市场上。数据显示，截至 2019 年 4 月底，黑石、凯德、基汇等外资机构，在中国的大宗房产交易累计金额已超过 400 亿元。2019 年 4 月，瑞士合众集团（Partners Group）与中东家族财富基金（The Family Office Co.）等财团联手以 13.4 亿美元（约合人民币 90.2 亿元）收购中关村鼎好大厦大部分股权，成为迄今为止北京最大体量的商业地产外资收购项目。

戴德梁行中国资本市场副董事总经理刘兵认为，从外资自身的角度来看，现阶段大规模进入国内商业地产市场，除了对市场动态变化反应迅速，同时也是对中国经济未来发展态势的看好。中国具有高速的经济增长、稳定的政治环境、愈发开放的政策等多种优势。因此之前在日韩超配的外资机构已逐渐主动将中国的重要性提升。

中资力量或爆发前夜

“今年投资者对国内写字楼和房产债等周期性低风险资产的偏好创下 4 年新高，而仓储物流、购物中心、另类资产等结构性板块亦迎来穿越周期的投资机遇。”李凌表示，在上述诸多标的物中，写字楼作为周期性类型的投资，因其易于管理、现金流稳定、交易流动性强等特点，即使在临近周期尾声、风险趋避的趋势下受到众多投资者的青睐。2019 年第一季度，写字楼大宗投资交易超过 250 亿元，金额占商业地产投资总额的 47%，较去年同期大幅提升 21 个百分点。

有趣的是，这边外资在商业地产大宗交易中活跃，另一边中资正取代外资成为写字楼租赁市场的主要力量。世邦魏理仕调研报告指出，中资企业在北京甲级写字楼的租赁面积占比从 2016 年的 35%上升至 2019 年的 59%，从而取代外资企业成为甲级写字楼市场的主导力量。中资企业比例在央企总部集中的北京金融街和东二环等商务区提升尤其明显。中资企业对望京、奥体等非核心商务区也表现出比外资企业更高的接受度。中资企业的壮大得益于大面积租户群体的迅速成熟，其中，中资企业 5 000 平方米以上的租户中，金融和能源两大行业是主力行业，合计租赁面积占 51%。

早在 2016 年，据仲量联行对北京金融街甲级办公楼的调查显示，2016 年金融街的“高价”租金迫使一些外资公司迁址，此类企业占比较一年前减少了 25%。

不过，在当时，大宗交易市场上活跃的力量却是中资。2017 年年初，戴德梁行数据显示，从市场成交方面来看，内资企业是当时的成交主力，年度成交总量占总成交面积的 81.3%。主要成交行业仍然以金融业、高科技业和专业服务业为主，占比分别达到 40.2%、22.6%和 14.9%。

为什么外资“有机可乘”?“2018 年对中国来说是去杠杆，但对全球来讲，并没有出现特别明显的去杠杆过程。当时，外资较为充裕。另外，在银保监会合并之后，国内大型保险机构和银行的管理层面出现调整，在这一调整过程中，国内的投资方向和投资政策也相应地进行调整，这也是这一年多来中资投机买卖不活跃的原因。”刘兵说。

“外资投资并不凶猛，只是之前没买太多，2018 年以来买得比较多。不过，跨国公司可能会因为中美贸易摩擦等不确定因素延期抉择投资。但与此同时，中国政府也在加速金融开放。”李凌说。

资料来源：王营．外资大幅加仓中国商业地产 投资占比升至50%．21世纪经济报道，2019-05-30．(有改动)

讨论与运用

1．本案例中，项目投资的决策评价指标有哪些？

2．如何评价一个项目的投资价值？

第六章

企业融资方式

案例导引

科创板（Science and Technology Innovation Board）于 2018 年 11 月 5 日在首届中国国际进口博览会开幕式上宣布设立，是独立于现有主板市场的新设板块，并在该板块内进行注册制试点。

设立科创板并试点注册制是提升服务科技创新企业能力、增强市场包容性、强化市场功能的一项资本市场重大改革举措。通过发行、交易、退市、投资者适当性、证券公司资本约束等新制度以及引入中长期资金等配套措施，增量试点、循序渐进，新增资金与试点进展同步匹配，力争在科创板实现投融资平衡、一二级市场平衡、公司的新老股东利益平衡，并促进现有市场形成良好预期。

2019 年 1 月 30 日，证监会发布《关于在上海证券交易所设立科创板并试点注册制的实施意见》。3 月 1 日，证监会发布《科创板首次公开发行股票注册管理办法（试行）》和《科创板上市公司持续监管办法（试行）》。

学习目标

1. 了解企业融资的渠道和方式。
2. 掌握权益融资的形式、特点。
3. 掌握债务融资的形式、特点。
4. 掌握租赁及融资租赁的本质和特点。

内容提要

融资方式不同可导致对公司资产的控制权不同。为此，可以将公司融资方式分成权益融资和债务融资。权益融资，主要是普通股融资；债务融资，主要包括银行贷款、发行债券。优先股、权证以及可转换债券，兼具债务融资与权益融资的性质，属于混合融资。而租赁融资，从性质上看属于债务融资，但它是金融与实物交易的有机融合。

第一节 企业融资概述

企业融资就是公司作为筹资主体根据其自身情况，运用一定的方法通过金融市场等渠道经济有效地筹措和集中资金的活动。

一、企业融资渠道

融资渠道即资金来源的途径，体现为向企业提供资金的不同主体。一般分为内部渠道、外部渠道，即内部融资和外部融资。所谓内部，即指企业自身；外部，指除企业自身之外的任何单位或个人，如企业员工、企业股东，以及其他企业、个人或单位。

（一）内部融资

内部融资（Internal Finance）是指企业通过留用利润而形成的资金来源。企业经营获得收益后，本应该将剩余利润分配给股东，但企业没有分配而是将其保留下来供自己继续使用，这部分资金在会计上就称为留存收益，包括未分配利润和盈余公积两部分。当然，这部分资金，在权属上属于股东所有，但在没有分配给股东个人之前，可以供企业使用。

企业内部融资是在企业内部自然形成的，一般无须花费融资成本，也不需要像发行债券或股票那样经历较长时间和繁杂手续。企业内部融资的数量通常由企业可分配利润的规模和股利政策决定。

（二）外部融资

外部融资（External Finance）是指除内部融资之外的所有融资。一般而言，企业首选内部融资，当内部融资不能满足需要时才使用外部融资。外部融资主要有以下形式或主体。

1. 国家财政

财政资金就是国家控股或参股企业从国家财政获得的资本投资，属于权益资本的一部分。当然，有一些企业或行业会从国家获得财政补贴，这部分资金也是从国家财政获得的外部资金，但并不是企业的融资行为，因为国家财政部门并没有因此对企业提出股权或债权要求。

随着经济体制的改革，我国国有企业获得财政资金的数量也在不断减小，但是一些基础性行业和公益性行业，财政资金仍是其重要来源。

2. 商业银行

商业银行是一国金融体系的重要组成部分，肩负着间接金融的责任。商业银行通过吸收社会存款，然后贷款给企业和个人。商业银行贷款是企业融资的重要来源。

3. 非银行金融机构

非银行金融机构主要包括信托投资公司、租赁公司、保险公司、证券公司、财务公司以及财团等。非银行金融机构向企业提供资金的方式、形式都很灵活，可以是长期资金、短期资金，也可以是股权资金、债权融资资金。

当然，这些机构不仅能自己提供资金，还能作为中介或平台提供融资顾问、咨询服务，如通过投资银行或证券公司发行股票或债券等。

4. 企业与居民

这部分资金提供方主要是指其他企业，以及社会公众，也包括企业自身的员工、原有股东等。企业通过发行股票、债券，以及其他方式来吸收、获取这部分投资者的资金。

二、企业融资类型

由于融资范围、融资机制和资本属性的不同，企业融资可以分为不同的类型。

（一）按照资金性质的不同，划分为权益融资、债务融资与混合性融资

权益融资和债务融资，是企业最为重要的两种融资形式，是国内大多数企业的主要融资选择。而近几年，随着我国资本市场的不断完善，混合性融资也开始逐渐发展起来，为企业融资提供了新选择。

1. 权益融资

权益融资获得的资金，是企业依法取得并长期拥有、可自主支配的资金。因为权益融资具有长期性，所以也称为权益资本。

通过权益资本的投资，投资者就成了企业资产的最终所有者，因此，权益资本也称为所有者权益或股东权益。企业所有者凭其所有权参与企业的经营管理和利润分配，并对企业债务承担责任。但是，公司存续期间企业有权调配使用这部分权益资本，股东除了依法转让其所有权外，不得以任何方式抽回其投入的资本，这就是公司法人的财产权。

2. 债务融资

债务融资是企业依法取得并依约运用、按期偿还本金并给付利息的融资。债务融资体现了企业与债权人之间的债务债权关系，不是企业财产的所有权关系。债权人有权按期索求收益，即利息，但无权参与企业的经营管理和利润分配，对企业其他债务也不承担责任。与权益资本不同的是，企业获取债务资金后必须承担还本付息的义务，这可能会给企业带来一定的现金流压力或财务风险。另外，由于债务利息可以在税前扣除，因此具有一定的节税效应。

3. 混合性融资

混合性融资是指企业通过依法发行兼具“股权工具”和“债务工具”双重特征的特殊融

资工具为企业筹集资金的行为。常见的混合性融资工具有优先股、永续债、可转换债券、权证等。混合性融资具备筹资方式灵活的特点，比如，优先股可在政策许可范围内按照企业实际需求灵活设置转换条件、赎回条件等，可转换债券同样允许企业灵活设计相应的转换条件、回售条款、赎回条款和强制性转换条款等。

（二）按照资金使用期限的长短，划分为长期融资和短期融资

长期融资和短期融资构成企业融资的期限结构。合理安排企业融资的期限结构，有利于实现企业融资的最佳配置，有利于降低资金成本。

1. 长期融资

长期融资是指使用期限在 1 年以上的融资，具有使用期限长、融资成本高等特点。企业的长期融资主要通过吸收直接投资、发行股票、发行债券、长期借款和融资租赁等方式实现。

2. 短期融资

短期融资是指使用期限在 1 年以下的融资，具有使用期限短、周转速度快、融资成本相对较低等特点。企业的短期融资主要通过银行短期借款、发行融资券、商业信用等方式筹集。

（三）按照公司是否以金融中介开展融资活动，划分为间接融资和直接融资

1. 间接融资

间接融资是指公司借助银行或非银行金融机构所进行的融资活动。这是一种传统的融资方式，在间接融资活动过程中，银行等金融机构先向资金的供给者筹集资本，然后再提供给资金需求者；资金需求者和资金供给者之间不直接接触，也不发生任何融资合同关系。间接融资的基本方式是银行借贷和融资租赁。

2. 直接融资

直接融资是由资金需求者直接与资金供给者达成协议而筹措资金的方式，如发行股票或债券。直接融资并非不需要银行或非银行等金融机构的中介服务。直接融资中的中介仅仅提供顾问、咨询、媒介等服务，不需要和资金供求双方发生资金的权利义务合同关系。直接融资是更为现代化的融资方式，它可以将社会闲散资金迅速转化为生产资金，融资数额大、使用时间长，但融资成本相对较高。

三、证券及其特征

证券是各类产权凭证的统称，是用来证明证券持有人有权依票面所载内容，取得相关权益的法律证书。从一般意义上来讲，证券本质是一种交易契约或合同。该契约或合同赋予合同持有人根据该合同的规定，对合同标的采取相应行为并获得相应收益的权利。一般情况下，合同的主要内容包括交易标的及其数量与质量、交易价格、交易时间与地点等。

（一）证券的特征

（1）产权性。证券的产权性是指有价证券记载着权利人的财产权内容，代表着一定的财

产权。

（2）收益性。证券的收益性是指持有证券本身可以获得一定数额的收益，这是投资者转让资本使用权的回报。证券本身具有收益性，有价证券的收益表现为利息收入、红利收入和买卖差价。收益的多少通常取决于该资产增值数额的多少以及证券市场的供求状况。

（3）流通性。证券的流通性又称变现性，是指证券持有人可按自己的需要灵活地转让证券以换取现金。流通性是证券的生命力所在。流通性不但可以使证券持有人随时把证券转变为现金，而且还可以使持有人根据自己的偏好选择持有证券的种类。证券的流通是通过承兑、贴现、交易实现的。

（4）风险性。证券的风险性是指证券持有者面临着预期投资收益不能实现，甚至本金也受到损失的可能。这是由未来经济状况的不确定性所致，投资者难以确定他所持有的证券将来能否取得收益和取得多少收益，从而使持有证券具有风险。

（二）证券的分类

证券中最为常见的是有价证券。有价证券一般标有票面金额，用于证明持有人或该证券指定的特定主体对特定资产拥有所有权或债权的凭证。任何有价证券都有一定的价值，可以自由转让。而且，任何有价证券本身都有价格，并能给持有人带来一定的收益。

按不同的标准，有价证券可以划分为不同的类型。

（1）按发行主体的不同可以分为政府证券和企业证券。政府证券通常指由中央政府或地方政府发行的债券。企业证券是企业为筹措资金而发行的有价证券。

（2）按上市与否可以分为上市证券和非上市证券。上市证券是指经证券主管机关核准或备案，并经证券交易所同意允许在交易所内公开买卖的证券。非上市证券不允许在证券交易所内交易，但可以在其他交易市场发行和买卖。

（3）按募集方式可以分为公募证券和私募证券。公募证券是指发行人向不特定的社会公众公开发行的证券，因涉及广大社会公众的利益，一般监管较为严格。私募证券是指向少数特定的投资者发行的证券，相比之下其发行条件相对宽松、投资者较少、不必采取公示制度。

（4）按证券所载内容可以分为货币证券、资本证券和商品证券。货币证券是指可以用来代替货币使用的有价证券，主要用于企业之间的商品交易、劳务报酬支付和债权债务清算等，常见的有期票、汇票、本票、支票等。资本证券是指把资本投入企业或国家的一种书面证明文件，资本证券主要包括股权证券和债权证券，如股票、债券等。商品证券是指对商品有提取权的证明，它证明证券持有人可以凭证券提取该证券上所列的商品，常见的有仓库栈单、运货单、提货单等。

四、融资规模预测

公司筹资数量的预测可以使用销售百分比法、趋势分析法、线性回归方程等，其中销售百分比法是预测资金需求量的最基本的方法。

（一）销售百分比法的原理

销售百分比法根据销售收入与利润表、资产负债表项目之间的比率关系来预测资金需要量。

销售百分比法假设在一定期间内，利润表项目以及大多数资产负债表项目的金额与销售收入保持不变的比率。这些与销售收入保持不变比例关系的项目称为敏感性项目，包括敏感性资产项目和敏感性负债项目。其中，敏感性资产项目一般包括现金、应收账款、存货等；敏感性负债项目包括应付账款、应交税费等项目，剩下的都属于非敏感性项目。

（二）销售百分比法的基本步骤

1. 预计利润表

预计利润表可用来预测留存收益，并为预计资产负债表以及外部资金需要量提供依据。

【例 6-1】 东兴公司预计 2020 年度销售收入可达到 6 000 万元，根据 2019 年利润表各项目的销售百分比，可计算并编制 2020 年度预计利润表，如表 6-1 所示。

表 6-1　东兴公司 2020 年预计利润表　　单位：万元

项目	2019 年度金额	销售收入百分比（%）	2020 年度预计金额
销售收入	4 000	100.0	6 000
减：销售成本	2 500	62.5	3 750
销售费用	20	0.5	30
销售税金及附加	240	6.0	360
销售利润	1 240	31.0	1 860
减：管理费用	600	15.0	900
财务费用	40	1.0	60
利润总额	600	15.0	900
减：所得税	180	4.5	270
净利润	420	10.5	630

2. 预测留存收益增加额

留存收益是公司的内部资金来源，它可以满足或部分满足公司的资金需要。只要公司有盈利且不是全部用于股利支付，则留存收益就能实现自动增长。表 6-1 显示，2020 年东兴公司的预计净利润为 630 万元，若预计 2020 年股利支付率为 40%，则 2020 年的留存收益增加额为：

留存收益增加额＝630×(1－40%)＝378（万元）

也就是说，公司内部可以解决 378 万元的资金需要。

3. 预计资产负债表，并预测外部资金需要量

（1）收集基期资产负债表资料，计算敏感项目与销售收入的百分比。

（2）根据预测年度销售收入预计数和敏感项目的销售百分比，计算出该项目在预测年度的预计数，而非敏感项目预测金额按照基期金额填写。

（3）预计年度资产负债表中的留存收益为基期留存收益余额和预测年度留存收益增加额之和。

（4）计算外部融资需要量。

按例 6－1，东兴公司 2020 年预计资产负债表，如表 6－2 所示。

表 6－2　东兴公司 2020 年预计资产负债表　　单位：万元

项目	2019 年实际金额	销售收入百分比（%）	2020 年预计金额
资产：			
货币资金	60	1.5	90
应收账款	800	20.0	1 200
存货	1 000	25.0	1 500
预付账款	20	N	20
长期投资	100	N	100
固定资产净值	200	5.0	300
资产总额	2 180	—	3 210
负债及所有者权益：			
短期借款	340	N	340
应付账款	440	11.0	660
应付费用	100	2.5	150
长期借款	300	N	300
负债合计	1 180	—	1 450
股本	500	N	500
留存收益	500	N	878
所有者权益合计	1 000	—	1 378
负债及所有者权益总额	2 180	—	2 828
外部资金需要额	—	—	382

根据预计利润表计算出来的 2020 年的留存收益增加额为 378 万元，则 2020 年预计资产负债表中的留存收益总额应该为 878（500＋378）万元。

外部资金需要量＝预计总资产－预计总负债－预计股东权益总额
＝3 210－1 450－1 378＝382（万元）

以上的计算过程表明，东兴公司 2020 年为了完成 6 000 万元的销售收入，需要增加资金 1 030（3 210－2 180）万元，其中，负债的自然增加提供 270（1 450－1 180）万元，留存收益提供 378 万元，本年应该再筹集资金 382 万元。

（三）销售百分比法的简易方法

销售百分比法可以根据其基本原理加以简化，得到简化的销售百分比法，来预测外部资金需要量。公式如下：

外部资金需要量＝资产增加额－负债自然增加额－留存收益增加额
＝(敏感资产销售百分比×新增销售额)－
(敏感负债销售百分比×新增销售额)－
[计划销售净利率×计划销售额×(1－股利支付率)]

如果采用简化的销售百分比法来计算，则东兴公司 2020 年的外部资金需要量可以计算如下：

新增销售额＝6 000－4 000＝2 000（万元）

销售净利率＝420÷4 000＝10.5％

敏感资产销售百分比＝1.5％＋20％＋25％＋5％＝51.5％

敏感负债销售百分比＝11％＋2.5％＝13.5％

外部资金需要量＝2 000×51.5％－2 000×13.5％－6 000×10.5％×(1－40％)
＝382（万元）

明确外部资金需要量后，企业财务人员必须考虑企业的目标资本结构、债务和权益市场状况、现有负债的限制性条件等多种因素，决定通过采用何种方式筹集所需的外部资金。

第二节　权益融资

一、吸收直接投资

直接投资是指投资者将货币资金或者非现金资产直接投入项目形成实物资产，或者购买现有企业的投资。通过直接投资，投资者便可以拥有全部或一定数量的企业资产及经营所有权，直接进行或参与经营管理。直接投资包括对现金、厂房、机械设备、交通工具、通信、土地或土地使用权等各种有形资产的投资，以及对专利、商标、咨询服务等无形资产的投资。

（一）直接投资的种类

直接投资的类型很多，按照不同的标准分为以下几类：

(1) 按照资本的来源分类，可以分为国家直接投资、其他法人直接投资、个人直接投资和外商直接投资等几类。国家直接投资，主要是财政拨款，形成企业的国有资本；其他企业、单位等法人的直接投资，形成企业的法人资本；本企业内部职工和城乡居民的直接投资，形成企业的个人资本；外国投资者的直接投资，形成企业的外商资本。

(2) 按照投资者的出资形式分类，可以分为现金投资和非现金投资两大类。其中，吸收非现金资产投资，即投资者向企业投入非现金资产，主要包括两类：一是实物资产投资，包括以房屋、设备等作价投资；另一种是无形资产投资，即以专利、商标、非专利技术等作为投资。

（二）吸收直接投资的优缺点

吸收直接投资是企业融资中最直接、最古老的一种方式，也曾是我国国有企业、集体企业、合资或联营企业普遍采用的筹资方式。

1. 吸收直接投资的优点

(1) 企业吸收的直接投资属于权益资本，与债券资本相比更能提高公司的资信和借款能力。

(2) 公司吸收直接投资不仅可以取得现金，而且能够直接获得先进设备与技术，与仅筹集现金的融资方式相比，它能更快地形成生产经营能力。

(3) 企业吸收直接投资，向投资者分配的利润可视公司经营而定，比较灵活，其财务风险较低。

2. 吸收直接投资的缺点

(1) 融资成本较高。吸收直接投资的资金成本较高，特别是当企业经营状况较好和盈利能力较强时，因为这时企业的剩余收益更多，从而需要向投资者支付更多的报酬。

(2) 容易分散控制权。吸收直接投资时，投资者一般都拥有经营管理投票权，因此会分散企业的控制权。

二、股票发行

股份有限公司的资本，划分为等额的股份。每一股份，代表对公司资产享有一份所有者权利。股票是记载投资人投资数额，并据此享受公司财务经营决策权、获得相应股息红利的有价证券。股票是股份公司资本的组成部分和代表，可以转让、买卖或作价抵押，是资本市场的长期信用工具。

(一) 股票的性质

在我国，股票具有下述性质：

(1) 股票是有价证券。股票是一种代表财产权的有价证券，它意味着股东拥有向发行人请求股息或红利的权利。

(2) 股票是要式证券。在我国，股票应具备《公司法》规定的有关内容，如果缺少规定的要件，股票就没有法律效力。

(3) 股票是证权证券。股票代表的是股东权利，它的发行是以股份存在为条件的，股票只是把已存在的股东权利表现为证券的形式，它的作用不是创设股东权利，而是证明股东权利。

(4) 股票是资本证券。股票是股份公司资本份额的证券化，属于资本证券。但是，股票又不是一种现实的资本，它独立于真实资本之外在股票市场上独立流通转让，是一种虚拟资本。

(5) 股票是综合权利证券。股东权是一种综合权利，股东依法享有资产收益、重大决策、选择管理者等权利。股东虽然是公司财产的最终所有人，但对于公司的财产不能直接支配处理，所以股票不是物权证券，而是一种综合权利证券。

同一般有价证券一样，股票也具有流动性、收益性和风险性等基本特征。显然，收益性是有价证券最基本的特征，股票也不例外，持有股票的目的就在于获取收益。股票的收益来源有两类：一是来自发行人的剩余利润分配。认购股票后，持有者就对发行人享有经济权益，即从公司获取股息和分享红利。二是来自股票流通转让的差价收益，也称为资本利得(Capital Gain)。当股票的市场价格高于买入价格时，卖出股票就可以赚取差价收益。

股票所载权利的有效性是长期的，它是一种无期限的法律凭证。所以，通过发行股票募集到的资金，在发行人存续期间是一笔稳定的自有资本，不需要像债券那样偿还本金，也没有义务必须支付收益。投资者要想收回初始投资，只有转让其持有的股份；而且，投资者也不能因为发行人没有支付或者少支付股息、红利而起诉发行人或申请发行人破产。

一般来说，股票的融资成本要大于债务融资，不仅因为股票的发行成本高，还因为投资者要求的回报也高。而且，与债务利息可在税前扣除不同，股利要从税后利润中支付，因此，发行人也享受不到税收抵免的好处。

（二）股票的种类

股票作为一种股权性质的有价证券，可以从不同的角度去认识。下面结合我国资本市场的实际，来认识当前我国股票的主要类型。

1. 按照股东享有的权利不同，分为普通股和优先股

普通股（Common Stock），是股份公司的最重要、最基本的一种股份形式，它是形成股份公司股东群体的基础。一般而言，普通股股东有下列权利：

（1）经营与财务决策权。普通股股东可以参与公司经营管理，拥有参加股东大会投票表决重大事项、选举公司董事的权利。

（2）剩余收益请求权。普通股股东有权凭其所持有的股份参加公司盈利分配，其收益与公司经营状况直接相关，具有不确定性。

（3）剩余资产请求权。股份公司清算时，在其清偿债务和分配给优先股股东之后，剩余资产可按普通股股东所持股份比例进行分配。

优先股（Preferred Stock）是指股份公司在筹集资本时给予认购者某些优先条件的股票。优先股一般具有以下几个特征：

（1）优先获得剩余收益。优先股股东的收益先于普通股股东支付，而且事先确定固定的股息率，其收益与公司经营状况并不密切。

（2）优先受偿剩余资产。股份公司清算时，对于剩余资产的分配，优先股股东有优先权。

（3）表决权受限制。正是因为优先股具有上述两个优先权利，优先股股东一般没有经营管理的参与权和董事会的选举权。

（4）流动性受到限制。优先股一般不能上市交易；即使能上市交易，也会受到诸多限制和约束。

对于普通股和优先股的权利内容，世界各国对此有不同规定，因此各国存在差异。

2. 按是否记载股东姓名，分为记名股票和无记名股票

（1）记名股票是指在股票票面上记载股东姓名的股票。记载的事项一般包括股东名称及住所、所持股数、股票号码、取得股份的日期等。因此，记名股票具有股东权利归属于记名股东、可以一次或分次缴纳出资、转让相对复杂或受限制、挂失相对安全的特点。

（2）无记名股票是指在股票票面不记载股东姓名的股票。无记名股票一般具有股东权利归属于股票持有人、认购时要求一次缴清出资、转让相对简单、安全性较差的特点。目前，我国上海、深圳证券交易所上市交易的股票全部为无记名股票。

3. 按是否在股票票面上标明金额，分为面额股票和无面额股票

（1）面额股票是指在股票票面上记载一定金额的股票。这一金额，也称为票面金额、票

面价值或股票面值。面额股票一般明确表示每一股所代表的股权比例，具有股票发行价格确定依据充分的特点。

（2）无面额股票是指在股票票面上不记载股票面额，只注明它在公司总股本中所占的比例的股票，也称为比例股票或份额股票。无面额股票一般具有发行或转让灵活、便于股票分割的特点。

4. 按发行对象和上市地，分为A股、B股、H股、N股、S股等

（1）A股，即人民币普通股，是由我国大陆注册的公司发行，供境内机构、组织或个人（不含港澳台投资者）以人民币认购和交易的普通股股票。A股在上海、深圳证券交易所上市交易。

（2）B股，即人民币特种股票，是由我国大陆注册的公司发行，以人民币标明面值，以外币认购和买卖的，在境内上海、深圳证券交易所上市交易的股票。

（3）H股，即由我国大陆注册的公司在香港证券交易所发行的，以港币标明面值，并以港币进行认购和交易，在香港证券市场上市交易的股票。

此外，在纽约上市的股票为N股，在新加坡上市的股票为S股。

（三）股票发行方式

股票发行是股票进入市场的第一道程序，是发行人出售股票和投资者认购股票的统一，是股票一级市场的集中体现。

（1）根据发行的目的不同，可以分为设立发行和增资发行。

在我国，股份公司的设立可以采取发起设立和募集设立的方式。发起设立是指由发起人认购公司应发行的全部股份而设立，募集设立是指由发起人认购公司应发行股份的一部分，其余向社会公开募集或者向特定对象募集而设立。无论是以哪种方式发行，股东既可以用货币出资，也可以用非货币资产出资，但是法律、行政法规规定不得作为出资的财产除外。公司成立后，在其存续期间内，为增加资本也能继续多次发行新股，这就是增资发行，也称增发。

（2）根据发行途径不同，可以分为公开发行和非公开发行。

公开发行，即公募发行，是指公开向普通社会公众发行股票，即只要投资者有资金并自愿都可以认购。这种发行方式的发行范围广、发行对象多，易于足额募集资本。而且，股票的变现性强、流通性好，股票的公开发行还有助于提高发行者的知名度和扩大其影响力。但因公开发行直接涉及广大社会公众的利益，所以其发行要求高、监管严格、手续复杂，发行成本也较高。我国股份有限公司采用募集设立方式向社会公开发行新股，就属于股票的公开发行。

非公开发行，即私募发行，指不面向普通社会公众发行股票，只向少数特定的对象直接发行。非公开性发行一般不需中介机构的承销。这种发行方式弹性较大、发行成本低，但发行范围小、股票变现性差。我国股份有限公司采用发起设立方式和以不向社会公开募集的方式增发新股的做法，即属于股票的非公开发行。

（3）根据中介机构与发行者的关系，可以分为自销和承销。

自销是指发行者自己直接将股票销售给认购者，不需要借助中介机构的任何服务。这种销售方式可由发行者直接控制发行过程，实现发行意图，并可以节省发行费用。但往往筹资

时间长，发行者要承担全部的发行风险，并需要发行者有较高的知名度、信誉和实力。

承销是指发行者将股票发行业务委托给证券经营机构代理，由证券代理机构向投资者推销并因此获得佣金、承担风险的发行方式。这种方式是发行股票所普遍采用的。我国《公司法》规定，股份有限公司向社会公开发行股票，必须与依法设立的证券经营机构签订承销协议，由证券经营机构承销。

股票承销又分为包销和代销两种办法。所谓包销，是根据承销协议商定的价格，证券代理机构向其他投资者推销，如果在规定期间不能全部卖出，则由包销商自己购进剩余股票的发行方式。对发行者来说，包销的办法可及时筹足资本，免于承担发行风险，但发行人也会因此提高发行佣金，增加发行成本。所谓代销，是证券代理机构不对股票能否全部售完有任何承诺，也不承担此类责任和风险，即股票如不能在规定期间销售完毕，代销商不认购剩余股票，也不因此承担责任。显然，在代销的方式下，发行者支付的佣金比率较低，但承担了股票不能如期售出的风险。

（四）股票的发行价格

股票的发行价格，是指投资人认购股票所支付的价格。当前，我国股票的发行价格通常由发行者与承销商根据公司经营情况、行业特点、股市行情和其他有关因素协商决定。

按照发行价格与股票面值的关系，股票的发行价格通常有以下几种：

(1) 平价发行。平价发行（At Par）就是以股票的票面金额为发行价格。平价发行的股票容易推销，但无法取得股票溢价收入。另外，现在市场上的股票很多是不标明面值的。

(2) 溢价发行。溢价发行（At Premium）是指股票的发行价格高于股票的票面金额，一般能使发行者以相对少的股份筹集到较多的资金，还能够起到稳定二级市场股票市价的作用。溢价发行的股票一般考虑了公司的现行市场价值，对投资者也有较大的吸引力。

(3) 折价发行。折价发行（At Discount）是指股票的发行价格低于股票的票面金额。折价发行虽然能在一定程度上起到吸引投资者的作用，但折价发行往往会传递出公司经营不善的信号，而且一旦折价发行，可能会对企业以后的股票发行、经营发展等不利。

我国《公司法》规定，公司发行股票不准折价发行。

（五）股票发行条件

在我国，股份公司发行股票必须符合《证券法》《上市公司证券发行管理办法》规定的发行条件。根据《证券法》的有关规定，公司公开发行新股，应当符合下列条件：

(1) 具备健全且运行良好的组织机构。

(2) 具有持续盈利能力，财务状况良好。

(3) 最近3年财务会计文件无虚假记载，无其他重大违法行为。

(4) 经国务院批准的国务院证券监督管理机构规定的其他条件。

上市公司非公开发行新股，应当符合经国务院批准的国务院证券监督管理机构规定的条件，并报国务院证券监督管理机构核准。

三、股票上市

股票上市（Listing），是指股份公司公开发行的股票经法定程序在证券交易所进行挂牌交易。我国股票上市采用核准制，因此，股票上市交易必须符合《证券法》、证券监督管理委员会与证券交易所的相关规定。按照国际通行做法，非公开发行的股票或未向主管机关申请上市的非上市股票，只能在证券交易所外流通转让。只有公开发行并经法定程序而上市的股票才能进入证券交易所流通转让，这种交易市场也叫场内市场。

（一）股票上市对公司的意义

股份公司申请股票上市，一般出于以下目的：

（1）融资。股票上市的首要目的是获得发展资金。同时，一般人都会认为上市公司实力雄厚，因此，股票上市也易于带动公司采用其他方式融资或再融资。

（2）资本大众化，分散风险。股票上市后，会有更多的投资者认购公司股份，通过将股份转售给投资者以及投资者之间的转让，提高了股票的流动性，并将发行股份获得的资金用于其他投资项目，从融资和投资两个层面分散了公司的风险。

（3）使公司价值最大化成为可能。在公司股票没有上市前，发起人等投资者的持股价值等同于公司净资产。但是，公司上市后，股票通过证券交易所的集中竞价交易产生市场价格，能充分最大化股票价格、公司价值，为发起人持股以及公司价值增值提供了可能。

（4）提高公司知名度。股票上市必须经过有关机构的审查并接受相应的监管，执行各种股票上市和信息披露的规定，这就大大增强了社会公众对公司的熟悉和信赖。因此，股票上市会为公司带来良好声誉，吸引更多的客户。

但股票上市对企业也存在一些不利影响，主要包括：公司将负担较高的信息披露成本；各种信息公开可能会暴露公司的商业秘密；股价有时会歪曲公司的实际状况，丑化公司声誉；可能会分散公司控制权，造成管理上的困难。

（二）股票上市的条件

股票上市后，股份公司的经营发展将和千百万公众投资者的利益密切相连，因此，世界各国都对股票上市有一定的条件限制，我国对股票上市也设置了严格的条件限制。我国《证券法》规定，股份有限公司申请其股票上市，必须符合下列条件：

（1）股票经国务院证券监督管理机构核准已公开发行。

（2）公司股本总额不少于人民币 3 000 万元。

（3）公司发行的股份达到公司股份总数的 25%以上；公司股本总额超过人民币 4 亿元的，公开发行股份的比例为 10%以上。

（4）公司最近 3 年无重大违法行为，财务会计报告无虚假记载。

此外，证券交易所可以规定高于前款规定的上市条件，并报国务院证券监督管理机构批准。

四、股票增发

对上市公司而言，所谓股票增发（Seasoned Equity Offer）是相对首次公开发行上市而言的，是已上市公司再次向社会公开或非公开发行股票的行为。

目前市场上的股票增发有两种方式，即公开增发（Public Offering）与非公开增发（Private Placement)，非公开增发也称为定向增发、私募增发。我国《上市公司证券发行管理办法》规定，非公开发行股票的特定对象应当符合下列规定：(1) 符合股东大会决议规定的条件；(2) 发行对象不超过10名。发行对象为境外战略投资者的，应当事先经国务院相关部门批准。

另外，从世界范围来看，各国对于非公开发行极少附加严格条件。非公开发行一般不要求发行人有良好的盈利记录，因为非公开发行的认购者都是其他企业或机构投资者，如商业银行、保险公司、基金和证券公司等。一般认为，这些投资者有专业的投资管理队伍，有精力、知识与能力对投资价值进行专业性的识别和判断，所以，有必要尊重这些投资主体的市场化行为而无须从行政、法律层面予以干预。我国在《上市公司证券发行管理办法》中也没有对非公开发行人过去的盈利能力有硬性要求。核准制下对公开增发的规定较为严格，除满足一般规定外，还要满足盈利能力方面的具体要求，以切实保护广大公众投资者的利益。

正是因为投资对象以及由此引起的相关规定不同，公开增发和非公开增发对公司已流通股票的市场价格会产生不同的影响。上市公司向特定投资者定向增发，不但有助于吸引场外资金进入市场、减小再融资对市场的压力，也有利于包括亏损上市公司在内的所有公司引入新的战略股东、注入新的优质资产、进行收购兼并等。而且，具有专业判断能力的机构投资者对定向增发认购会发挥示范效应，并向市场传递积极和利好信号，所以，一旦定向增发方案宣布，就会使公司二级市场的股票价格上升，国内外实证研究也证实了这一点。

但一些经济学家研究发现，公开增发股票的消息一经公布往往会伴随着股票价格的下跌。在美国工业股股票的新增发行中，股价一般下降3%左右。对于这种效应，起初的解释认为，增发新股导致流通在外的股票数量增加，使公司股票价格下跌。但最新研究表明，公开发行的这种股价效应与股票数量并没有太大的关系，而仅仅与新股发行传递的信号相关。即当公司采取公开增发股票而不是发行债券或定向增发股票时，投资者会认为公司不愿意接受还本付息的“硬约束”，对获得机构投资者的认可也没有太多信心，因此，整个资本市场自然就不会看好这家公司的未来发展。

非公开增发和公开增发对股票二级市场价格的上述影响称为股票增发的信号效应。

五、股票定价

股票的发行和交易定价比较困难。一是因为股票没有到期日；二是因为影响股票价格及其变动的因素纷繁复杂。所以，资本市场呈现给公众的印象是，股票价格无时无刻不在变动之中。对于首次公开发行股票的定价方式，国际上通行的有固定价格法、拍卖法和累计投标询价制，这里将逐一介绍。另外，股票价格评估模型也有很多，这里将主要介绍财务管理中主流的股利贴现法，以及市场实践中最常用到的市盈率法、市净率法。利用这些估值模型研究股票定价，其核心意义在于发现市场价格被低估或高估的股票。

(一) 股票定价影响因素

影响股票发行或交易价格的因素纷繁复杂。这里仅从公司内部经营管理和外部市场环境中的主要方面予以探讨。

1. 内部因素

(1) 净资产。资产净值是全体股东的权益，是决定股票价值的基准。从理论上说，净值应与股价保持一致，即股票总价值应该等于净资产总值。

同样，公司增加或减少注册资本，也必然影响股票价格。当然，增减注册资本对公司股价的影响很复杂。例如，在增加的资本没有产生相应的投资效益前，增资可能会使每股净资产下降，从而使得股价下跌；但对那些业绩优良、财务结构健全、具有发展潜力的公司而言，增资意味着再生产扩大、经营能力增加，相应地会给股东带来更多回报，股价不仅不会下跌，还可能会上涨。

（2）盈利水平。公司业绩的好坏集中体现在盈利水平上，股价与公司盈利水平也应该呈同向变动。需要注意的是，股价涨跌并非与公司盈利变化同时发生，股价变动一般都会领先于盈利水平变动。

（3）股利政策。一般情况下，股票价格与股利水平也呈正比关系，因为股利分配构成了股东的收益之一。股利来自公司的税后盈利分配，但盈利的增加并非意味着股利就一定增加。公司一般会在扩大再生产与回报股东之间进行权衡，都会采用一定形式的股利政策，股利政策不同对各期的股利收入也有不同影响。

（4）重大事件。重大事件，尤其是重大突发事件对公司股票价格的影响很大，有时也能引起股票市场系统性的反应。例如，公司重组通常会引起公司价值的巨大变动，其股价也随之剧烈波动。

2. 外部因素

一般来说，影响股票价格的外部因素主要包括宏观经济政策、行业因素及社会心理因素等。

（1）宏观经济因素。宏观经济态势和相关政策是影响股票价格及其变动的重要因素。宏观经济态势包括经济周期、通货膨胀、利率水平以及国际经济环境形势等因素。宏观经济政策包括国家的货币政策、财政政策、收入分配政策、证券监管政策等。

（2）行业因素。行业的发展状况对于该行业的上市公司的影响是巨大的。不同的行业其投资价值不同，不同的行业政策也会对股票投资价值产生影响。

（3）社会心理因素。社会公众的心理特征及其变化对股票市价有着很大影响。例如，股票市场存在的盲目跟风心理，这种被称为“羊群效应”的现象有时会引起股价的普涨或普跌，甚至涨跌过头。

（二）IPO 定价机制

如果是首次公开发行（Initial Public Offering，IPO），股票发行定价受公司价值、经营业绩、发展前景、股票发行数量、行业特点等一系列因素的影响。国际通行的新股定价方法主要有三种，分别是固定价格法、拍卖法和累计投标询价制，由这三种基本定价方法组合而成的混合机制在市场上也有较多运用。

1. 固定价格法

固定价格法（Fixed Price）是指在进行公开发售股票之前不经过投资者参与，发行价格由承销商和发行人根据一定的标准确定后，再由投资者进行申购的股票发行机制。这种机制对市场化程度的要求不高，承销商和发行人可以避免高昂的路演成本。显然，采用这种定价方式发行股票的风险很大，因为如果市场对这个价格的接受度不高，会直接影响股票能否顺利发行。因此，不顾市场反应的单纯固定价格法很少使用了，这种方法一般会与其他方法结合使用。

在固定价格法下，投资者需要预缴申购款，申购期间产生的利息归属于发行人，因此，固定价格法的优势主要体现在申购资金及时到位的同时发行人还能获得额外的利息收入；另外，固定价格法一般有申购份额上限，因此，该方法对中小投资者比较有利。

固定价格法是新股发行中比较简单的一种，通常在新兴市场比较常用，如马来西亚等，因为新兴市场的市场化程度不高，投资者的素质也难以达标，监管者对于市场机制自身运作的有效性缺乏信心，若采用市场化程度要求高的发行机制，很容易产生市场失灵的现象。

2. 拍卖法

拍卖机制（Auction），是以公开竞价的方式，将新股转让给中标的参与者的新股发行机制。拍卖机制又有很多具体的类型，但在股票发行中采用的拍卖机制多是密封递价式拍卖，也称之为招标式拍卖。首先投资者在规定的申购期内申报申购价格和数量；然后承销商按照首先价格优先、其次时间优先的规则，从高价到低价累计申购数量，累积申购量达到新股发行量的价位就是有效价位，有效价位之上的所有申报都中标，排序在前的投资者享有认购权。

根据中标人最终支付的价格，可分为歧视价格拍卖和统一价格拍卖。在歧视价格拍卖机制下，中标者最终支付的价格是自己的出价，因此，成交价格会因人而异。而在统一价格拍卖机制下，所有中标申购都按一个价格成交。

拍卖机制秉承的原则是价高者得，并按投资者出价高低分配股票。通过公开竞价可以最大限度地发掘公司股票的投资价值，从而促使发行价格贴近市场价值。拍卖机制对市场化程度要求很高，对投资者的素质要求也比较高。因此，英美等发达国家使用该种发行机制较多。

3. 累计投标询价制

累计投标询价制（Book-building），首先由承销商和发行人商定一个发行价格区间，然后通过路演等方式征集每个投资者认购价格以及在该价格基础上的需求量，并对征集的信息建立预订单簿记并核算总申购金额，最后，由承销商与发行人按照总申购金额超过发行筹资额一定倍数来确定最终的发行价格，并根据预订单情况对投资者分配股票。

在累计投标询价制下，主承销商拥有根据簿记信息进行自由分配的权利，而获得分配的大多数是机构投资者，因此，该方法在英美等机构投资者比例较高的发达国家使用较为普遍，并以美国新股发行中"包销"方式最为典型。

三种机制的本质区别在于发行价格对市场需求的反映程度以及承销商新股分配权的大小。拍卖法下，发行价格对市场需求的反映程度最高，累计投标询价制次之，固定价格法则最低。另外，累计投标询价制给予承销商在股份分配上极大的自由权和控制权；固定价格法下，承销商只有在允许配售的模式下才拥有一定的分配权；而拍卖机制下，股份分配主要依赖于竞标者的申报。

从 2005 年开始，我国的新股定价实行询价机制，从性质上看属于累计投标询价制，改变了延续多年的与市盈率挂钩的固定价格方式。之后，证监会又对询价制进行了多次改革，包括取消网下申购股票锁定期、扩大网下询价范围、引入个人投资者参与网下询价、引入主承销商自主配售机制等。可见，我国新股定价机制正处于改革完善中。

（三）股票定价模型

股票估值是一个相对复杂的过程，影响因素很多，也没有统一的标准。因此，股票估值方法也有多种，这里仅介绍比较常用的现金流量贴现法、市盈率估值法和市净率估值法三种模型。

1. 现金流量贴现法

按照收益资本化的一般原理，任何资产的内在价值是由其未来现金流收益决定的，数量上等于未来现金流的贴现值。任何市场化的证券都有两类收益，一类是孳息，如股票的股利或红利，债券的利息；另一类是买卖差价，股票的买卖差价也称为资本利得（Capital Gain）。可见，对于股票来说，其某个时刻的市场价格就是这两类现金流收益的贴现值之和。

进一步来看，股票发行时的发行价格，主要是未来股利的贴现值之和。因此，对于股票发行定价而言，现金流量贴现模型也就是股利贴现模型，即股票发行价格是预期的未来股利的贴现值之和。

$$V=D_1\div(1+K)+D_2\div(1+K)^2+\cdots+D_t\div(1+K)^t=\sum_{t=1}^{T}\frac{D_t}{(1+K)^t}$$

式中，D_t为在未来 t 时获得的每股现金股利；K 为在一定风险程度下合适的贴现率；V 为股票的内在价值。

股利贴现模型着眼于企业未来的经营业绩，通过估算企业未来的预期收益并以适当的折现率折算成现值，借以确立企业或股票的价值。使用该方法，应以企业过去的经营管理情况为基础，考虑行业前景、未来的投入和产出、企业自身资源和能力、各类风险以及货币时间价值等因素，然后进行预测。以这种方法来评估所选企业，需要明确四个主要因素：

（1）现金流。这是对公司未来现金流，即股票所获股利的预测。

（2）贴现率。在应用过程中，如果是风险较小的传统行业，通常应采用社会贴现率或全社会平均收益率。如果是高风险、高收益的行业，贴现率通常较高。

（3）股利增长率。一般来说，在假设企业持续、稳定经营的前提下，增长率的预测应以行业增长率的预测为基础，在此基础上结合企业自身情况适度调整。

（4）存续期。即评估的基准时段。在现实中，要根据企业经营的实际状况来确定，而且时段的选定应充分反映企业的成长性，体现企业的未来价值。

几种特殊的股利贴现模型：

（1）零增长模型。

零增长模型是股利贴现模型的一种特殊形式，它假定股利是固定不变的。换言之，股利的增长率等于零。在这种情况下，股利零增长即意味着永续年金。可见，零增长模型不仅适用于普通股的价值分析，还适用于优先股的价值分析。其计算公式为：

$$V=D_1\div K$$

式中，V 为股票的内在价值；D_1 为未来第一期的固定每股股利；K 为投资者所要求的收益率。

【例 6-2】假定某公司在未来每期都支付的每股股利为 8 元，投资者所要求的收益率为 10%，可知该公司股票的价值为：

$$V=D_1\div K=8\div 10\%=80\text{（元）}$$

可见，假设当时该股票价格为 75 元，即该股票被低估于 5 元，因此可以投资购买该股票。

零增长模型的应用似乎受到相当的限制，毕竟一种股票永远的固定股利支付是不现实的。但在特定的情况下，这种模型也是相当有用的，尤其是在研究优先股内在价值时，因为大多数优先股的股利支付不会因每股收益的变化而变化。

（2）不变增长模型。

股利不变增长模型，也称为戈登股利增长模型（Gordon Model），是一个被广泛接受和运用的股票估价模型。不变股利增长模型假设现金股利永远按照不变的增长率每年保持匀速增长，其计算公式为：

$$V=\frac{D_0(1+g)}{K-g}$$

由于 $D_1=D_0(1+g)$，可得：

$$V=\frac{D_1}{K-g}$$

式中，V 为股票的内在价值；D_1 为未来第一期的每股股利；K 为投资者所要求的收益率；g 为股利增长率。

【例 6-3】假如某年某公司支付每股股利为 1.80 元，预计在未来日子里该公司股票的股利按每年 5%的速度增长，则股票当前的价值是多少？

预期下一年股利＝1.80×(1＋5%)＝1.89（元）

假定投资者要求的收益率是 11%，根据不变增长模型可知，该股票价值为：

$$V=\frac{D_1}{K-g}=1.80\times(1+5\%)\div(11\%-5\%)=1.89\div6\%=31.50\text{（元）}$$

如果当前每股股票价格是 40 元，即股票被高估 8.50 元，建议持有者可以考虑出售该股票。

零增长模型实际上是不变增长模型的一个特例，即增长率 g 等于零，股利将永远按固定数量支付，这时的不变增长模型就是零增长模型。虽然不变增长模型的假设比零增长的假设所受到的限制较小，但在许多情况下仍被认为是不现实的。

（3）可变增长模型。

可变增长模型是被普遍用来确定普通股内在价值的股利贴现模型，它假设未来现金股利的变动是不规则的，没有特定的模式可以遵循。这时，股票的内在价值就是各期间股利现值的和。

【例 6-4】假定某公司今年支付的每股股利为 0.75 元，下一年预期支付的每股股利为 2 元，因而：

$$g_1=\frac{D_1-D_0}{D_0}=\frac{2-0.75}{0.75}=167\%$$

再下一年预期支付的每股股利为 3 元，即

$$g_2=\frac{D_2-D_1}{D_1}=\frac{3-2}{2}=50\%$$

从 $T=2$ 时起，预期在未来无限时期内每股股利按每年 10%的速度增长，即 $D_3=D_2(1+10\%)=3\times1.1=3.3$（元）。假定投资者所要求的收益率为 15%，则股票价值为：

$$V_1=\frac{2}{(1+15\%)}+\frac{3}{(1+15\%)}=4.35(\text{元})$$

$$V_2=\frac{3\times(1+0.1)}{(15\%-0.1)(1+15\%)^3}=49.91(\text{元})$$

$$V=V_1+V_2=4.01+49.91=53.92(\text{元})$$

从本质上来说，零增长模型和不变增长模型都可以看成是可变增长模型的特例，相对于前两者而言，可变增长模型比较接近实际，因此，其使用较为广泛。

2. 市盈率估值法

如前所述，市盈率又称价格收益比，是每股价格与每股收益之间的比率。因此，如果能分别估计出某股票的市盈率和每股收益，就能估计出股票的内在价值。使用市盈率法进行股票的价值评估，关键是要股票的市盈率。关于股票市盈率的估计，主要有下述方法：

（1）历史数据估计法。

历史数据估计法，就是计算该股票历史收益率的算术平均数，如果其历史上的市盈率比较稳定，还可以选择历史市盈率的中间数。

（2）市场归类决定法。

在有效市场的假设下，风险结构类似的公司其股票市盈率也应相同。所以，可以在市场上选择一家资本结构、经营风险等类似的同行业可比公司，以其市盈率作为估价的市盈率。

（3）回归分析法。

通过考察股票价格、收益、增长、风险、货币的时间价值和股利政策等各种因素变动与市盈率之间的关系，得出能够最有效解释市盈率变动的方程，进而根据这些变量的给定值对市盈率大小进行预测回归分析。例如，美国学者怀特·贝克（White Beck）等用多重回归分析法发现，在 1962 年 6 月 8 日的美国股票市场中，市盈率＝8.2＋1.5×收益增长率＋0.067×股息支付率－0.2×增长率标准差。

在得到市盈率的基础上，用市盈率乘以股票预期的收益，即可得股票的预期价格。将之与现实市场价格进行比较，可发现该股票当前是高估还是低估，从而作出购买或抛售该股票的决策。

市盈率方法在实际运用中有很多优点。首先，其数据比较容易取得，计算简单。其次，把价格和收益联系起来，能够直接用来衡量、比较风险与收益的对应关系。再次，市盈率涵盖了风险收益率、增长率和股利支付率的因素，具有很强的综合性。

3. 市净率估值法

如前所述，市净率是指股票市场价格与每股净资产的比率。采用市净率法对股票进行价值评估时，首先要通过资产评估和相关会计手段，确定每股净资产值，然后根据同行业二级市场的平均市净率，以及行业状况、发行人自身经营状况及其净资产收益率等确定发行人的市净率，从而确定每股股票的价值。以此种方式确定的每股价值不仅要考虑公平市值，还要考虑市场所能接受的溢价倍数。计算公式为：

股票价值＝每股净资产值×估计的发行人市净率

市净率估值法的优点主要有：净资产账面价值的数据容易获取，且容易理解；净资产账面价值相比利润性指标更为稳定，可操纵程度小。

市净率估值法也存在一定的局限性。首先，市净率法属于会计评估模式的一种方法，使用了净资产的账面价值，容易受会计标准和会计政策的影响；其次，固定资产很少的服务性企业和高新技术企业的净资产与企业价值关系不大，市净率指标就不太具有现实意义。因此，市净率法常用于房地产公司或资产现值要重于商业利益的公司。

市净率法和市盈率的估计方法有很多类似之处，因为它们都需要参照同行业其他风险相似公司的相关指标，因此，它们也被称为市场法或市场参照法。

第三节 债务融资

一、金融机构贷款

金融机构贷款，是一种间接金融方式。在金融分业经营的制度下，传统意义上的商业银行承担了间接金融的主要功能，即商业银行贷款是金融机构贷款的主要形式。我国奉行分业经营的金融管理体制，因此，当前我国更多地将这类间接金融方式称之为银行贷款，本节也不作区分。

金融机构尤其是商业银行向企业提供贷款，是企业融资非常重要的方式或途径。企业可以就贷款期限、利率等和银行等金融机构协商确定，借款可以用于日常营运，也可以用于固定资产、无形资产等长期投资。

按照贷款期限不同，银行贷款可以分为短期贷款、中期贷款和长期贷款。中期贷款是指贷款期限在1年以上（不含1年）5年以下（含5年）的贷款；长期贷款是指贷款期限在5年以上（不含5年）的贷款。因为中期和长期并没有公认的时间界限，因此，理论上只以1年为界限，不长于1年期的贷款称为短期贷款，长于1年的贷款都统称为长期贷款。

长期银行贷款中，担保贷款居多。担保贷款要求企业以物品或产权证书作为抵押或质押，担保品可以是房屋、建筑物、机器设备、股票、债券等。而信用贷款则不需要企业提供担保品，仅凭借款人的信用或保证人信誉，多用于短期贷款。

在借贷利率没有官方管制的情况下，银行贷款的利率通常由贷款人和借款人双方协商确定。一般情况下，贷款的利率可以分为两种形式，即固定利率和浮动利率。长期贷款中，因为时间比较长，所以浮动利率贷款居多。现实中，长期贷款的浮动利率会随着金融市场利率的变化而做出相应调整。例如，双方会选择一个基本利率作为参照，或者在基本利率的基础上增减一个幅度，如基本利率±0.05%作为贷款利率。

（一）贷款的保护性条款

保护性条款是指金融机构为了保证贷出资金的安全，要求借款企业在贷款期内保持相对稳定的财务状况和支付能力。保护性条款一般包括标准条款、限制性条款和违约惩罚条款等。

标准条款通常包括企业定期向金融机构提供财务报表、及时支付税金与偿还其他债务、维护资产正常经营等。

限制性条款通常会涉及企业的营运资本、固定资产、现金流量和经营管理等方面，一般会要求企业持有一定的现金和流动资产，以保持现金的流动性和偿债能力。例如，金融机构会限制企业的现金股利支付、固定资产处置、新债务增加，以及贷款用途、主要经营管理人员调整等。

违约惩罚条款，通常是在企业违反贷款合同某些条款时，金融机构保有终止提供后续贷款、提前收回贷款等的权利。其中，最常见的形式是要求借款企业提前偿还本息。

（二）贷款融资的优缺点

作为一种重要的企业融资方式，贷款融资有着诸多优点，具体表现为：

（1）融资速度快。与发行证券相比，贷款融资所需时间一般较短，可以为企业迅速筹集到生产经营所需的资金。

（2）灵活性强。企业可以与金融机构直接接触，直接商定贷款的具体期限、金额和利率等。在贷款期间，如果企业的情况发生了变化也可以与金融机构再协商贷款数量及条件，如果有正当理由也可与金融机构协商延期偿还本金和利息。

（3）融资成本低。与普通股融资相比，银行贷款的利息支出可以享受税前抵扣；与发行债券相比，银行贷款通常能够获得更低的利率。

（4）不会稀释公司的控制权。与发行普通股相比，贷款融资一般不会稀释每股收益和原有股东对公司的控制权。

当然，在拥有诸多优点的同时，银行贷款也存在很多缺点，主要有：

（1）财务风险较高。企业通过银行贷款融资，必须定期支付固定金额的利息，并要在固定的期限偿还本金，这会给企业的现金流量带来压力，在经营不善的情况下还会导致企业不能按时偿付本息甚至破产。

（2）筹资规模有限。与发行普通股和债券相比，银行贷款的规模一般都不大，这是因为，银行的业务经营必须坚持安全性、流动性和盈利性相结合的原则，巨额贷款需要银行承担很大的风险。

（3）限制性条款较多。银行贷款，尤其是长期贷款合同中，一般都有一些限制性条款，这些条款很可能限制企业的正常经营活动，或影响企业以后的融资能力。

二、债券融资

债券（Bond），是政府、金融机构、工商企业等向社会投资者发行的，承诺按一定利率支付利息并偿还本金的债权债务凭证。债券购买者与发行者之间是一种债权债务关系，债券发行人即债务人，投资者或债券持有人即债权人。由于债券的利息通常是事先确定的，所以，债券属于固定收益证券的一种重要形式。

（一）债券的性质与特征

债券的基本性质可以概括为：

（1）债券属于有价证券。一方面，债券反映和代表一定的价值，债券本身有一定的面值，通常它是债券投资者投入资金的量化表现；同时，持有债券可按期取得利息。另一方面，债券与其代表的权利联系在一起，拥有债券也就拥有了债券所代表的权利。

(2) 债券是债权证券。债券代表债券投资者的权利，这种权利不是直接支配财产，也不以资产所有权的形式出现，而是一种债权，即持有人拥有定期收回本金、取得利息的权利。

(3) 债券是一种虚拟资本证券。尽管债券有固定值，代表了一定的财产价值，但它也只是一种虚拟资本，而非真实资本。

(4) 债券是要式证券，即国家都会对债券的券面记载事项进行法律规定，满足法定要素的债券才具有法律效力。

合法有效的债券必须具备三个基本要素，即票面价值、偿还期限、票面利率。

(1) 票面价值。债券的票面价值简称面值，是指债券发行时设定的票面金额。它的意义主要有两个：一是作为计算利息的本金数；二是作为债券到期的还本金额。

(2) 偿还期限。即债券的有效期限，其起点是债券的发行日期，终点是债券票面上标明的偿还日期，偿还日期也称为到期日。在到期日，债券的发行人偿还所有本息，债券代表的债权债务关系终止。

(3) 票面利率。票面利率，主要是用来计算每期发行人应该支付的利息。利息等于债券面值与票面利率的乘积。

作为重要的有价证券，债券同样具有偿还性、流动性和收益性、风险性特征。与其他有价证券相比，债券的安全性较高。这是由于债券的利率是约定的，而且债券本金的偿还和利息支付是受法律保护的，许多公司债券还有担保。另外，即使公司无力还本付息，还可以申请公司破产，进而拍卖公司资产予以抵债。因此，债券的投资风险相对而言还是比较低的，当然其收益也比较低。

(二) 债券的类型

下面结合我国企业债券的性质与特点，来对债券进行分类比较研究。

(1) 按照债券发行人的不同，可以划分为政府债券、金融债券和公司债券。

政府债券是政府或政府的部门作为债务人向社会公众发行的债权债务凭证，可分为国家债券、政府机构债券、地方债券等。

金融债券是银行或其他金融机构为筹措长期信用资金而发行的债券，其信誉通常高于企业债券而低于政府债券，因此其利率也介于两类债券之间。

企业债券是企业为筹集资金而发行的，同政府债券相比，其风险较大，利率也较高。通常，国家为保护投资者利益，对企业债券的发行资格、发行额度、发行时间、债券期限、利率等方面都有较严格的规定。

(2) 按是否有财产担保，可以分为担保债券和信用债券。

顾名思义，担保债券是以借款人其他财产作为还本付息担保的债券，信用债券是完全凭借企业信用发行的债券，不需要企业提供任何担保。信用债券的持有人只对发行人其他非担保资产具有追索权，因此，可以认为，企业的资信能力是这类债券的主要保证。

(3) 按利率是否固定，债券可以分为固定利率债券和浮动利率债券。

固定利率债券是将利率记载于票面上并按其向债券持有人支付利息的债券。该利率不随市场利率的变化而调整，因而，固定利率债券可以较好地抵制通货紧缩风险。浮动利率债券的利率是随市场利率变动而不断调整的，而当前市场利率反映了通货膨胀率的影响，所以浮动利率债券可以较好地抵制通货膨胀风险。

（4）按发行人是否有权提前赎回，债券可以分为可赎回债券和不可赎回债券。

可赎回债券是指在债券到期前，发行人可以以事先约定的条件或价格赎回的债券。不可赎回债券是指不能在债券到期前赎回的债券。即使可赎回债券满足了提前赎回的条件，发行人也可以不赎回，因为发行人具有赎回与否的最终选择权。

（5）按本金偿还方式不同，可以分为一次到期债券和分期到期债券。

一次到期债券是发行公司于债券到期日一次偿还全部债券本金的债券。分期到期债券是指在债券发行的当时就规定有不同到期日的债券，即分批偿还本金的债券。显然，分期到期债券可以减轻发行公司集中还本的现金流负担。

（6）按是否能转换为公司股票，可以分为可转换债券和不可转换债券。

可转换债券是指在特定时期内可以按某一固定的比例转换成普通股的债券，它具有债务与权益的双重属性，属于一种混合性筹资方式。不可转换债券是指不能转换为普通股的债券，又称为普通债券。由于其没有赋予债券持有人转换的选择权，因此其利率一般高于可转换债券。

（三）债券融资的优缺点

作为一种债务融资方式，发行债券是企业融资尤其是长期融资的重要方式。与发行股票和长期金融机构贷款相比，债券融资具有下列优点：

（1）融资弹性大。从发行人角度看，由于股权不能退还，股权资本在未来永久性地给企业带来了资本成本的负担。利用债务融资，可以根据企业的经营情况和财务状况，灵活商定债务条件，控制融资数量，安排融资的时间。

（2）资本成本负担较轻。一般来说，债务融资的资本成本低于股权融资。其一是债券的发行成本比股票低；其二是投资者对债券报酬率期望要低，因为债券的风险较股票低；其三是利息等资本成本可以在税前支付，发行人享有税盾（Tax Sheild）效应。

（3）可以利用财务杠杆。债权人从企业那里只能获得固定的利息或租金，不能参加公司剩余收益的分配。当企业的资本报酬率高于债务利率时，会增加普通股股东的每股收益，提高净资产报酬率，提升企业价值。

（4）保持公司控制权。债权人无权参加企业的经营管理，利用债务融资不会改变和分散股东对公司的控制权。

当然，作为一种对外融资方式，发行债券也有一些缺点，主要表现在：

（1）不能形成稳定的资本基础。债务资本有固定的到期日，到期需要偿还，只能作为企业的补充性资本来源。而且，债券往往需要进行信用评级，没有信用基础的企业和新创企业，往往难以发行债券融资。现有债务资本在企业的资本结构中达到一定比例后，企业往往由于财务风险升高而难以再取得新的债务资金。

（2）现金流压力大。如同一般的债务融资一样，债券融资需要按期还本付息，这就需要企业有足够的现金流量来应付本息支付。

（3）财务风险增加。债券固定的还本付息负担，要求发行人保持一定的资产流动性、资产报酬水平作为债务清偿的保障，否则会给企业带来财务危机，甚至导致企业破产。

三、债券发行

(一) 公司债券的发行条件

我国2019年12月28日第二次修订、2020年3月1日起施行的《证券法》规定，公开发行公司债券应当符合以下条件：

(1) 具备健全且运行良好的组织机构；

(2) 最近3年平均可分配利润足以支付公司债券1年的利息；

(3) 国务院规定的其他条件。

另外，公开发行公司债券筹集的资金，必须按照公司债券募集办法所列资金用途使用；改变资金用途，必须经债券持有人会议作出决议。公开发行公司债券筹集的资金，不得用于弥补亏损和非生产性支出。

(二) 债券的评级

专门的资信评估机构根据债券发行者的经营状况、获利能力、现金流量等信息对其发行人按时、按量偿还债券本金和利息的能力、愿望进行评估，就形成了债券的资信评级。企业债券资信评级，不论对于投资者还是对发行者都是十分重要的。

当今国际上著名的债券评级机构有标准普尔公司（Standard & Poor's Corporation）和穆迪投资服务公司（Moody's Investor Service）等，它们对债券的分级，如表6-3所示。

表6-3　债券资信评级

等级	标准普尔公司	穆迪投资服务公司
高等级	AAA	Aaa
	AA	Aa
较高级	A	A
	BBB	Baa
投机级	BB	Ba
	B	B
低级	CCC	Caa
	CC	Ca
	C	C

债券的资信等级会影响到发行者的融资成本。一般情况下，公司债券的资信评级与其融资成本成反向关系，即债券的评级越高其融资成本越低，债券的评级越低其融资成本越高。

(三) 债券的赎回

赎回条款是赋予债券发行人可以在债券到期日之前提前赎回债券。赎回条款包括下列内容：

(1) 不可赎回期。不可赎回期是债券从发行时开始，不能被赎回的那段期间。设立不可赎回期的目的，在于保护债券持有人的利益，防止发行企业滥用赎回权。不过，并不是每种附有赎回条款的债券都设有不可赎回期。

（2）赎回期。赎回期是债券的发行者可以赎回债券的期间。赎回期安排在不可赎回期之后，不可赎回期结束之后，即进入债券的赎回期。

（3）赎回价格。赎回价格是发行时规定的发行者赎回债券的价格。赎回价格一般高于债券的面值，两者之差为赎回溢价。赎回溢价随债券到期日的临近而减少。

（4）赎回条件。赎回条件是对债券发行者赎回债券的条件要求，即在什么样的情况下发行人才能赎回债券。发行人在赎回债券之前，要向债券持有人发出赎回通知。可见，设置赎回条款是使发行者避免市场利率下降后，继续向债券持有人支付较高的债券票面利率。

（四）公司债券的发行程序

对于我国公司债券的发行，《证券法》等相关法律、法规也做了相应的规定。对于要在证券交易所上市的债券，其发行的一般程序是：

（1）做出决议或决定。股份有限公司、有限责任公司发行债券，要由董事会制定发行债券的方案，提交股东会审议做出决议。国有独资公司发行债券，由国家授权投资的机构或者国家授权的部门做出决定。

（2）提出申请。公司应当向国务院证券管理部门或其授权的机构提出发行债券的申请，并提交公司登记证明、公司章程、债券募集办法、资产评估报告和验资报告。

（3）主管部门或其授权的机构批准。国务院证券管理部门或其授权的机构对公司提交的发行申请进行审批或核准，符合《公司法》规定的，予以同意；对不符合规定的，不予同意。

（4）与证券商签订承销协议。

（5）公告公司债券募集办法。发行债券的申请得到批准后，应当公告公司债券募集办法。公司债券募集办法应当载明公司名称、债券总额和票面金额、债券利率、还本付息期限与方式、债券发行起止日期、公司净资产额、已发行的尚未到期的公司债券总额、债券承销机构等。发行公告上还应载明公司债券的发行价格和发行地点。

（6）公司债券的发行与投资者认购。

四、债券定价

债券是一种权责关系比较明确、预期收益比较稳定的有价证券，其发行和交易的定价形式相对单一，价格相对稳定。

（一）债券价格的影响因素

（1）债券的期限。一般来说，在其他条件不变的情况下，债券的期限越长，其市场价格变动的可能性就越大，投资者要求的收益补偿也就越高。

（2）债券的票面利率。债券的票面利率越低，用其利息进行再投资获得的收益补偿也就越少，因此，一般认为，债券的票面利率越低，其风险补偿要求越高。例如，在市场利率提高的时候，票面利率较低的债券其价格下降较快，但是，当市场利率下降的时候，其获利空间也不大。

(3) 债券的信用等级。债券的信用等级是指债券发行人按期履行合约规定义务、足额支付本息的可靠性程度，又称信用风险或违约风险。一般来说，除政府债券以外，一般债券都有信用风险，只是风险有差异而已。信用越低的债券，投资者要求的到期收益率就越高，债券的内在价值也就越低。

(4) 提前赎回条款。提前赎回的选择权掌握在发行人手中，只有当行情有利的时候发行人才会选择赎回，而这显然对持有人是不利的，为此，持有人会要求对这种风险进行补偿。因此，可赎回债券的票面利率一般都比较高。

此外，影响债券价格变动的外在因素也很多，基础利率是债券定价必须考虑的一个重要因素。基础利率一般是指无风险债券的利率，银行利率也可以用来参照。还有一些诸如通货膨胀水平、汇率风险等因素也会对债券的市场价格产生影响。

(二) 债券估价模型

在主流的财务管理理论看来，资产的价值，包括股票和债券，都是未来现金流收益的贴现值之和。为了简便起见，假定各种债券的名义和实际支付金额都是确定的，债券不存在信用风险，并且不考虑通货膨胀对债券收益的影响，从而对债券的估价可以集中于时间的影响上。

1. 一次性还本付息债券的定价模型

一次性还本付息债券，即在债券到期时一次性付息、一次性还本，债券有效期内不再支付利息，则其价格计算公式为：

$$P = F \times (1+i)^N \div (1+r)^N$$

式中，P 为债券的价格；F 为票面价值；i 为票面利率；N 为剩余时期数；r 为贴现率，即投资者要求的收益率。

【例 6-5】某债券票面金额为 1 000 元，年利率为 10%，投资者期望收益率为 12%，投资期为 5 年，到期时一次性还本付息，则该债券的内在价值为：

$$P_0 = F \times (1+i)^N \div (1+r)^N = 1\,000 \times (1+10\%)^5 \div (1+12\%)^5 = 913.85 \text{（元）}$$

上式的含义是，该债券的内在价值为 913.85 元，投资者以该价格购入债券，5 年后将获得 1 610.51 元本息偿还，即获得的收益率为 12%，其中票面收入为 86.15 元，利息收入为 610.51 元。

贴现债券，即发行时按照面值的一定折扣来定价，有效期内不再支付任何形式的利息。它也是一次性还本付息债券，只不过利息收入是票面价值与贴现发行价的差额，所以可把面值视为贴现债券到期的本息和。

【例 6-6】某贴现债券票面价格为 1 000 元，并且最终到期后以 1 000 元价格从投资者手中回购，投资者必要收益率为 10%，投资期限为 5 年。则该贴现债券的内在价值为：

$$P_0 = F \div (1+r)^N = 1\,000 \div (1+10\%)^5 = 620.92 \text{（元）}$$

上式的含义是，该债券的内在价值为 620.92 元，投资者以该价格购入债券，5 年后将获得本息 1 000 元的收入，这样的话，其必要收益率为 10%。

2. 附息债券的定价模型

对于分期付息的债券来说，其预期现金流收入有两个来源：到期日前定期收到的每期利息和到期日收到的票面额。

对于一年付息一次的债券来说，按复利贴现的价值公式为：

$$P=C\div(1+r)+C\div(1+r)^2+C\div(1+r)^3+\cdots+C\div(1+r)^N+F\div(1+r)^N$$
$$=\sum_{t=1}^{N}\frac{C}{(1+r)^t}+\frac{F}{(1+r)^N}$$

式中，P 为债券的内在价值，即贴现值；C 为每年收到的利息；F 为票面价值；N 为剩余年数；r 为投资者要求的收益率，即贴现率。

【例 6-7】假设某债券期限为 5 年，面值为 1 000 元，票面利率为 8%。某投资者要求的收益率为 8%，则对该投资者而言，这种债券的价值为：

$$P_1=\sum_{t=1}^{N}\frac{C}{(1+r)^t}+\frac{F}{(1+r)^N}=\sum_{t=1}^{5}\frac{1\,000\times 8\%}{(1+8\%)^t}+\frac{1\,000}{(1+8\%)^5}=1\,000\text{（元）}$$

如果该投资者要求的收益率从 8%提高到 10%，则该债券价值为：

$$P_2=\sum_{t=1}^{5}\frac{1\,000\times 8\%}{(1+10\%)^t}+\frac{1\,000}{(1+10\%)^5}=924.16\text{（元）}$$

如果该投资者要求的收益率从 8%降低到 6%，则该债券价值为：

$$P_3=\sum_{t=1}^{5}\frac{1\,000\times 8\%}{(1+6\%)^t}+\frac{1\,000}{(1+6\%)^5}=1\,084.29\text{（元）}$$

第四节　混合融资

一、优先股

前面已介绍过优先股，当时是将其与普通股并列来对股票进行分类的。从另一角度看，优先股是一种混合性证券，既有债券的性质，也有股票的性质。因此，世界各国以及同一国家不同时期，对优先股都有不同的法律或政策规定。这里，通过介绍优先股的一些类型来展示优先股的一些性质或规定。

（一）优先股的特征与类型

根据具体权益不同，可将优先股分为不同的种类。

1. 累积优先股和非累积优先股

累积优先股是指在公司经营状况欠佳时，可以把未发或未足额发放的股息累积起来，待公司经营状况好转时再补发未付的累积股息。

非累积优先股是指股息的发放只限于当年度，当年未发或未足额发放的股息以后也不再补发。

2. 参与优先股和非参与优先股

参与优先股是指优先股除可以按约定股息率领取股息外，在公司经营利润增多时，还可以和普通股一样参与公司盈利的分配，获得额外的红利。

非参与优先股是指无论公司经营利润多高，都只能按约定的股息率领取股息，而无权参与额外股息的分配。

3. 可转换优先股和非转换优先股

可转换优先股是指在一定条件下可以转换为普通股的优先股。如公司在连年经营效益比较好，利润增加时，可以允许优先股在一定条件下转换成普通股。优先股转换成普通股的具体条件须在股份公司的有关章程内作出明确规定。

非转换优先股是指在任何时候、任何条件下都不能转换成普通股的优先股。

4. 可赎回优先股和非赎回优先股

可赎回优先股是指股份公司发行的优先股股票附有可赎回条款，允许发行人在一定时期按约定的条件赎回已发行的优先股股票。

非赎回优先股是指在任何时候、任何条件下都不能由发行人提前赎回的优先股。

5. 有表决权优先股和无表决权优先股

有表决权优先股是指优先股股东有权参与公司的经营、财务决策，能够参加股东大会并投票的优先股。但在实践中，这种优先股并不多见。

6. 股利可调整优先股

股利可调整优先股，在发行的时候只是明确了股息率的确定方式，但不是固定不变的，而是根据某个规则或随金融市场情况可以调整。

(二) 优先股融资的优缺点

作为一种混合权利性质的证券，优先股具有债券和股票的双重性质，因此也集中了两者的优点。对于发行人而言，其优点主要有：

(1) 股利支付固定，并且与债券相比，其股利支付又有一定的灵活性，如果公司财务状况不佳，可以暂时不支付。

(2) 维护了普通股股东的公司控制权。由于大部分优先股没有经营管理权，因此可以保证公司普通股股东的权利不会被稀释。

(3) 一般没有到期日，不用偿还本金。这样对公司来说，风险就非常小，而具有赎回条款的优先股，公司可以根据实际情况的需要赎回，使得这笔资金更有弹性。

(4) 适当增加公司的信誉，增强公司的负债能力。发行优先股增加了权益资本，扩大了股本规模和资产规模，企业的偿债能力和负债能力也会因此提高。

当然，对于优先股的发行人而言，也具有如下缺点：

(1) 筹资成本较高。和债务融资相比，优先股的股利是税后支付的，不能起到抵税的作用。

(2) 发行限制较多。发行优先股需要公司具备较高的发行条件，如要求公司负债不能高于一定比例。

(3) 可能会形成财务负担。虽然优先股股息支付存在一定灵活性，但公司优先股股东一般希望能支付股利，因此，只要条件允许，公司都会尽量支付优先股股息。当公司财务状况不佳时，优先股股息可能会给公司带来较重的财务负担，增加公司的财务风险和普通股成本。

（三）我国优先股发展现状

优先股灵活的融资优势，为企业募集资金、维护控制权提供了巨大便利。而其独特的投资优势，不仅能为不同风险偏好的投资者提供更多的投资渠道，也可以起到稳定资本市场的作用。因此，引进优先股制度对我国资本市场稳定、健康发展具有重要意义。

国外优先股制度已有100多年的历史，相关的法律制度也已经相当成熟和完善。而我国优先股的发展比较缓慢，法律一直未对优先股予以明确规定。直到2006年修订实施的《公司法》才从法律上为股票分类打开了大门。2014年3月21日，证监会正式发布了《优先股试点管理办法》，进一步推动了我国上市公司发行优先股的制度安排。随着我国科创板的开立和资本市场的持续改革，优先股的发行、交易等制度也会进一步完善。

二、权证

（一）权证及其类型

权证（Warrant），是指基础证券发行人或其以外的第三方发行的，约定持有人在规定期间内或特定到期日，有权按约定价格向权证发行人购买或出售标的证券，或以现金方式结算差价的有价证券。可见，权证属于期权，投资者获得了权证，就相当于获得了一份权利。这种权利使得持有人可以在未来某一特定日期或特定期间内，以约定的价格向权证发行人购买或出售一定数量的标的证券。

根据不同的标准，权证有以下类型：

（1）按持有人未来交易的行使方向，可分为认购权证和认沽权证。持有者有权按约定价格购买证券的权证称为认购权证；持有者有权按约定价格出售证券的权证叫作认沽权证或认售权证。

（2）按权利的行使期限，可分为欧式权证和美式权证。美式权证的持有者在权证到期日之前的任一交易时间均可行使权利；欧式权证的持有者只有在权证到期日当天才能行使权利。

（3）按权证行使价格是否高于标的证券价格，可分为价内权证、价平权证、价外权证。权证行使价格低于标的证券收盘价格的为价内权证，权证行使价格等于标的证券收盘价格的为价平权证，权证行使价格高于标的证券收盘价格的为价外权证。

（4）按结算方式的不同，可分为证券给付结算型权证和现金结算型权证。权证如果采用证券给付方式结算，其标的证券的所有权将发生转移；如采用现金结算方式，则仅按照结算差价进行现金兑付，标的证券所有权不发生转移。

（5）按发行人不同，可分为股本权证和备兑权证。股本权证一般由上市公司发行，备兑权证一般由证券公司等金融机构发行。股本权证的标的证券一般为发行人发行的新股，备兑权证的标的证券一般为已在交易所挂牌交易的证券。股本权证的发行目的一般是筹资或激励高管人员，备兑权证的发行目的则是为投资者提供避险、套利的工具。股本权证的行权会导致发行人公司股份增加，每股净值被稀释，而备兑权证不会有此影响。

（二）权证的融资特点

权证赋予持有者在规定期限内以特定价格购买权证发行人一定数量证券的权利。所以，对于权证发行人而言，发行权证就相当于可能在未来某一时点获得一笔融资。其主要特征有以下几个方面：

（1）权证实质上是给予持有者一种期权，持有人既可以在将来实施这种权利，也可以不实施这种权利。

（2）权证经常和公司的其他证券，通常是长期债券一起发行，以增加这些证券对投资者的吸引力。如当公司准备发行利率较低的长期债券时，往往配套赠送或出售权证，这样会刺激投资者购买这些债券。

（3）可分离性。一般情况下，权证同附带发行的债券或股票是可以分离的，即它发行以后可以与基础证券脱离，具有独立的价值，可以在证券市场上单独进行流通转让。

（4）权证的持有者一般不参加公司股利的分配，不享有对公司的控制权和投票权，对公司的资产和收入也没有要求权。

在公司发行股票或债券时，给予投资者购买股票的选择权相当于为投资者提供了一个以小搏大的工具，可以刺激投资者的投资欲望。如果权证发行时有出售的价格，则使得权证发行人在发行权证时先获得一笔融资；当发行人未来经营管理较好时，权证持有者选择行权，则公司向持有人增发新股，进而又可以获得新一轮的融资。

三、可转换证券

可转换证券，即发行时是一种证券，在有效期内按照发行时约定的条件其又可以转换为另一种证券。这里以可转换公司债券（Convertible Bond）为例来介绍可转换证券。可转换债券，简称为可转债，是指发行人依照法定程序发行，在一定期限内可依照约定的条件转换为股票或其他证券的公司债券。

（一）可转换债券的要素

可转换债券的要素是可转换债券基本特征的必要因素，它表明可转换债券与不可转换债券或普通债券的区别。

（1）标的证券。可转换债券可转换成股票，实际上是一种股票期权或股票选择权。可转换债券的标的股票一般是发行人自己的股票，但也有其他公司的股票，如可转换债券发行人的上市子公司的股票。

（2）转换价格。可转换债券发行之时就会明确规定债券转换为普通股的价格，也称转股价格，即转换发生时投资者为取得每股股票所要支付的实际价格。

（3）转换比率。转换比率是债权人通过转换可获得的股票股数。可转换债券的面值、转换价格、转换比率之间存在下列关系：

转换比率＝债券面值÷转换价格

（4）转换期。转换期是指可转换债券转换为股票的起始日至结束日的期间。可转换债券的转换期可以与债券的期限相同，也可以少于债券的期限。还有的可转换债券规定只能在一定时间内，如发行后的若干年之内行使转换权，超过这一时间转换权便失效，因此转换期也会少于债券的期限，这种转换期称为有限转换期。

（5）赎回条款与回售条款。赎回条款是赋予可转换债券的发行者可以在债券到期日之前提前赎回债券的规定。而回售条款是可转换债券持有人有权按照约定价格将可转换债券卖回发行者的有关规定。设置回售条款是为了保护债券投资人的利益，使他们能够避免过大的投资损失。

（6）强制性转换条款。强制性转换条款是在某些条件具备之后，债券持有人必须将可转换债券转换为股票，无权要求偿还债券本金的规定。设置强制性转换条款，在于保证可转换债券顺利地转换成股票，实现发行人扩大权益筹资的目的。

（二）可转换债券融资的优缺点

作为一种新型的长期融资方式，可转换债券融资有其自身的优缺点。可转换债券的优势主要在于：

（1）在债券转换为公司股票以前支付的利息可以抵税，享受税收优惠。

（2）如果债券持有人在转换期内将债券转换为股票，则在筹集到权益性资本的同时避免了高昂的发行费用和新股发行对公司股价的强烈冲击。

（3）可转换债券的发行对企业经营管理有激励作用。因为要使持有人选择转换成股票，则股票市场价格必须高于转换价格。

（4）由于可转换债券给予持有者在股票价格有利时进行转换的选择权，因此其实际利率会低于同等条件下不可转换债券的利率。通常情况下，可转换债券发行初期资本成本较低。

当然，可转换债券融资也有缺点。如果转换期内公司股价高于转换价格，则会减少公司的融资金额，从而增加公司的融资成本。但是，如果转换期内公司股价持续走低，则债券持有人不会转换为普通股，这时公司还要面临固定的利息支付和本金偿还。由于可转换债券可能转换为普通股，一旦转换，则普通股每股收益将下降。

第五节　租赁融资

租赁（Lease），是一种以合同规定资产所有者即出租人在一定时期内，根据一定的条件，将资产交由承租人使用，承租人在租赁期间分期支付租金并享有资产使用权的经济业务。承租人在租赁期内通过分期支付租金便可获得资产的使用权，缓解了承租人资金短缺的矛盾。

一、租赁及其类型

租赁原本是实物资产的融通或借贷行为，本质上也可以看成是资金的融通活动。从资金运作的角度看，租赁可以看成是出租人贷出资金给承租人购买资产，承租人以支付租金的形式还本付息，而出租人保有租赁物的所有权相当于贷款抵押。所以，租赁实质上是承租人的融资行为。

从出租人的角度出发，一般情况下可以将租赁分为经营租赁和融资租赁两大类型。经营租赁（Operating Lease）是指在较短的时期内，出租人向承租人交付租赁资产，承租人获得资产的使用权并向出租人支付租金，租赁资产的维修、保养、保险等由出租人承担。融资租赁（Financial Lease）是指承租人以融通资金为目的，租赁期相当于资产的大部分使用寿命，并且租金足以保证出租人收回资产的购买价款并取得一定的回报，出租人一般不提供维修、保险等服务。比较可见，经营租赁其实是企业短期融资的一种方式，而融资租赁是企业长期融资的一种方式。经营租赁和融资租赁的具体区别表，如表6-4所示。

表6-4　经营租赁和融资租赁的具体区别

	经营租赁	融资租赁
租赁程序	承租人可随时向出租人提出租赁资产的要求	承租人向出租人提出申请，由出租人购进承租人指定的设备，再租赁给承租人使用
租赁期限	租赁期较短，不涉及长期或固定的义务	租赁期较长，一般为租赁资产的整个寿命期
合同约束	租赁合同灵活，在合理限制条件范围内可以解除租赁合同	租赁合同稳定，租期内承租人必须连续支付租金，非经双方同意中途不得退租
租赁期满对资产的处置	租赁资产一般要归还给出租人	承租人留购、出租人收回或者是延长租期而续租
租赁资产的维修保养	出租人提供资产的保养、维修和保险服务	出租人一般不提供维修、保养和保险等方面的服务，由承租人自己负责

另外，出于规范固定资产折旧及其税收问题，我国和大多数国家的企业会计实务中对经营租赁和融资租赁都有具体的区分标准。根据2018年12月修订实施的《企业会计准则第21号——租赁》（财会〔2018〕35号）第三十五条的规定，出租人应当在租赁开始日将租赁分为融资租赁和经营租赁。租赁开始日，是指租赁合同签署日与租赁各方就主要租赁条款作出承诺日中的较早者。融资租赁，是指实质上转移了与租赁资产所有权有关的几乎全部风险和报酬的租赁。其所有权最终可能转移，也可能不转移。经营租赁，是指除融资租赁以外的其他租赁。

同时，第三十六条第一款规定，一项租赁属于融资租赁还是经营租赁取决于交易的实质，而不是合同的形式。如果一项租赁实质上转移了与租赁资产所有权有关的几乎全部风险和报酬，出租人应当将该项租赁分类为融资租赁。一项租赁存在下列一种或多种情形的，通常分类为融资租赁：(1) 在租赁期届满时，租赁资产的所有权转移给承租人。(2) 承租人有购买租赁资产的选择权，所订立的购买价款与预计行使选择权时租赁资产的公允价值相比足够低，因而在租赁开始日就可以合理确定承租人将行使该选择权。(3) 资产的所有权虽然不转移，但租赁期占租赁资产使用寿命的大部分。(4) 在租赁开始日，租赁收款额的现值几乎相当于租赁资产的公允价值。(5) 租赁资产性质特殊，如果不作较大改造，只有承租人才能使用。

该条第二款规定，一项租赁存在下列一项或多项迹象的，也可能分类为融资租赁：

(1) 若承租人撤销租赁，撤销租赁对出租人造成的损失由承租人承担。(2) 资产余值的公允价值波动所产生的利得或损失归属于承租人。(3) 承租人有能力以远低于市场水平的租金继续租赁至下一期间。

二、融资租赁及其形式

(一) 融资租赁的特点

与经营租赁对应，融资租赁方式下，由于出租人支付资产的全部价款，等于向承租人提供了100%的长期信贷，它是现代租赁的主要形式。融资租赁主要有以下特点：

(1) 融资租赁合约比较稳定。在合约有效期内，租赁双方均无权单方面终止合约，除非租赁设备损坏或被证明已丧失使用功能。

(2) 一般由承租人提出租赁要求，然后由出租人融资、购买并出租给承租人使用。

(3) 租赁期限较长，大多为租赁资产使用年限的一半以上。

(4) 在融资租赁业务中，出租人不负责租赁资产的维修和保养，而由承租人负责。

(5) 租赁期满，将租赁资产折价转让给承租人，或由出租人收回，或延长租期续租等。

(二) 融资租赁的主要形式

根据融资租赁所涉及的多边关系，通常可以将其分为直接租赁、售后租回和杠杆租赁三种形式。

直接租赁是指承租人直接向出租人租入所需要的资产并支付租金的形式。直接租赁的出租人主要是制造商、金融公司和租赁公司等。

售后租回是指根据协议的规定，企业在将资产卖给出租人以后，再将其租回使用的融资租赁形式，即资产的原始所有者经过租赁变成了承租人。这样，承租人在卖掉资产获得价款的同时又以承租的方式继续使用资产。可见，售后租回相当于用设备的所有权去抵押贷款。

杠杆租赁，又称为减税优惠租赁，在这一租赁方式中，出租人在购买价格昂贵的资产时，只需自筹该设备所需价款一部分，通常为20%～40%，其余60%～80%的价款则通过将该设备作为抵押物向金融机构贷款，然后将购进的设备出租给承租人使用。承租人支付的租赁费用首先被出租人用来偿还贷款本息，剩余部分是出租人的投资报酬。若出租人无力偿还贷款，则贷款人享有租赁设备和租赁费用的要求权。

三、租赁融资的优缺点

作为一种融资方式，租赁对于作为资金需求方的承租人而言，有很多好处，主要表现在：

(1) 融资速度快。租赁往往比借款购置设备更迅速、更灵活，因为租赁是融资和购买设备同时进行的，可以缩短设备的购进、安装时间，使企业尽快形成生产能力。

(2) 限制条款少。与长期贷款和债券融资相对较多的限制条款相比，租赁的限制与约束一般比较少，因为出租人直接保留了租赁物法律上的所有权。

（3）设备淘汰风险小。通过租赁取得资产的使用权，一方面可以进行正常的生产经营，另一方面规避了设备被技术进步所淘汰的风险，经营租赁尤其如此。

（4）财务风险小。租赁的租金在整个租赁期内分期支付，无须像其他债务融资一样到期归还大量本金，从而避免了大额现金流的支付；而且，融资租赁的资产折旧可以抵税，从而使得承租人获得税收抵免的好处。

显然，租赁作为一种融资方式，也有不足的一面，表现在：

（1）融资成本较高。一般来说，其租金要比长期贷款、公司债券所负担的利息高很多，并且在公司财务困难的时候，固定的租金支付也会形成一项沉重的财务负担。

（2）丧失资产的残值。租赁期满，除非承租企业购买该资产，否则该资产残值就不归属于承租企业。

（3）难以改良资产。在经营租赁的情况下，未经出租人同意，承租人不得擅自对租赁资产加以改良。

练习与解析

复习思考

1. 影响债券内在价值的因素有哪些？
2. 影响股票定价的因素有哪些？
3. 证券市场的特征、功能分别是什么？
4. 债务融资有哪些基本形式？
5. 银行贷款融资的优缺点分别是什么？
6. 债券融资的优缺点分别是什么？
7. 租赁包括哪些类型？经营租赁和融资租赁有哪些不同点？
8. 长江公司打算发行票面利率为8%、面值为1 000元的5年期债券。该债券每年支付一次利息，并在到期日偿还本金。假设你要求的收益率为10%，那么：

（1）你认为该债券的内在价值是多少？

（2）如果长江公司改为发行面值25元、每年发放固定红利2元的优先股，你会不会购买该优先股呢？

9. 某公司债券每年付息70元，面值1 000元，10年后到期，假设你要求的收益率为8.5%，则：

（1）该债券的价值是多少？

（2）当你要求的收益率上升为11%，债券价值如何变动？下降为6%时如何变动？请说明其中的规律。

10. 某公司的普通股去年支付了每股 1.32 元的红利，预计能以每年 7%的增长率持续增长，如果你要求的收益率为 11%，那么你预期该公司的股票价格应为多少？

11. 某公司的股票去年支付红利为每股 1.32 元，红利预计将以 8%的增长率持续增长，则：

(1) 如果该公司股票目前的市场价格为每股 23.5 元，那么该公司股票的预期收益率是多少？

(2) 如果你要求的收益率为 10%，那么对你而言，该股票的价值是多少？

(3) 你会投资该公司股票吗？

12. 现有两项投资，第一项是以 1 200 元的价格在市场上买入一种债券，债券面值为 1 000 元，年利率 14%，12 年后到期。对于这种风险等级的债券，你要求的年收益率为 12%。第二项是普通股，面值 25 元，最近已经支付的红利为每股 3 元，这家公司的每股收益预计 10 年内将从 4 元增至 8 元，每股红利也将以同样的增长率永续增长。该股票当前的市价为每股 25 元，你要求的收益率为 20%。

(1) 计算每种证券在你所要求的收益率下的价格。

(2) 你会接受哪种投资？为什么？

(3) 如果你要求的收益率变化为普通股 18%，债券 14%，那么对于题 (2) 的回答会如何变化？

(4) 假设你对普通股要求的收益率为 20%，但预期的永续增长率变为 12%，那么题 (1)、(2) 的答案又将如何变化？

阅读材料

身陷债务危机的猛狮科技接连通过不同的方式展开自救。2019 年 4 月 4 日，猛狮科技公告称，其与全资子公司华力特及其核心管理团队代表人屠方魁签署了《企业经营责任制协议书》，就公司对华力特实施经营责任制相关事项作出约定。

记者注意到，这份协议书约定了华力特的经营目标、资产管理、经营管理、人事管理等事项，其中关键一条还约定华力特未来 3 年的业绩承诺，若达标，则上市公司从华力特净利润中抽取一定比例奖励给华力特及经营管理团队，若未达标，则屠方魁要给上市公司补偿。

前两年经营目标为不发生亏损

记者了解到，此次协议书的期限为 3 年，如 3 年经营期间无违反协议的，则此协议自动顺延 3 年，各方无条件续签。

协议提出，华力特前两年经营目标主要是不发生业绩亏损，自华力特实施经营责任制的第 3 个年度及其后的各年度，华力特的净利润经营目标以前一个年度经审计的华力特的资产净额为基数，按 5%的净资产收益率计算确定。

根据双方约定的方案，如华力特在经营责任制期内的任一年度经审计的净利润为正且低于经营目标时，上市公司应将华力特实际实现的净利润的 30%奖励给屠方魁及华力特经营管理团队，如实际实现净利润超过经营目标的，超出当年度经营目标部分净利润的 70%奖励给屠方魁及华力特经营管理团队。

相反，如果华力特的净利润低于当年度经营目标且发生亏损时，屠方魁应向上市公司补偿华力特全部的亏损，如华力特仅低于当年度经营目标但未发生亏损时，屠方魁及华力特经营管理团队则无须进行补偿。同时，屠方魁应保证华力特的净资产值不低于此次经营责任制的基准日2018年12月31日各方认可的经审计的华力特的净资产值，否则，屠方魁应以现金形式向华力特全额补足。

上海明伦律师事务所律师王智斌告诉记者，对管理团队的激励，通常是股权激励的方式，直接以业绩对赌的方式进行激励比较少见。与股权激励相比，业绩对赌与高管个人收入之间的关联性更直接，如果相关的审计等配套监管措施不能有效发挥作用，就极有可能会反向"激励"管理层人为调节经营业绩。

"实际上，如果企业内部的监管缺失，管理层通过提前确认收入、延迟确认费用等各种会计方式，都可以实现当年度'靓丽'的业绩指标，这种人为调节会导致企业业绩大起大落，在这种机制下，投资者更有可能遭遇'黑天鹅'事件。"王智斌向记者分析称。

对此，记者多次联系猛狮科技董事长兼代行董秘职责的陈乐伍，但截至发稿，其电话一直未能接通。不过，记者注意到，协议中有一条特别明确，各年度华力特的审计机构由上市公司指定，屠方魁、经营管理团队及华力特应积极配合审计机构的审计工作，以惯常方式保存财务账册和记录，按时提交财务、业务报表和上市公司要求提交的其他资料，定期向上市公司报告华力特经营情况。

拟计提华力特商誉减值3.75亿元

华力特是猛狮科技于2015年耗资6.6亿元收购而来的。当时华力特承诺，2015年度、2016年度和2017年度实现扣非净利润分别不低于6 000万元、7 800万元和10 140万。猛狮科技方面称，华力特自被上市公司并购以来，一直经营良好，2015年度至2017年度均超额完成了承诺业绩。

不过，随着猛狮科技债务危机爆发，华力特也受到一定程度的牵连。上市公司公告称，自去年1月开始，授信银行对华力特进行了抽贷、压贷，特别是停开保函直接导致华力特无法正常承接和开展业务，华力特出现经营困难，经营收入下滑明显。猛狮科技在公告中称，如不及时扭转局面，2019年可能会大面积亏损并引发供应商与客户的大规模索赔。

根据猛狮科技此前的公告，综合目前其融资及经营状况，公司预测后面年度华力特的生产经营业绩存在较大不确定性，判断因收购华力特形成的商誉存在减值迹象，基于审慎原则对该资产组可变现净值进行了预测，2018年拟计提收购华力特时形成的商誉减值3.75亿元。

猛狮科技在公告中称，华力特拥有一支以屠方魁董事长为核心的优秀经营管理团队，在2018年极度困难的情况下，截至2018年底仍未出现金融债务违约，贷款付息正常。此次(签署经营责任制协议书)是为充分调动经营管理团队的积极性，缓解华力特的融资困难，帮助华力特走出危机，逐步恢复正常经营，也为上市公司持有的华力特资产获得保值增值，以及实现上市公司利益和社会效益最大化。

值得注意的是，近两年来，上市公司与子公司交恶案例屡见不鲜，如较早前的华测检测与华测瑞欧、长园集团与长园和鹰。前不久，科陆电子还公告称，其收购而来的子公司百年金海原管理团队在业绩补偿上未与上市公司达成一致，关系逐渐恶化，原核心管理团队陆续离职，致使百年金海2018年业绩出现大面积亏损，同时还披露称，子公司原实控人为谋取其个人利益，私自利用百年金海对其个人债务进行担保。

针对上述这样的情况，此次协议也有相关规定，如要求屠方魁及华力特经营管理团队按照上市公司相关内控制度的要求规范华力特的运作，及时通知上市公司履行相关审批程序及信披义务等。

资料来源：欧阳凯．猛狮科技与子公司签经营责任协议 以“业绩对赌”助其走出危机？每日经济新闻，2019-04-04.（有改动）

讨论与运用

1. 如何看待本案例中的“对赌协议”的性质？
2. 对于初创型企业而言，不同的融资方式有什么特点？

第七章

长期融资决策

案例导引

作为混合型的金融衍生工具，可转债融资成为上市公司的“新宠”。据万得资讯（Wind）统计数据，截至6月11日，2019年以来披露可转债预案的上市公司数量达到51家，较去年同期增长50倍。由于可转债打破了抑制并购市场活力的锁价问题，可转债被引入重组的案例也增多。作为混合型的金融衍生工具，可转债集股权和债权融资于一体，具有融资和避险的双重功能。

不过，业内人士表示，应注意部分上市公司发行可转债融资动机不纯等问题。潘向东亦表示，我国可转债定价效率不高，部分上市公司发行可转债融资动机不纯，融资盲目跟风，缺乏风险意识；可转债整体融资规模不大，行业分布不均；可转债发行条款过于雷同，设计不够合理，信息披露不完善；募集的资金短期使用效率不高等问题，需要进一步规范我国可转债市场，完善可转债发行法律法规制度，这样才有助于推动可转债成为上市公司重要的融资工具。

学习目标

1. 了解资本结构相关理论。
2. 了解企业破产与债务重组。
3. 掌握财务杠杆。
4. 掌握资本成本及加权平均资本成本。

内容提要

对应于投资决策，企业在融资时也要对融资方式、渠道的选择进行决策。不同于投资决策的收益最大化原则，融资决策的基本准则是成本最小化。为此，本章首先介绍了资本成本的概念、类型与计算方法，在此基础上研究了杠杆效应对融资决策的影响，然后进一步探讨了企业最优资本结构的问题，最后介绍了资本结构理论与企业破产与债务重组。资本结构理论及其发展指导了资本结构决策的实践，而企业的破产与重组佐证了资本结构决策的重要意义。

第一节　资本结构理论及发展

资本结构决策是现代财务理论的核心内容之一。资本结构（Capital Structure）是指企业各种长期资金的构成和比例关系，主要指长期债务资本和股权资本的结构关系。与 20 世纪 50 年代之前的资本结构理论相对应，50 年代产生的 MM 定理被认为开启了现代资本结构理论之门。

一、MM 理论

1958 年，莫迪格利安尼（Modigliani）和米勒（Miller）发表的《资本成本、公司价值与投资理论》一文，首次以严谨、科学的方法研究了资本结构和公司价值的关系，构成了现代资本结构理论的基石。他们认为，在不考虑所得税、破产、激励等的影响下，企业总价值不受资本结构的影响，企业价值是独立于资本结构之外的。这意味着两点，一是企业价值和资本结构是无关的，二是投资决策独立于融资决策。最初的 MM 定理，其逻辑推理是严谨的，但结论显然与现实不符。

1963 年，他们又对该理论做了修正，加入了所得税因素，由此得出的结论为，企业资本结构影响企业总价值，负债经营将为公司带来税收节约效应。该理论为研究资本结构问题提供了一个有用的起点和分析框架。

MM 理论的逻辑严谨性无可厚非，但它是建立在一系列严格的假设基础之上的，与现实世界存在很大差异。但并不能因此否认 MM 理论的价值，它的意义不在于结论与应用，而在于由它引出的一系列可直接在实际中应用的理论。正是在这个意义上，MM 定理为深化资本结构问题的研究提供了指引，奠定了现代资本结构研究的基础。自 MM 定理提出至今，资本结构理论在放松假设、提出疑问、提出新假设以及提出新疑问的否定之否定中获得了迅速发展。

二、权衡理论

MM 理论只是单方面地考虑了负债给公司带来的抵税利益，没有考虑负债给企业可能带来的成本或者是损失，而权衡理论则兼顾了二者的影响。所谓权衡理论（Trade-off Theory），就是同时考虑了负债的税盾效应和负债的边际损失，并将二者利弊权衡以进行资本结构决策的理论。企业负债融资因为利息支出能税前抵扣而获得了抵税的利益；但是，债务本息偿付的现金流压力也给企业带来了财务危机乃至破产的潜在成本或者损失，这种成本主要表现为财务拮据成本和代理成本两类。

财务拮据成本，又称为破产成本（Bankruptcy Cost），是指企业没有足够的偿债能力、不能按时偿还到期债务而付出的代价。企业的财务拮据成本可以分为直接成本和间接成本。直接成本包括在破产、清算或重组过程中需支付的会计师费用、律师费用和管理费用等支出。间接成本包括企业在出现财务困境时可能产生的诸如变卖长期资产、推迟机器设备维修等短期行为，企业客户、供应商、员工的流失以及融资成本的增加等。

企业负债所产生的代理成本（Agency Cost）主要是指债权人为保护自身利益所订立的保护性条款在企业处于财务困境时可能生效，而这些保护性约束条款会在一定程度上限制企业的经营，从而导致企业经营管理效率低下。另外，为了确保这些保护性约束条款的有效实施，会发生直接的监督成本。

权衡理论模型用图形表示，如图 7-1 所示。

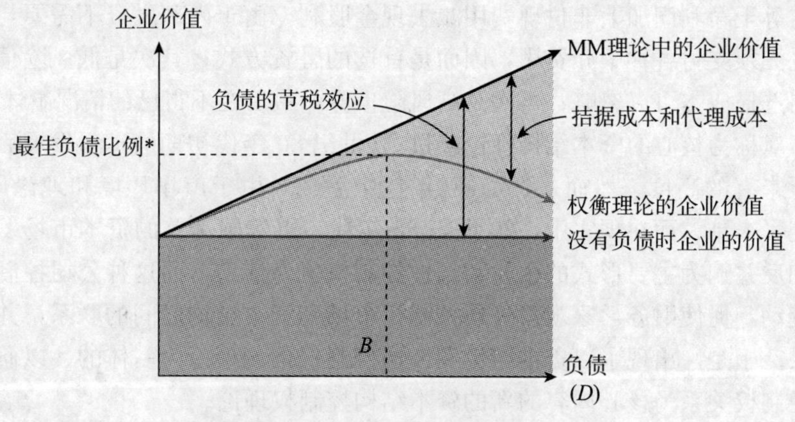

图 7-1　权衡理论示意图

由图 7-1 可以看出，在负债到达 B 点前，负债的节税效应大于负债的边际损失；在 B 点时，节税效应完全被边际损失所抵消；超过 B 点，负债的损失就超过节税效应。因此，企业理论上的最佳负债规模就在 B 点。

权衡理论表明，在综合考虑负债所带来的利益和成本后，企业存在最佳的资本结构；当企业采用最佳资本结构时，能使公司价值最大。

三、资本结构理论的新进展

资本结构的研究历来都是财务理论界和实务界关注的焦点。20 世纪 70 年代以后，信息不对称问题引起了学者们浓厚的兴趣，形成了信息经济学、博弈论、委托代理理论等理论。这些研究方法和理论被引入到资本结构研究中，使资本结构研究发生了一次质的飞跃，资本结构权衡问题转化为制度设计问题，从而形成了委托代理理论、信号传递理论等理论。

委托代理理论（Principal-agent Theory）认为，企业的资本结构会影响经理人的工作水平和行为选择，从而影响企业未来的现金流入和市场价值。随着公司债权资本的增加，债权人的监督成本逐渐上升，债权人会要求更高的收益率。因此，企业均衡的资本结构是由股权代理成本和债权代理成本之间的平衡关系决定的，最优的资本结构是使股权和债权的边际代理成本相等的资本结构；在最优资本结构下，总代理成本最小。

信号传递理论（Signalling Theory）是建立在内部人与外部投资者之间信息不对称基础上的。当企业有好的内部消息时，经理人具有把这一正面消息传递给外部投资者的强烈愿望并试图影响外部投资者对公司价值的预期，从而提高股票价格和公司价值。由于破产概率与负债水平正相关，所以，内部人敢于举债融资说明其对企业未来的经营很有信心，对企业前景看好，于是，举债融资被外部市场视为企业经营高质量的信号。

1984 年，梅耶斯（Myers）和梅吉拉夫（Majluf）以信号传递原理为基础，在考虑交易成本的情况下进一步提出了优序融资理论（Pecking-order Theory）。该理论认为，权益融资会传递企业经营的负面信息，而且外部融资要多支付各种成本，因而企业融资一般会遵循内部融资、债务融资、权益融资这样的先后顺序。他们的实证研究表明，当股票价格高估时，企业管理者会发行新股。因此，当企业宣布发行股票时，投资者会调低对现有股票和新发股票的估价，导致股票价格下降、企业市场价值降低。内部融资主要来源于企业内部自然形成的现金流，它等于净利润加上非付现费用减去现金股利。由于内部融资不需要与资金提供方签订契约，也无须支付各种中介费用，因而是首选的融资方式；其次是低风险债券，其信息不对称的逆向选择成本可以忽略；再次是高风险债券；最后在不得已的情况下才发行股票。

以信息不对称为核心的资本结构理论经过 20 世纪 80 年代初期的迅猛发展后，已经被推到了一个前所未有的高度。然而，到了 80 年代中后期，由于市场环境和理论研究的原因，这种势头受到了遏制。而在现实中，20 世纪 80 年代，以美国为首的资本市场发达国家，发生了以并购和反并购为主要形式的企业大规模控制权争夺活动，而这种公司控制权争夺导致的资本结构变动，促使财务学家观察公司控制权市场和资本结构之间的联系，并取得了一系列的研究成果。于是，出现了以资本结构和公司控制权市场理论为一体的、以研究企业资本结构与公司控制权关系为核心内容的新的资本结构控制权理论。

第二节　资本成本

一、资本成本概述

资本成本是指企业为筹集和使用长期资金而付出的代价，它包括筹集费和占用费两部分。资金筹集费指在资金筹集过程中支付的各项费用，如发行股票、债券所支付的印刷费、手续费、律师费、资信评估费、公证费、担保费、广告费等。资金占用费是指因使用资金而支付的费用，如股票的股息、银行借款和债券的利息等。对于企业融资而言，资本成本是选择资金来源、确定融资方案的重要依据，企业力求选择资本成本最低的融资方式；对于投资活动而言，资本成本是投资项目的最低收益标准。

资本成本可以用绝对数表示，也可以用相对数表示，但在财务管理中，一般用相对数来表示。根据计算方法和计算对象的不同，资本成本有个别资本成本、边际资本成本、加权资本成本的区别。个别资本成本是指企业各种长期资本的成本，如长期借款资本成本、股票资本成本和债券资本成本。企业在比较各种融资方式时，会使用个别资本成本。边际资本成本是指每增加一个单位融资而增加的成本，是企业进行追加融资决策的依据。加权平均资本成本是指企业各类长期资本的成本按照某个比重折算而成的成本，又称为综合资本成本。加权平均资本成本在企业的经营决策中具有非常重要的作用，主要体现在以下几个方面：

（1）加权平均资本成本是进行融资组合决策的依据。

（2）加权平均资本成本是评价投资项目、比较投资方案的标准。

（3）加权平均资本成本是衡量企业经营业绩、制订激励报酬计划的基准。

二、个别资本成本

（一）长期借款的成本

企业通过银行的长期借款融资不仅要支付利息，还要支付一定的手续费。另外，长期借款利息同债券利息一样，可以作为企业的财务费用计入损益，因此，企业可以少缴一些所得税，从而使其实际的利息负担减少。

实务中，要考虑资金的时间价值，即要根据现金流量计算长期借款的资本成本。当长期借款采用利息分期支付、本金在到期时一次性偿还的情况下，长期借款成本的计算公式为：

$$G\times(1-F)=\sum_{t=1}^{n}\frac{I_t}{(1+K)^t}+\frac{G}{(1+K)^n}$$

$$Kg=K\times(1-T)$$

式中，K 为所得税前的长期借款成本；Kg 为所得税后的长期借款成本；I 为借款年利息额；G 为借款总额；F 为借款手续费率；T 为所得税税率。

该公式等号左边的 $G\times(1-F)$，是借款发生时借款额减去手续费后的实际现金流入；等号右边是借款引起的未来现金流出的总现值，由各年支付的利息现值之和加上到期本金的复利现值而得。可见，长期借款的资本成本其实就是使这一贷款的现金流入现值等于其现金流出现值的贴现率。现实中，在计算长期借款的资本成本时，先求解出税前资本成本，再将借款的税前资本成本调整为税后的资本成本。

【例 7-1】某企业从银行取得 5 年期长期借款 200 万元，年利率为 10%，每年付息一次，到期一次还本，融资费率为 1%，企业所得税税率为 25%。该项长期借款的资本成本是多少？

首先，计算税前借款成本。将数据代入上述计算公式，得：

$$200\times(1-1\%)=\sum_{t=1}^{5}\frac{200\times10\%}{(1+K)^t}+\frac{200}{(1+K)^5}$$

即

$$198-\frac{20\times[(1+K)^5-1]}{K\times(1+K)^5}-\frac{200}{(1+K)^5}=0$$

查表，当 $K=10\%$ 时，　$(1+K)^5=1.610\ 5$，等式左边等于 198－75.82－124.19＝

$-2.01<0$；当 $K=11\%$时，$(1+K)^5=1.6851$，等式左边等于 $198-73.92-118.69=5.39>0$。运用插值法求解，有：

$$\frac{K-10\%}{11\%-10\%}=\frac{0-(-2.01)}{5.39-(-2.01)}$$

计算上式，得 $K=10.27\%$。

其次，计算税后借款成本，得到：

$$Kg=K\times(1-\mathrm{T})=10.27\%\times(1-25\%)=7.70\%$$

（二）公司债券成本

发行债券的成本主要是指债券利息和融资费用。债券利息的处理与长期借款利息的处理相同，而且应以税后的债务成本作为计算依据。假设采用一次还本、分期付息的方式，债券成本的计算公式为：

$$V\times(1-F_b)=\sum_{t=1}^{n}\frac{I_b}{(1+K)^t}+\frac{B}{(1+K)^n}$$

$$K_b=K\times(1-T)$$

式中，K 为所得税税前的债券成本；K_b为所得税税后的债券成本；V 为债券筹资额；F_b为手续费率；I_b为每期债券利息额；B 为债券面值。

【例 7－2】假定某企业按面值发行 200 万元的 5 年期债券，票面利率为 10%，发行费用率为 1%，企业所得税税率为 25%。该债券的成本是多少？

首先，计算税前债券成本：

$$200\times(1-1\%)=\sum_{t=1}^{5}\frac{200\times10\%}{(1+K)^t}+\frac{200}{(1+K)^5}$$

计算，得 $K=10.09\%$。

其次，计算税后债券资本成本，得到：

$$K_b=K\times(1-T)=10.09\%\times(1-25\%)=7.57\%$$

（三）优先股成本

企业发行优先股融资需支付发行费用，优先股的股利一般是在股票发行时约定的。因此，优先股成本可按下列公式计算：

$$K_p=\frac{D_p}{G_p\times(1-F_p)}$$

式中，K_p为优先股成本；D_p为优先股年股利；G_p为优先股融资额；F_p为优先股融资费率。

其中，优先股融资额应按优先股的发行价格确定。

【例 7－3】某企业发行面值为 100 万元的优先股，实际发行价 95 万元，融资费率为 5%，每年支付 10%的股利，该优先股的成本为：

$$K_p=\frac{100\times10\%}{95\times(1-5\%)}=11.08\%$$

企业破产时，优先股股东对剩余财产的求偿权在债券持有人之后、普通股股东之前，因此，优先股股东面临的风险大于债券持有人，这就使得优先股成本通常要高于债券利息率。另外，优先股股息是以税后利润支付的，不能在企业所得税税前抵扣，所以，优先股成本通常要高于债券成本。

（四）普通股成本

普通股成本的计算相对复杂。从理论上看，股东投资期望收益率即为企业普通股成本，也是普通股股利的折现率。在实务中，主要采用股利固定增长模型、资本资产定价模型和风险溢价法来计划。

1. 股利固定增长模型

该法适用于股利按固定的比率持续增长的情况。在采用这种方法时，我们假设股利增长率 g 总是低于投资者要求的收益率 K，即 $K-g>0$。

如果设 D_0 为当前每股股利，D_t 为第 t 年年末每股股利，g 为固定的股利增长率，K 为普通股股东要求的收益率或者说是普通股成本，则根据戈登模型有：

$$D_t = D_0 \times (1+g)^t \quad t=1，2\cdots$$

$$P_0 = \frac{D_0 \times (1+g)}{K-g}$$

由此可变换得到：

$$K = \frac{D_0 \times (1+g)}{P_0} + g$$

D_1 为预计第一年年末的股利，$D_1 = D_0 \times (1+g)$，则 $K=\frac{D_1}{P_0}+g$。

若考虑融资费用，普通股成本公式为：

$$K_0 = \frac{D_1}{P_0 \times (1-f)} + g$$

式中，K_0 为普通股成本；D_1 为第一年年末的预计股利额；g 为普通股股利年增长率；f 为融资费用率；P_0 为普通股融资总额，按发行价格计算。

【例 7-4】 某企业发行面值为 1 元/股的普通股，实际发行价为 10 元/股，融资费率为 1%，第一年年末每股股利为 0.5 元，以后每年按 2%的增长率持续增长，则该普通股的成本为：

$$K_0 = \frac{0.5}{10 \times (1-1\%)} + 2\% = 7.05\%$$

在财务管理实务中，股利既不可能保持不变，也不可能永远按照固定比率增长，甚至有的企业根本不发放股利，或者至少在一定时期内不发放股利。对于这些企业，不仅要预测企业股利支付额，还需要预测企业什么时候发放股利。而股利固定增长模型只适合于那些定期发放股利，且股利增长十分稳定的企业。

2. 资本资产定价模型

依据资本资产定价模型，普通股成本的计算公式为：

$$R_i = R_f + \beta_i \times (R_m - R_f)$$

式中，R_f 为无风险报酬率；β_i 为股票 i 的 β 系数，反映系统性风险；R_m 为股票市场的平均必要报酬率；$(R_m - R_f)$ 为市场组合的平均风险溢价。

【例 7-5】 假设目前短期国债利率为 5%。历史数据分析表明，在过去的 5 年里，市场风险溢价在 5%～6%变动，在此以 6%作为计算依据。根据过去 5 年股票 A 的报酬率与市场报酬率的回归分析可知，A 股票的 β 系数为 1.2。根据上述数据，A 股票投资的必要报酬率为：

$R_A=5\%+1.2\times6\%=12.2\%$

可见，投资者投资A股票要求回报率为12.2%，即企业发行A股票的资本成本为12.2%。

3. 风险溢价法

根据“风险和收益相配比”的原理，普通股股东对企业的投资风险大于债券投资者，因而会在债券投资者要求的报酬率的基础上再增加一定的风险溢价。依照这一理论，普通股成本公式为：

$$K_a=K_d+R_P$$

式中，K_d为税后债务成本；R_P为股东因比债权人承担更大风险而要求的风险溢价。

风险溢价是凭借经验和股票市场的历史表现以及无风险利率的变动估计出来的。经验告诉我们，企业普通股的风险溢价相对债券来讲，绝大部分在3%～5%。如果我们采用4%的平均风险溢价，则股权资本成本可估计如下：

$$K_a=K_d+4\%$$

风险溢价法从概念上说与资本资产定价模型相似，因为它们都意识到股东对风险溢价的要求较高。两种方法的差异来源于使用不同的起点——资本资产定价模型法用无风险利率而风险溢价法用企业的债务成本，以及风险溢价估计的方法。这两种估算方法都带有主观色彩。不过，资本资产定价模型法有更完善的理论基础。但风险溢价法有时候是最佳选择，特别是在股利固定增长模型和资本资产定价模型提供的估计结果不甚合理时，风险溢价法可以用来验证估算结果的合理性。

【例7-6】某企业发行债券的利息率为6%，根据该企业股票市场的历史表现估计普通股股东要求的风险溢价为4%，企业所得税税率为25%。则普通股成本为：

$$K_a=6\%\times(1-25\%)+4\%=8.5\%$$

（五）留存收益成本

留存收益，是由税后净利扣除股利分配后的剩余，是应归属于所有者的权益。留存收益虽然属于公司自有，不用筹集，但是也有成本，其成本就是股东愿意将利润留在公司的报酬率，一般来说其报酬率至少等于投资于公司普通股应获得的报酬。

留存收益成本的确定方法与普通股成本的确定方法基本相同，但是留存收益不用支付发行费用，因而不考虑筹集费用，其计算公式为：

$$K_e=\frac{D_1}{V_0}+g$$

当公司的股利固定不变时，其计算公式为：

$$K_e=\frac{D}{V_0}$$

式中，K_e为留存收益成本；V_0为普通股市价。

三、边际资本成本的计算

边际资本成本是指企业追加融资的资本成本，即企业新增1元资本所需要负担的成本。

【例7-7】某公司拟追加融资1 000万元，融资结构为长期借款0.20，债券0.35，普通股0.45，个别资本成本分别为7.5%、12%、14%，则追加融资的边际资本成本为：

边际资本成本＝7.5%×0.20＋12%×0.35＋14%×0.45＝12%

企业在追加融资中，为了便于比较和选择不同的融资组合，可以先测算每个融资方案的边际资本成本。

四、加权平均资本成本

加权平均资本成本（Weighted Average Cost of Capital，WACC），为企业平均意义上资本成本的评估提供了一个很好的思路和方法。加权平均资本成本是指企业以各种资本在企业全部资本中所占的比重为权数，对各种长期资金的资本成本加权平均计算出来的资本总成本。WACC 代表了企业整体平均资本成本，可用来衡量一个项目是否值得投资，即投资项目的回报必须不低于 WACC。用 WACC 来衡量企业整体的资本成本，一般需具备以下三个基本假设：

（1）经营风险相同。即新项目与企业当前的资产具有相同的经营风险。经营风险是全部投资收益潜在的变动程度。如果经营风险水平发生变动，则投资者自然会改变他们所要求的收益率，企业的资本成本也会相应发生变动。因此，计算加权平均资本成本时，假设任何经过考虑的新投资项目都不会显著改变企业当前的经营风险。换句话说，只有当企业新投资项目的经营风险与企业当前的经营风险相近时，才可以用企业的加权平均资本成本作为新项目的折现率。

（2）财务风险相同。这个假设要求，新项目的融资结构即债务与股权资本组合，要与企业当前的资本结构相同，也就是说新项目的实施不会改变企业当前的资本结构。财务风险可以理解为由于采用债务和优先股融资方式而导致普通股收益的变动程度。财务风险与破产威胁有关，当企业资本结构中的债务比例上升时，企业不能按期还本付息的可能性也相应增大。

企业的财务风险水平也会影响投资者要求的收益率。当企业的债务规模及比重增加时，普通股股东会提高他们的收益率要求。换句话说，单个资本来源的成本是企业当前资本结构的函数或影响因素。只有当企业继续采用相同的资本组合为新项目融资时，才能用企业当前的资本结构去计算企业全部资本的加权平均资本成本。例如，如果企业当前的财务结构中债务为 40%，优先股为 10%，普通股为 50%，则假设企业仍按这一资本结构比例关系为新项目融资。

（3）股利政策稳定。这个假设要求企业的现金红利支付率保持不变。为简化计算，通常假定企业的现金红利以固定的年增长率递增。同时，假定这一增长率是企业盈利能力的函数，所以，这一假定实际上是假定企业的现金红利支付率不变。

加权平均资本成本计算模型的前提假设非常严格。在实际的投资分析中，企业可能需要获得一系列可能的资本成本数值，而不是单个资本的估测数值。例如，以 10%～12%的范围作为企业资本成本的估计值可能比一个确定的数值更适宜。

加权平均资本成本一般是以各种资本占全部资本的比重为权数，对个别资本成本进行加权平均。其计算公式为：

$$K_w = \sum k_j w_j$$

式中，K_w为加权平均资本成本；k_j为第 j 种个别资本成本；w_j为第 j 种个别资本占全部资本的比重，即权数。

可见，计算 WACC 时，先算出构成企业资本结构的各个项目，如普通股、优先股、企业债券及其他长期负债，各自的资金成本或要求回报率，然后将这些回报率按各项目在资本结构中的权重加权，即可算出加权平均资本成本。

【例 7－8】某股份有限公司 2018 年账面反映的资本共 5 000 万元，其中长期贷款 1 000 万元，发行的债券 1 000 万元，优先股 1 000 万元，普通股 2 000 万元；其个别资本成本分别为 6%（税后）、7%（税后）、8%、10%，则该股份有限公司的加权平均资本成本为：

$$K_0=6\%\times\frac{1\ 000}{5\ 000}+7\%\times\frac{1\ 000}{5\ 000}+8\%\times\frac{1\ 000}{5\ 000}+10\%\times\frac{2\ 000}{5\ 000}=8.2\%$$

账面价值与企业已存在的资本相关，或与历史融资规模和成本相关。以账面价值为权数，容易从资产负债表中取得资料，计算结果相对稳定；但若债券和股票的市场价值已脱离账面价值，据此计算加权平均资本成本，则不能正确地反映企业实际的资本成本水平。

市场价值与资本市场的当前状况相关，以市场价值为权数，代表了企业目前实际的资本成本水平，有利于财务决策。但由于证券市场处于经常变动之中，需要采用一定的方法才能估测各项资本的价值及其比重。因此，为弥补证券市场价格变动频繁的不便，现实计算时也可选用债券或股票的平均价格。

致力于价值最大化的企业会确定其理想的资本结构，并用它作为目标资本结构，即筹集新资本时，企业试图保持实际资本结构与目标资本结构相一致。这时候，目标资本结构是以各项资本的未来预期价值来确定权数的。这种权数能体现期望的资本结构，而不是像账面价值和市场价值那样只反映企业过去和现在的资本结构，所以，按目标价值权数计算的加权平均资本成本更适用于企业筹措新资金的需求。然而，企业很难客观合理地确定各项资本的目标价值。当然，我们可以假定企业已经确定了理想的资本结构，并在融资过程中保持这一资本结构不变，尽管短期内资本融资可能并非如此。但是，从长期看，绝大多数企业都能维持一个大致不变的资本结构比例进行长期融资。

【例 7－9】某企业当前融资组合，如表 7－1 所示。企业不想改变财务风险，而且想在未来融资中保持企业当前的资本结构。这样，根据融资组合不变的假设，我们可以把该企业当前的资本结构比例作为权重，计算该企业的加权平均资本成本。

表 7－1　某企业资本结构

资本类型	融资规模（万元）	在全部融资中的比重（%）
债券	175	35
优先股	25	5
普通股	300	60
融资总规模	500	100

假设该企业已经计算了各单项资本的成本，如表 7－2 所示。

表 7－2　某企业各融资来源的资本成本

资本类型	资本成本
债券	7%（税后）
优先股	13%
普通股	16%

把从表 7－1 中得到的权重和从表 7－2 中得到的各单项资本成本合成为总的加权平均资本成本，如表 7－3 所示。这是企业对新投资项目可接受的最低收益率，也是企业资本预算适宜的折现率。

表 7－3　某企业加权平均资本成本

资本类型	权重	单项资本成本	加权后单项资本成本
债券	35%	7%	2.45%
优先股	5%	13%	0.65%
普通股	60%	16%	9.60%
全部加权平均成本			12.70%

第三节　杠杆利益与风险

一、杠杆效应

（一）成本分类

成本习性是指成本与业务量之间的依存关系。按照成本习性不同，可以将成本划分为固定成本、变动成本和混合成本。

固定成本是指在一定时期和一定业务量范围内，其总额不受业务量变动影响而能保持相对稳定的成本。固定成本可进一步地划分为固定经营成本和固定财务成本。固定经营成本是指与产品生产等投资决策相关的固定支出，如固定资产折旧费、租金、财产保险费、管理人员工资等，这些支出主要与企业的投资门槛、日常经营活动相关。固定财务成本是指与企业融资决策相关的固定支出，包括银行借款和债券的利息支出、优先股的股息支出等，这些支出与企业的资本结构密切相关。由于这些成本能在特定范围内维持不变，所以，随着业务量的增加，固定成本将被更多数量的产品或服务分担，单位固定成本将降低。

变动成本是指在一定时期和一定业务量范围内，其总额随着业务量增加而成正比例增加的成本，如直接材料、直接人工等，单位变动成本在特定范围内将保持不变。

还有一些成本也会随着业务量的变动而发生改变，但不是同比例变动，因此不能简单地归入固定成本或变动成本，这类成本被称为混合成本。但是，在大多数情况下，我们仍然可以将整个成本区分为简单的两类，即固定成本和可变成本。

（二）边际贡献与杠杆

边际贡献是销售收入减去变动成本后的差额，它只是从收入中扣除了变动成本，而未扣除固定成本。当固定成本一定时，边际贡献越高，则企业的获利能力越强。

边际贡献可以用总量、单位边际贡献和边际贡献率来表示。单位边际贡献是售价减去单位变动成本后的差额；边际贡献率是指边际贡献在销售收入中所占的比例。

由于固定经营成本和固定财务成本的存在，当业务量发生较小的变动时，相关的利润指标会产生较大的变化，即固定成本的存在会放大企业盈利的波动性，这种杠杆作用包括经营杠杆、财务杠杆以及两者共同作用形成的联合杠杆。

二、经营杠杆

经营杠杆（Operation Leverage），是指由于存在固定经营成本而使息税前利润变动率大于销售收入变动率的现象。即经营杠杆是因固定经营成本，如固定资产折旧、无形资产摊销、房屋租金等的存在而产生的。

经营杠杆效应一般表现为固定经营成本水平下企业息税前利润（EBIT）对销售收入的波动程度，它是企业投资决策的直接结果。当销售收入增加时，单位产品分摊的固定经营成本就会减少，其息税前利润增加幅度就会大于销售收入增加幅度；同样，当销售收入下滑时，单位产品分摊的固定经营成本会增大，此时，企业息税前利润下降幅度也会大于销售收入下降幅度。因此，经营杠杆作用具有正效应和负效应，主要体现为“放大”企业经营成果的波动性。

经营杠杆效应通常使用经营杠杆系数或经营杠杆度（Degree of Operational Leverage，DOL）来测度。经营杠杆系数是指息税前利润变化百分比对其销售额变化百分比的敏感程度。用公式可以表示为：

$$DOL=\frac{\frac{\Delta EBIT}{EBIT}}{\frac{\Delta S}{S}}$$

式中，DOL 为经营杠杆系数；$EBIT$ 为基期息税前利润；$\Delta EBIT$ 为息税前利润变化量；S 为基期销售额；ΔS 为销售额变化量。

在平时使用过程中，我们通常将上式简化，其简化形式如下：

$$DOL=\frac{Q\times(P-V)}{Q\times(P-V)-F}$$

式中，P 为产品的单位销售价格；V 为单位变动成本；Q 为销售量；F 为企业的固定成本（不包括固定的利息支出）。

当然，该式还可以变形为：

$$DOL=\frac{EBIT+F}{EBIT}$$

息税前利润是指企业的营业收入扣除经营活动的变动成本和固定经营成本所得到的利润，也即企业在支付利息和所得税之前的利润。用公式可以表示为：

$$EBIT=P\times Q-V\times Q-F=(P-V)\times Q-F$$

此外，企业的息税前利润也可以通过另外一种方式计算得出，即企业的净利润加上相应期间的利息和所得税。用公式可以表示为：

$$EBIT=NI+I+T$$

【例 7-10】 表 7-4 显示了某公司基期 2019 年、预测期 2020 年的相关财务数据信息。公司 2019 年的销售量是 1 000 件，销售单价为 3 000 元，变动成本率为 0.4，每件产品的单位变动成本是 1 200 元；预测期 2020 年的销售增长率为 10%，销售单价和单位变动成本维持不变。要求计算该公司 2019 年的经营杠杆系数，并说明含义。

表 7-4　某公司 2019—2020 年相关财务信息

项目名称	基期 2019 年数据	预测期 2020 年数据
销售量（件）	1 000	1 100
单价（元）	3 000	3 000
单位变动成本（元）	1 200	1 200
销售收入（元）	3 000 000	3 300 000
总变动成本（元）	1 200 000	1 320 000
边际贡献（元）	1 800 000	1 980 000
固定成本（元）	1 000 000	1 000 000
息税前利润（元）	800 000	980 000

根据前述公式，可以求得该公司 2019 年的经营杠杆系数为：

$$DOL=\frac{\frac{\Delta EBIT}{EBIT}}{\frac{\Delta S}{S}}$$

$$=\frac{\frac{980\ 000-800\ 000}{800\ 000}}{\frac{3\ 300\ 000-3\ 000\ 000}{3\ 000\ 000}}$$

$$=2.25$$

或者：

$$DOL=\frac{Q\times(P-V)}{Q\times(P-V)-F}$$

$$=\frac{1\ 000\times(3\ 000-1\ 200)}{1\ 000\times(3\ 000-1\ 200)-1\ 000\ 000}$$

$$=2.25$$

或者，亦可得：

$$DOL=\frac{EBIT+F}{EBIT}$$

$$=\frac{800\ 000+1\ 000\ 000}{800\ 000}$$

$$=2.25$$

该公司 2019 年经营杠杆系数的经济含义是，预测期 2020 年的销售收入每提高 1%，则其息税前利润将提高 2.25%，即在经营杠杆的影响下，息税前利润的增长率是销售收入增长率的 2.25 倍。如果下一年销售收入增长 10%，则息税前利润将增长 22.5%，这就是经营杠杆的正效应。同样，如果 2020 年的销售收入下降，则销售收入每下降 1%，其息税前利润将下降 2.25%，息税前利润下降的速度也是销售收入下降速度的 2.25 倍，这就是经营杠杆的负效应。

由此可见，企业经营杠杆系数越大，息税前利润变动对销售收入变动也就越敏感。因为息税前利润主要衡量了企业在未考虑债务资金成本和税收情况下的经营成果，是企业经营能力的一种体现，所以经营杠杆通常被用来评价企业的经营风险，经营杠杆效应越大，企业经营风险也就越高。需要指出的是，经营杠杆反映的经营风险只是潜在风险，这种风险只有在销售收入发生变动的情况下才会产生作用。

三、财务杠杆

与经营杠杆类似，财务杠杆（Financial Leverage）是由固定财务成本，如负债利息和优先股股息而产生的。由于固定财务成本的存在，当企业的息税前利润增加时，分摊的单位固定财务成本就会相应降低，从而为普通股股东带来更多的剩余收益；反之，当企业的息税前利润减少时，分摊的单位固定财务成本就会相应增加，从而损害普通股股东的剩余收益。因此，财务杠杆也存在正效应和负效应，主要体现为“放大”股东剩余收益的波动性。股东剩余收益是指企业经营利润扣除支付给债权人利息、税费以及优先股股东股息后的收益。

这种由于固定财务成本的存在，使得普通股每股收益变动幅度大于息税前利润变动幅度的现象，就是财务杠杆效应，它是企业融资决策的直接结果。财务杠杆效应通常使用财务杠杆系数或财务杠杆度（Degree of Financial Leverage，DFL）来测度，用公式表示为：

$$DFL=\frac{\dfrac{\Delta EPS}{EPS}}{\dfrac{\Delta EBIT}{EBIT}}$$

式中，DFL 为财务杠杆系数；EPS 为基期每股收益；ΔEPS 为每股收益变化量；$EBIT$ 为基期息税前利润；$\Delta EBIT$ 为息税前利润变化量。

在日常使用中，通常将上式简化为：

$$DFL=\frac{Q\times(P-V)-F}{Q\times(P-V)-F-I-\dfrac{D_P}{1-T}}$$

或：

$$DFL=\frac{EBIT}{EBIT-I-\dfrac{D_P}{1-T}}$$

式中，P 为产品的单位销售价格；V 为单位变动成本；Q 为销售量；F 为企业的固定成本（不包括固定的利息支出）；I 为固定的利息支出；D_P为优先股股息；T 为所得税税率。

如果企业不存在优先股融资，即不存在优先股股息 D_P，则上述公式又可以分别表示为：

$$DFL=\frac{Q\times(P-V)-F}{Q\times(P-V)-F-I}$$

$$DFL=\frac{EBIT}{EBIT-I}$$

【例 7-11】表 7-5 是某公司基期 2019 年、预测期 2020 年的相关财务数据信息。公司 2019 年的销售量是 1 000 件，销售单价为 3 000 元，变动成本率为 0.4，每件产品的单位变动成本是 1 200 元，固定经营成本为 1 000 000 元，固定利息支出为 500 000 元，无优先股融资。预测期 2020 年的销售增长率为 10%，销售单价和单位变动成本维持不变。此外，该公司发行普通股 1 000 000 股，所得税税率为 25%。要求计算该公司 2019 年的财务杠杆系数，并说明含义。

表 7-5　某公司 2019—2020 年相关财务信息

项目名称	基期 2019 年数据	预测期 2020 年数据
销售量（件）	1 000	1 100
单价（元）	3 000	3 000
单位变动成本（元）	1 200	1 200
销售收入（元）	3 000 000	3 300 000
总变动成本（元）	1 200 000	1 320 000
边际贡献（元）	1 800 000	1 980 000
固定成本（元）	1 000 000	1 000 000
息税前利润（元）	800 000	980 000
固定利息支出（元）	500 000	500 000
税前利润（元）	300 000	480 000
净利润（元）	225 000	360 000
每股收益（元）	0.225	0.36

根据上述财务杠杆系数公式，可以求得该公司 2019 年的财务杠杆系数为：

$$DFL=\frac{\frac{\Delta EPS}{EPS}}{\frac{\Delta EBIT}{EBIT}}$$

$$=\frac{\frac{0.36-0.225}{0.225}}{\frac{980\,000-800\,000}{800\,000}}$$

$$=2.67$$

或者：

$$DFL=\frac{Q(P-V)-F}{Q(P-V)-F-I}$$

$$=\frac{1\,000\times(3\,000-1\,200)-1\,000\,000}{1\,000\times(3\,000-1\,200)-1\,000\,000-500\,000}$$

$$=2.67$$

或者：

$$DFL=\frac{EBIT}{EBIT-I}$$

$$=\frac{800\,000}{800\,000-500\,000}$$

$$=2.67$$

该公司 2019 年财务杠杆系数的经济含义是，与 2019 年相比，预测期 2020 年的息税前利润每提高 1%，则其每股收益将提高 2.67%，即每股收益的增长率是息税前利润的 2.67 倍。这就是财务杠杆的正效应。同样，如果 2020 年息税前利润发生下降，则息税前利润每下降 1%，其每股收益将下降 2.67%，即每股收益下降的速度也是息税前利润下降速度的 2.67 倍。这就是财务杠杆的负效应。

可以看出，财务杠杆系数越大，每股收益的变化对息税前利润变化越敏感，每股收益随息税前利润变化而变化的幅度就越大，财务风险也就越高。财务风险主要体现为企业举债形成的固定财务成本给股东获取剩余收益带来的不确定性。因为无论企业发展如何，需支付给债权人的资金都是固定的，当企业发展良好、盈利可观时，企业无须分配给债权人超过利息部分的收益，利用债权人资金赚取的额外收益最后仍归属于股东，但当企业发展不理想甚至亏损时，企业仍然需要优先支付利息，股东可获得的剩余利益很少甚至将承担亏损。

综上，不管是财务杠杆还是经营杠杆，都是一把“双刃剑”。不同的是，经营杠杆是对企业整体的经营成果形成杠杆效应，财务杠杆则是对股东剩余收益形成杠杆效应。当企业发展良好时，杠杆效应能帮助企业和股东“锦上添花”；当企业经营效益较差时，杠杆效应也能让企业和股东“雪上加霜”。

四、联合杠杆

所谓联合杠杆（Combined Leverage），也称为综合杠杆、总杠杆（Total Leverage），是企业经营杠杆和财务杠杆共同作用的结果。联合杠杆的衡量一般采用联合杠杆系数或联合杠杆度（Degree of Combined Leverage，DCL）来表示。联合杠杆系数是指每股收益变化对其销售收入变化的敏感程度，用公式表示为：

$$DCL=\frac{\frac{\Delta EPS}{EPS}}{\frac{\Delta S}{S}}$$

式中，DCL 为联合杠杆系数；EPS 为基期每股收益；ΔEPS 为每股收益变化额；S 为基期销售额；ΔS 为销售额变化额。

在实际使用过程中，通常将上式简化为：

$$DCL=\frac{Q\times(P-V)}{Q\times(P-V)-F-I-\frac{D_P}{1-T}}$$

或：

$$DCL=\frac{EBIT+F}{EBIT-I-\frac{D_P}{1-T}}$$

式中，P 为产品的单位销售价格；V 为单位变动成本；Q 为销售量；F 为企业的固定成本（不包括固定的利息支出）；I 为固定的利息支出；D_P 为优先股股息；T 为所得税税率。

如果企业不存在优先股，即不存在优先股股息 D_P，则上式又可以分别写为：

$$DCL=\frac{Q\times(P-V)}{Q\times(P-V)-F-I}$$

$$DCL=\frac{EBIT+F}{EBIT-I}$$

此外，从定义中可以看出，联合杠杆其实是经营杠杆和财务杠杆的乘积，即

$$DCL=DOL\times DFL$$

【例 7-12】表 7-6 是某公司基期 2019 年、预测期 2020 年的相关财务数据信息。公司基

期 2019 年的销售量是 1 000 件，销售单价为 3 000 元，变动成本率为 0.4，每件产品的单位变动成本是 1 200 元，固定经营成本为 1 000 000 元，固定利息支出为 500 000 元，无优先股融资。预测期 2020 年的销售增长率为 10%，销售单价和单位变动成本维持不变。此外，该公司发行普通股 1 000 000 股，所得税税率为 25%。要求计算该公司 2019 年的联合杠杆系数，并说明含义。

表 7-6　某公司 2019—2020 年相关财务信息

项目名称	基期 2019 年数据	预测期 2020 年数据
销售量（件）	1 000	1 100
单价（元）	3 000	3 000
单位变动成本（元）	1 200	1 200
销售收入（元）	3 000 000	3 300 000
总变动成本（元）	1 200 000	1 320 000
边际贡献（元）	1 800 000	1 980 000
固定成本（元）	1 000 000	1 000 000
息税前利润（元）	800 000	980 000
固定利息支出（元）	500 000	500 000
税前利润（元）	300 000	480 000
净利润（元）	225 000	360 000
每股收益（元）	0.225	0.36

根据上述公式，可以求得该公司 2019 年的联合杠杆系数为：

$$DCL=\frac{\frac{\Delta EPS}{EPS}}{\frac{\Delta S}{S}}$$

$$=\frac{\frac{0.36-0.225}{0.225}}{\frac{3\ 300\ 000-3\ 000\ 000}{3\ 000\ 000}}$$

$$=6$$

或者：

$$DCL=\frac{Q\times(P-V)}{Q\times(P-V)-F-I}$$

$$=\frac{1\ 000\times(3\ 000\times1\ 200)}{1\ 000\times(3\ 000\times1\ 200)-1\ 000\ 000-500\ 000}$$

$$=6$$

或者：

$$DCL=\frac{EBIT+F}{EBIT-I}$$

$$=\frac{800\ 000+1\ 000\ 000}{800\ 000-500\ 000}$$

$$=6$$

另外，结合例 7－10 和例 7－11，也可以计算联合杠杆系数 $DCL=DOL\times DFL=6$。

该公司 2019 年的联合杠杆系数的经济含义是，与 2019 年相比，2020 年该公司的销售收入每提高 1%，则其每股收益将提高 6%，即每股收益的增长率是销售收入的 6 倍。同样，如果 2020 年该公司的销售收入发生下降，则销售收入每下降 1%，其每股收益将下降 6%，每股收益下降的速度也是销售收入下降速度的 6 倍。这就是联合杠杆效应。

与经营杠杆和财务杠杆不同的是，联合杠杆反映的是企业总体的风险水平。它带给企业的决策信息是，企业要结合所在行业等特定因素来决定其所采用的杠杆效应程度，并通过经营杠杆和财务杠杆的合理搭配来寻求适合其特点的总杠杆效应。

企业可根据影响杠杆系数的因素调整杠杆大小，相较于经营杠杆，财务杠杆会比较容易调整。因为财务杠杆是企业融资决策的结果，而经营杠杆与企业的投资决策密切相关，企业一般先有投资项目，再进行融资决策，也就是先确定经营杠杆再确定财务杠杆。有些行业的经营杠杆本身可能就比其他行业的高，如重资产行业的投资门槛高，一旦进入该行业，固定经营成本投资巨大，经营杠杆也就很大，若企业经营效益比较差，短期内想降低经营杠杆比较困难。同理，若进入经营杠杆较低的行业，想在短期内提高经营杠杆也比较困难。而融资决策可以根据市场前景、公司发展情况进行灵活调整。

在这种情况下，企业的投资决策显得尤为重要，在进行投资决策时企业应重点关注宏观环境、行业特征、市场前景和公司发展情况等，合理规划经营杠杆。然后，在确定经营杠杆的基础上灵活设置财务杠杆，确定最优的资本结构，以寻求最合适的总杠杆效应，为企业和股东创造更多的价值。

第四节　资本结构决策

在财务管理实践中，最佳资本结构是指在一定条件下使企业加权平均资本成本最低，或企业价值最大的资本结构。现实中，确定企业最佳资本结构的方法主要有资本成本比较法、股东价值分析法和公司价值分析法。

一、资本成本比较法

资本成本比较法是指在一定财务风险条件下，测算可供选择的不同长期融资组合方案的加权平均资本成本，选择其中资本成本最小的一个融资方案。根据企业融资发生的阶段不同，可以相应地讨论初始资本结构决策和追加资本结构决策。

（一）初始资本结构决策

【例 7－13】某公司初创时，有如下三个融资方案可供选择，如表 7－7 所示。试用资本成本比较法来确定该公司的融资方案。

表 7-7　三种不同融资方案的具体情况　　单位：万元

融资方式	融资方案Ⅰ		融资方案Ⅱ		融资方案Ⅲ	
	融资额	税后成本（%）	融资额	税后成本（%）	融资额	税后成本（%）
长期借款	200	7	50	6	300	8
债券	100	7.5	150	8	250	9
优先股	100	10	300	11	50	10
普通股	600	13	500	13	400	13
合计	1 000	—	1 000	—	1 000	—

分别计算三种融资方案的加权平均资本成本，选择成本最低者作为最佳融资方案。

方案Ⅰ的加权平均资本成本是：

$$K_w=\frac{200}{1\,000}\times 7\%+\frac{100}{1\,000}\times 7.5\%+\frac{100}{1\,000}\times 10\%+\frac{600}{1\,000}\times 13\%=10.95\%$$

方案Ⅱ的加权平均资本成本是：

$$K_w=\frac{50}{1\,000}\times 6\%+\frac{150}{1\,000}\times 8\%+\frac{300}{1\,000}\times 11\%+\frac{500}{1\,000}\times 13\%=11.3\%$$

方案Ⅲ的加权平均资本成本是：

$$K_w=\frac{300}{1\,000}\times 8\%+\frac{250}{1\,000}\times 9\%+\frac{50}{1\,000}\times 10\%+\frac{400}{1\,000}\times 13\%=10.35\%$$

由以上计算可以看出，方案Ⅲ的加权平均资本成本最低，所以选择方案Ⅲ。

（二）追加资本结构决策

公司在持续经营的过程中，会不断产生新的资金需求。这就要求公司追加投资，这或许使得公司原有的资本结构发生变化。按照最佳资本结构的要求，选择追加融资方案有两种方法可用：其一是计算追加投资的边际资本成本，并进行比较；其二是将备选追加融资方案与原有资本结构汇总，计算比较各追加融资方案下汇总资本结构的加权平均资本成本。

【例 7-14】某公司现有两种追加融资方案可供选择，有关资料如表 7-8 所示。

表 7-8　两种追加融资方案资料　　单位：万元

融资方式	追加融资方案Ⅰ		追加融资方案Ⅱ	
	追加融资额	税后成本（%）	追加融资额	税后成本（%）
长期借款	50	6	200	8
优先股	30	11	0	0
普通股	420	13	300	13
合计	500	—	500	—

计算这两种方案的边际资本成本为：

方案Ⅰ的 $K_w=\frac{50}{500}\times 6\%+\frac{30}{500}\times 11\%+\frac{420}{500}\times 13\%=12.18\%$

方案Ⅱ的 $K_w=\frac{200}{500}\times 8\%+\frac{300}{500}\times 13\%=11\%$

相比之下，方案Ⅱ的边际资本成本较低，资本结构最佳，应该选择方案Ⅱ。

另外，也可按照汇总资本的加权平均资本成本来进行决策。该企业原有资本结构为例7-13中的第三种，则追加融资时的情况如表7-9所示。

表7-9 原资本结构与追加融资方案资料汇总 单位：万元

融资方式	原有资本结构		追加融资方案Ⅰ		追加融资方案Ⅱ	
	金额	税后成本（%）	金额	税后成本（%）	金额	税后成本（%）
长期借款	300	8	50	6	200	8
债券	250	9	0	0	0	0
优先股	50	10	30	11	0	0
普通股	400	13	420	13	300	12
合计	1 000	—	500	—	500	—

汇总资本后的加权平均资本成本计算结果为：

$$\begin{aligned}方案Ⅰ的 K_w&=\frac{300+50}{1\,500}\times\frac{300\times8\%+50\times6\%}{300+50}+\frac{250}{1\,500}\times9\%+\frac{50+30}{1\,500}\times\\&\quad\frac{50\times10\%+30\times11\%}{50+30}+\frac{400+420}{1\,500}\times\frac{400\times13\%+420\times13\%}{400+420}\\&=\frac{350}{1\,500}\times7.71\%+\frac{250}{1\,500}\times9\%+\frac{80}{1\,500}\times10.38\%+\frac{820}{1\,500}\times13\%\\&=10.96\%\end{aligned}$$

$$\begin{aligned}方案Ⅱ的 K_w&=\frac{300+200}{1\,500}\times\frac{300\times8\%+200\times8\%}{300+200}+\frac{250}{1\,500}\times9\%+\frac{50}{1\,500}\times10\%+\\&\quad\frac{400+300}{1\,500}\times\frac{400\times13\%+300\times12\%}{400+300}\\&=\frac{500}{1\,500}\times8\%+\frac{250}{1\,500}\times9\%+\frac{50}{1\,500}\times10\%+\frac{700}{1\,500}\times12.57\%\\&=10.37\%\end{aligned}$$

相比之下，方案Ⅱ汇总后资本的加权平均资本成本较低，应选择方案Ⅱ。可以看到，用这种方法计算的结果与前一种方法计算的结果是一致的。

二、股东价值分析法

（一）杠杆分析法

杠杆分析法是指利用最优杠杆效应进行资本结构决策的方法。企业应选择能使股东价值最大化的最优杠杆水平，而能达到最优杠杆水平的资本结构就是最佳的资本结构。由杠杆利益与风险的介绍可知，企业的经营杠杆决定了企业的经营风险，经营杠杆能够“放大”企业经营利润的波动性；企业的财务杠杆决定了企业的财务风险，财务杠杆能够“放大”股东剩余收益的波动性。

可见，要使股东价值最大化，必须考虑经营杠杆和财务杠杆的综合效应。企业在确定经营杠杆的基础上灵活设置财务杠杆，选择能使联合杠杆水平最优的融资方案，通过经营杠杆和财务杠杆的合理搭配来寻求最优的总杠杆效应，最终达到股东价值最大化的目标。

该方法的局限性在于联合杠杆不仅受到融资决策的影响，还受到投资决策的影响，而投资决策中涉及的经营风险还受外部宏观环境和行业环境等多方面的影响，而这些因素，企业往往难以控制或改变。可见，杠杆效应的计算存在较大的不确定性，而且在计算联合杠杆效应时还需要使用预测数据，因此，该方法实际操作的难度会比较大，难以得到一个有效的最优杠杆水平，也就难以确定一个最佳的资本结构。

（二）每股收益分析法

每股收益分析法，也称为 EBIT-EPS 法，是利用每股收益无差别点进行资本结构决策的方法。能够取得企业每股收益达到最大的融资方案才是适合企业实际状况的，此时的资本结构才是最佳的资本结构。

每股收益法分析是利用每股收益的无差别点进行的。所谓每股收益无差别点，是指每股收益不受融资方式影响的销售水平，可以通过下式计算得出：

$$EPS=\frac{(S-VC-F-I)\times(1-T)}{N}=\frac{(EBIT-I)\times(1-T)}{N}$$

式中，S 为销售额；VC 为变动成本；F 为固定成本；I 为债务利息；T 为所得税税率；N 为流通在外的普通股股数。

在每股收益无差别点上，无论是采用负债融资还是采用权益融资，每股收益都是相等的。若以 EPS_1 代表负债融资，EPS_2 代表权益融资，则有：

当 $EPS_1=EPS_2$ 时，即

$$\frac{(S_1-VC_1-F_1-I_1)\times(1-T)}{N_1}=\frac{(S_2-VC_2-F_2-I_2)\times(1-T)}{N_2}$$

在每股收益无差别点上，$S_1=S_2=S$，则：

$$\frac{(S-VC_1-F_1-I_1)\times(1-T)}{N_1}=\frac{(S-VC_2-F_2-I_2)\times(1-T)}{N_2}$$

能使上述等式成立的销售额 S，即为每股收益无差别点销售额。当销售额或息税前利润大于每股收益无差别点时，运用负债融资可获得较高的每股收益。反之，当销售额或息税前利润小于每股收益无差别点时，运用权益融资可获得较高的每股收益。

【例 7-15】某公司原有资本 700 万元。其中，债务资本 200 万元，每年负担利息 24 万元，股权资本 500 万元，普通股 10 万股，每股面值 50 元。由于扩大业务，需追加融资 300 万元，其融资方式有两种：一是全部发行普通股，即增发 6 万股，每股面值 50 元；二是全部筹借长期债务，债务利率仍为 12%，即利息每年 36 万元。公司的变动成本率为 0.6，固定成本为 180 万元，所得税税率为 25%。比较选择上述两个方案。

将上述资料中的有关数据代入条件公式：

$$\frac{(S-0.6S-180-24)\times(1-25\%)}{10+6}=\frac{(S-0.6S-180-24-36)\times(1-25\%)}{10}$$

$S=750$（万元）

此时的每股收益额为：

$$\frac{(750-750\times0.6-180-24)\times(1-25\%)}{16}=4.5\text{（元）}$$

对上述每股收益进行无差别分析，可描绘出分析图，如图 7-2 所示。

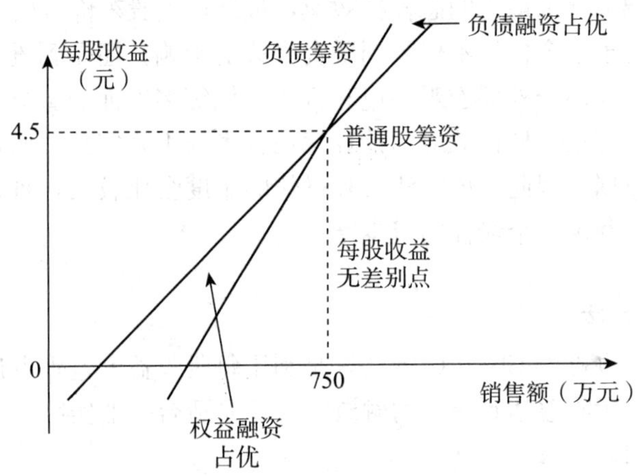

图 7-2　每股收益无差别分析图

从图 7-2 可以看出，当销售额高于 750 万元时，运用负债融资可获得较高的每股收益；当销售额低于 750 万元时，运用权益融资可获得较高的每股收益。

EBIT-EPS 法的局限在于，只考虑了资本结构对每股收益的影响，并假定每股收益最大时的资本结构是最优的，但该方法并没有把资本结构对风险的影响考虑进来。因此，这种方法一般适用于资本规模不大、资本结构不太复杂的企业。

三、公司价值分析法

公司价值分析法是在充分反映公司财务风险的前提下，以公司价值的大小为标准来选择最佳资本结构的方法。该方法充分考虑了公司的财务风险和资金成本等因素的影响，在进行资本结构决策时以公司价值最大化为标准，符合公司价值最大化的财务目标。

该方法的测算原理与测算过程都较为复杂，因此通常适用于资本规模较大的上市公司。关于公司价值的内容和测试基础与方法，目前主要有三种观点：

（1）公司价值等于公司未来净收益按照一定折现率折现的现值。

（2）公司价值是公司股票的现行市场价值，即公司价值等同于股东价值。

（3）公司的价值等于公司债务和股票的现值。

本书采用第三种观点，即公司的市场总价值 V 等于其股票的总价值 S 加上债券的价值 B，即

$$V=S+B$$

假设公司的息税前利润是永续的，股东和债权人的投入及要求的回报不变，股票的市场价值则可表示为：

$$S=\frac{(EBIT-I)\times(1-T)}{K_S}$$

式中，I 为年利息额；T 为公司所得税税率；K_S为权益资本成本，即股东要求的回报率。

采用资本资产定价模型计算股票的资本成本 K_S，即：

$$K_S=R_S=R_F+\beta_S(R_M-R_F)$$

式中，R_F为无风险报酬率；β_S为系统性风险系数；R_M为市场平均的风险报酬率。

而公司的资本成本，则应用加权平均资本成本 K_W 来表示，公式为：

$$\text{加权平均资本成本}=\text{税前债务资本成本}\times\text{债务额占总资本的比重}\times\left(1-\text{所得税税率}\right)+\text{权益资本成本}\times\text{股票额占总资本比重}$$

$$K_W=K_b\times\left(\frac{B}{V}\right)\times(1-T)+K_S\times\left(\frac{S}{V}\right)$$

式中，K_b 为税前的债务资本成本。

【例 7-16】某公司 2018 年息税前利润为 500 万元，资金全部由普通股权资本组成，股票账面价值 2 000 万元，所得税税率为 40%。该公司认为目前的资本结构不够合理，准备用发行债券购回部分股票的办法予以调整。经咨询调查，目前的债务利率和权益资本的成本情况，如表 7-10 所示。

表 7-10　不同债务规模对公司债务资本成本和权益资本成本的影响

债券的市场价值 B（百万元）	税前债务资本成本 K_b（%）	股票 β 值	无风险报酬率 R_F（%）	市场平均必要报酬率 R_M（%）	权益资本成本 K_S（%）
0	—	1.20	10	14	14.8
2	10	1.25	10	14	15.0
4	10	1.30	10	14	15.2
6	12	1.40	10	14	15.6
8	14	1.55	10	14	16.2
10	16	2.10	10	14	18.4

根据表 7-10 的资料，运用公式可计算出筹集不同规模债务时公司的价值和资本成本，如表 7-11 所示。

表 7-11　公司市场价值和资本成本表

债券市场价值 B（百万元）	股票市场价值 S（百万元）	公司市场价值 V（百万元）	税前债务资本成本 K_b（%）	权益资本成本 K_S（%）	加权平均资本成本 K_W（%）
0	20.27	20.27	—	14.8	14.80
2	19.20	21.20	10	15.0	14.15
4	18.16	22.16	10	15.2	13.54
6	16.46	22.46	12	15.6	13.36
8	14.37	22.37	14	16.2	13.41
10	11.09	21.09	16	18.4	14.23

从表 7-11 中可以看到，在没有债务的情况下，公司总价值就是其原有股票的市场价值。当公司用债务资本部分地替换权益资本时，一开始公司总价值上升，加权平均资本成本下降；在债务达到 600 万元时，公司总价值最高，加权平均资本成本最低；债务超过 600 万元后，公司总价值下降，加权平均资本成本上升。因此，债务为 600 万元时的资本结构是该公司的最佳资本结构。

在现实的资本结构决策中，由于影响公司资本结构的因素很多，不能仅仅靠上述方法进行资本决策。从定性的角度来看，企业资本结构还受到成长性、商业风险、公司规模、可担保财产、盈利能力、股利政策等因素的影响，从而使得最终确定的资本结构与上述决策方法得出的结果会有所不同。因此，现实中应充分研究各影响因素，根据财务目标，结合实际情况，最终确定适合公司的最佳资本结构。

第五节 企业破产与债务重组

一、企业破产

破产（Bankruptcy）是指对丧失清偿能力的债务人，由法院强制清算并执行其全部财产，公平清偿全体债权人的法律制度。从广义上讲，破产不仅包括破产清算制度，还包括以挽救债务人、避免破产为目的的重整、和解等法律制度。

经济意义上的破产是指债务人的一种特殊经济状态。在此状态中，债务人已无力支付到期债务的本息，而最终不得不倾其所有财产以清偿债务。法律意义上的破产是指一种法律手段和法律程序。通过这种手段和程序，概括性地解决债务人和众多债权人之间的债权债务关系。

根据我国《企业破产法》的规定，企业法人不能清偿到期债务，并且资产不足以清偿全部债务或者明显缺乏清偿能力，是构成企业法人破产的原因。一般而言，债务人不能清偿债务的事实状态，即事实上的破产是企业法人破产的原因。这种事实上的破产包括两类情形：一类是债务人丧失了继续经营事业的财产承受能力；另一类是债务人发生了不能清偿债务的财务危机。

企业法人的破产一般具有下述几个特点：

（1）债务人不能清偿到期债务。“到期债务”是指已经到了履行还债义务期限的债务；“清偿”是指全部偿还；“不能清偿”是指没有按期清偿的各种可能性。债务人资不抵债并不能当然认定为“不能清偿”。

（2）存在多数债权人。如果只有一个债权人，只需采取一般民事执行程序即可。当存在多数债权人时，由于债权人竞相请求对债务人财产强制执行，如采取一般民事执行程序，可能造成部分债权人得不到偿还或只得到少量偿还的不公平情况，因而需要一种特殊的程序——破产程序，以保证各债权人的损益公平。

（3）债权人公平受偿。债务人的全部财产不足以清偿全部债务，决定了债权人无法实现全部债权。而按照“同质债权、同等地位”的要求，必须依照法定顺序，按照同一比例，将债务人的财产在各个债权人之间分配，以保证债权人之间受偿公平。

（4）免除未能清偿的债务。这也是法人有限责任的体现。如果破产程序终结后，仍得不到清偿的债务，则债权人免除责任。对于债权人而言，这是其债权投资的风险，由自己承担。

二、破产财产及其分配

从形式意义上讲，破产财产是指应依破产程序分配给破产债权人的破产人财产。从实体意义上讲，破产财产是指破产宣告时及破产程序终结前，破产人所有的供破产清偿的全部财产。鉴于破产主要是指债务人不能清偿到期债务时，对其财产清算分配的一种特别程序，而且各国法律上规定的破产财产实体概念并不相同。故而，破产申请受理时属于债务人的全部财产，以及破产申请受理后至破产程序终结前债务人取得的财产称为债务人财产。按照我国《企业破产法》及相关司法解释，我国企业法人的破产财产包括：

(1) 宣告破产时破产企业经营管理的全部财产，包括破产企业的固定资产、流动资产以及其他财产权益。破产企业为国有企业的，国家授予其经营管理的财产也属于破产财产。

(2) 破产企业在破产宣告后至破产程序终止前所取得的财产，包括在破产清算期间，破产企业的债务人所偿还的债务；由于企业破产而收回的投资，联营的收益和权利；由于破产企业的无效行为而由人民法院追回的财产等。

(3) 应由破产企业行使的其他财产权利。这是指在破产程序结束时清算组尚未收回的应由破产企业行使请求权而获得的财产。

已作为担保物的财产不属于破产财产。担保物是担保债权人实现债权的物质保证，债权人对其享有优先受偿权。如果债务人不能履行债务，担保债权人有权取得担保物，用来抵偿债务人的债务。在担保期限内，未经担保债权人的同意，债务人不得将担保物转让、出租、抵押等。所以，已作为担保物的财产不能作为破产财产。但是，担保物的价款大于所担保债务的价款时，多出的部分应列入破产财产。

按照我国当前的规定，破产财产在优先清偿破产费用和共益债务后，按照下列顺序清偿：

(1) 破产人所欠职工的工资和医疗、伤残补助、抚恤费用，所欠的应当划入职工个人账户的基本养老保险、基本医疗保险费用，以及法律、行政法规规定应当支付给职工的补偿金。

(2) 破产人欠缴的除前项规定以外的社会保险费用和破产人所欠税款。

(3) 普通破产债权。

破产财产不足以清偿同一顺序的清偿要求的，应按照比例分配。破产企业的董事、监事和高级管理人员的工资按照该企业职工的平均工资计算。

三、破产程序

企业法人的破产，可以由债务人主动向住所地法院提出重整、和解或破产清算申请，也可以由债权人提出申请。

(一) 破产申请的提出与受理

破产申请的提出，是当事人请求法院宣告债务人破产所作出的意思表示。根据法律规定，有权提出破产申请的当事人是指债权人和债务人。破产申请人提出申请，应向法院提交有关证据或资料。法院接到破产申请后，应立即进行审查。

审查包括两方面内容，一是审查一般破产要件，即债务人有无破产能力，申请人有无诉讼能力、申请权以及法定代表人和诉讼代理人资格，法院有无管辖权，破产申请提出时有无破产障碍等；二是审查破产界限存在与否，申请人所述情况是否属实等。

(二) 和解与整顿

在破产法上，和解是在债权人申请债务人破产的情况下，由债务人与全体债权人就企业整顿和延期清偿债务或者减少债务数额等达成协议，从而中止破产程序的一种制度。实行和解制度，往往对债务人和债权人双方以及对社会经济生活，都是有利的。

企业由债权人申请破产的，在人民法院受理案件后 3 个月内，被申请破产企业的上级主管部门可以申请对该企业进行整顿。整顿申请提出后，企业应当向债权人会议提出和解协议草案。

在破产法上，整顿是债务人为履行其与债权人会议达成的和解协议，在人民法院的监督和上级主管部门的主持下，采取必要措施恢复生机，以最终清偿债务，免遭破产的一种制度。经过整顿，企业能够按照和解协议清偿债务的，法院应当终结对该企业的破产程序并且予以公告；整顿期满，企业不能按照和解协议清偿债务的，法院应当宣告该企业破产，并且依法重新登记债权。

（三）破产宣告

破产宣告是受理案件的法院依法裁定和宣布债务人破产的一项程序。企业被宣告破产，破产清算程序即行开始，并产生一系列法律效力。债务人成为破产人，债务人的财产成为破产财产。法院成立清算组，接管破产企业。破产债权人所拥有的未到期债权视为已到期。

（四）破产清算

破产清算是破产宣告后，清算组在有关当事人的参加下，对破产企业的财产依法进行保管、清理、估价、处理和分配，了结破产企业债务的活动与程序。

清算组在对破产财产进行清理的基础上提出分配方案，经债权人会议讨论通过，报请法院裁定后执行。破产财产优先拨付破产费用和共益费用后，按照法定顺序清偿。

（五）破产终结

破产终结是指破产企业无破产可分或破产财产分配完毕，由破产清算组提请法院结束破产程序，并向破产企业原登记机关办理注销登记的程序。

四、债务重组

有时候债务人会因经营不善而财务拮据、资金周转发生困难，从而出现无法按时还本付息的情况。若债权人采取强制措施，可能会导致债务人破产清算，这种情况下，债权人得到的补偿会比债务人在持续经营情况下的补偿更小。所以，债权人为了能够收回更多的资金，往往会在债务人财务发生困难的时候做出一定的让步，保证债务人的持续经营。

所谓债务重组就是在债务人发生财务困难的情况下，债权人按照其与债务人达成的协议或法院的裁决同意债务人修改债务条件。债务人修改的条件一般都要求债权人作出一定的让步。狭义的债务重组是指债权人同意债务人现在或将来以低于重组债务账面价值的金额偿还债务，包括减免部分债务本金或利息、降低债务人应付债券的利息等。广义的债务重组是指债权人现在或将来收到的偿还金额并没有减少，只是换了形式，如债权人同意债务人用等值库存商品来抵偿到期债务。

一般所说的债务重组都是狭义的债务重组，主要包括以下几种方式：

（1）以低于债务账面价值的现金清偿债务，这里的现金是指货币资金。

（2）以非现金资产清偿债务，包括以存货、短期投资、固定资产、长期投资、无形资产等清偿债务。

(3) 债务转为资本，是指债务人将债务转为资本，同时债权人将债权转为股权。

(4) 修改其他条件，包括延期还款、减少未来债务本金、降低利率等。

(5) 混合重组，是指采用以上两种或两种以上的方法组合清偿债务的债务重组形式。

值得注意的是，债务人发行的可转换债券按正常条件转为股权。债务人破产清算时发生的债务重组、债务人改组，债务人借新债还旧债等，不属于债务重组。

练习与解析

复习思考

1. 什么是资本成本?

2. 简述资金结构中负债的意义。

3. 杠杆效应有几种类型? 每种类型的杠杆效应如何衡量?

4. 经营杠杆系数、财务杠杆系数、联合杠杆系数的经济内涵分别是什么?

5. 企业资本结构理论有哪些? 其内容分别是什么?

6. 企业资本结构决策方法有哪些? 具体如何运用?

7. 某企业发行面值为 100 元、发行价为 110 元、票面利率为 10%、偿还期为 5 年的长期债券。该债券的融资费率为 2%，企业所得税税率为 25%。该债券的资本成本是多少?

8. 某企业发行面值为 100 元、发行价为 90 元、年股利率为 8%的优先股股票，发行该优先股股票的融资费率为 1%。该优先股的资本成本是多少?

9. 某企业发行普通股股票，每股面值 1 元，发行价格为 10 元，融资费率为 2%，预计第一年年末股利为 2 元，以后股利年增长率维持在 3%。该普通股的资本成本是多少?

10. A、B 两家公司的有关财务资料如表 7-12，试比较两家公司的经营风险。

表 7-12　A、B 两家公司财务资料　　单位：万元

公司名称	经济状况	概率	销售量(件)	单价	销售额	单位变动成本	变动成本总额	边际贡献	固定成本	息税前收益
A	好	0.2	120	10	1 200	6	720	480	200	280
	中	0.6	100	10	1 000	6	600	400	200	200
	差	0.2	80	10	800	6	480	320	200	120
B	好	0.2	120	10	1 200	4	480	720	400	320
	中	0.6	100	10	1 000	4	400	600	400	200
	差	0.2	80	10	800	4	320	480	400	80

11. B公司年销售额为1 000万元，变动成本率为60%，息税前利润为250万元，全部资本为500万元，负债比例为40%，负债平均利率为10%。

要求：

(1) 计算B公司的经营杠杆系数、财务杠杆系数和联合杠杆系数。

(2) 如果预测期B公司的销售额将增长10%，计算息税前利润及每股收益的增长幅度。

12. 五达公司下年度生产单位售价为12元的甲产品，该公司有两个生产方案可供选择：A方案的单位变动成本为6.75元，固定成本为675 000元；B方案的单位变动成本为8.25元，固定成本为401 250元。该公司资金总额为2 250 000元，资产负债率为40%，负债利息率为10%。预计年销售量为200 000件，该企业目前正在免税期。

要求：

(1) 计算两个方案的经营杠杆、财务杠杆。

(2) 计算两个方案的联合杠杆，对比两个方案的总风险。

13. C公司目前发行在外普通股100万股（每股1元），以平价发行利率5%的债券400万元。该公司计划为一个新的项目进行融资500万元，新项目投产后公司每年息税前利润增加到200万元。现有两个方案可供选择：按6%的利率平价发行债券（方案1）；按每股10元发行新股（方案2）。公司适用的所得税税率为25%。

要求：

(1) 分别计算两个方案的每股收益。

(2) 计算两个方案每股收益无差别点的息税前利润。

(3) 判断哪个方案最好（不考虑资本结构对风险的影响）。

14. 某公司2019年初的负债与股东权益总额为9 000万元，其中，公司债券1 000万元（按面值发行，票面年利率为8%，每年年末付息，三年到期）；普通股股本4 000万元（面值1元，4 000万股）；资本公积2 000万元；留存收益2 000万元。2019年该公司为扩大生产规模，需要再筹集1 000万元资金，现有两个筹资方案可供选择。

方案一：增加发行普通股200万股，预计每股发行价格为5元。

方案二：增加发行同类公司债券，按面值发行，票面年利率为8%，每年年末付息，三年到期。

预计2019年该公司可实现息税前利润2 000万元，适用的企业所得税税率为25%。

要求：计算每股盈余无差异点处的息税前利润，并据此确定该公司应当采用哪种筹资方案。

15. 某公司现有普通股100万股，每股面值10元，股本总额为1 000万元，公司债券为600万元（总面值为600万元，票面利率为12%，3年期限）。2019年该公司拟扩大经营规模，需增加筹资750万元，现有两种备选方案可供选择：

甲方案是增发每股面值为10元的普通股50万股，每股发行价格为15元，筹资总额为750万元；乙方案是按面值发行公司债券750万元，新发行公司债券年利率为12%，3年期限，每年付息一次。

股票和债券的发行费用均忽略不计。公司的所得税税率为30%。该公司采用固定股利政策，每年每股股利为3元。2019年该公司预期息税前盈余为400万元。

要求：

(1) 计算公司发行新的普通股的资本成本。

(2) 计算公司发行债券的资本成本。

(3) 计算两种筹资方式的每股盈余无差异点时的息税前盈余，并判断该公司应当选择哪种筹资方案。

阅读材料

在2018年A股上市公司再融资规模创下近四年新低之后，随着再融资政策的持续松绑，加上2019年以来二级市场的上涨，A股再融资市场正显现出复苏暖意，机构参与定增、可转债等再融资项目的热情逐步升温。

业内人士指出，随着再融资市场日趋活跃，机构相关业务正在发生变化，再融资市场的工具正处于不断丰富的过程中，可交债、可转债、定向可转债等逐个登台，健康规范的定增投资仍有望扮演重要角色。

定增市场逐渐回暖

近期，作为再融资核心方式之一的上市公司定向增发，显现回暖气息。特别是随着再融资政策进入放松周期并叠加2019年2月以来股市行情好转，上市公司新增定增预案增加，审核和发行节奏提速。

统计数据显示，截至4月22日，2019年以来共计52家A股公司实施了定向增发，相较于2018年同期仍呈下滑态势。其中，定价发行23例，竞价发行29例；现金认购30例，募集金额244.92亿元，资产认购22例，认购金额达1 420.54亿元。

不过，值得注意的是，2019年以来，有113家上市公司首次披露增发预案，较2018年同期显著增加。

业内人士称，回顾近几年来定增遭遇的变局，这样的回暖可谓来之不易。2017年2月，证监会发布《发行监管问答——关于引导规范上市公司融资行为的监管要求》，控制了融资市场的“进”；同年5月，证监会发布《上市公司大股东、董监高减持股份的若干规定》，控制了融资市场的“出”。这两项举措延长了定增产品的进入和退出的周期。

由于在定增项目上“受伤”，部分机构对于参与定增项目至今心有余悸。这也表现为定增项目募足率不高。数据显示，2019年以来实施的30个现金参与定增的项目中，只有11个项目全额募足。

不过，随着政策松动迹象的出现以及二级市场的回暖，业界普遍预计，这种状况会有所改变。新时代证券研究所所长孙金炬认为，再融资市场发行目前仍旧低迷，不过政策已开始放松，且新发预案不断推出，可以认为定增市场已企稳回升。政策放松叠加收益率大幅回暖，定增市场在2019年将提前见底回升。2019年至今，一年期现金参与定增平均折价率为12.6%，收益率为44.0%。折价率高企、β收益回暖，α收益由二级市场回归定增市场，定增市场对于长线资金而言，已进入战略性布局时段。

华泰证券定增业务人士则认为，上市公司定增融资的需求一直较为旺盛，如果政策能够调整且二级市场维持较好表现，定增将会是2019年机构再融资业务的重要增量。

可转债配置机会显现

相对于定增市场的温和复苏，2019年上市公司再融资业务中，对于可转债投资机会的配置，资金的态度要踊跃得多，也成为近期再融资的最大亮点。

数据显示，2019 年以来共有 7 家公司实施配股，募资合计 108.96 亿元。年初以来，可转债一级市场维持了较高的供给速度，2019 年以来共计发行公募可转债 49 只，发行规模合计 1 472.95 亿元，发行规模远超 2018 年全年水平。在权益市场行情向好的带动下，转债申购异常火爆，这种火爆不仅大大降低了发行难度，新券中签率极低，网上中签率均值持续走低，网下中签率更低，绝味转债等标的网下中签率更是低到让参与资金都感叹“打新不易”。当然，这背后有部分资金违规申购等引发的“供需失衡”，但是整体而言，可转债申购的火爆显而易见。

中银国际证券分析师徐沛东指出，2018 年 10 月下旬以来，可转债配置价值渐显，随着政策的支持，可转债供给量迅速上升。2019 年 3 月可转债募资规模首次超过增发规模。从再融资发行结果来看，可转债的再融资项目和融资额均抬升较快。

上海一家银行系基金公司基金经理指出，随着再融资新规和减持新规的颁布，定增作为募资途径，其“折价提供安全垫、募集灵活度高”的优势逐渐褪去。同时，可转债解决了套利和上市公司短视的问题，近期审批明显提速，叠加信用申购模式，转债市场大幅扩容。

可转债市场的热度，让投身其中的机构资金“喜上眉梢”。数据显示，2019 年一季度可统计的 52 只可转债基金（A/B/C 类份额分开计算）全部实现正收益。其中，华富可转债债券、南方希元可转债债券、博时转债增强债券等多只可转债基金一季度净值涨幅超 20%。博时转债增强债券基金一季报指出，在股市出现反转后，市场风险偏好得以修复和上升，可转债受正股和估值双重推动，表现出色，如一季度中证转债指数上涨 17.5%。该基金坦承：2019 年纯债收益率预期不高，超额收益来自风险资产的暴露，可转债值得战略性看多。

对于可转债市场的热度，相关保荐承销机构自然不会放过。记者采访了解，可转债的保荐承销业务，目前机构竞争较为激烈，“保荐承销费用一降再降，一些大体量项目更是出现保荐承销费用的折上折。上市公司也通过多轮比价、联席承销等方式，降低自己的发行成本。就是在这样的情况下，公司还在加大可转债业务的资金投入和人员配置。”一家中型券商人士莫以琛（化名）介绍。

再融资工具日趋多元

在机构人士看来，再融资政策风向的转变，虽然会推动定增市场的回暖，但并不会改变再融资市场格局的重构进程。

分析人士指出，2018 年 11 月 9 日证监会修订发布的《发行监管问答——关于引导规范上市公司融资行为的监管要求》的政策放松，主要体现在修改了两项关键规则，一是明确使用募集资金补充流动资金和偿还债务的监管要求，二是对再融资时间间隔的限制做出调整，从 18 个月缩短至 6 个月。根据中银国际的数据分析，满足新发行间隔条件的上市公司理论上将增加 466 家。

孙金炬认为，再融资间隔放宽，据测算对再融资规模的影响在 10%左右，叠加再融资资金用途的放松，再融资市场有望提前回暖。

不过，由于定价机制和减持新规所导致的锁定期延长没有变化，部分机构人士认为，再融资新规的影响需要时间来逐步体现。徐沛东认为，尽管政策松绑了非公开发行的部分约束，但对非公开发行造成实质性影响的监管约束并未解除。定价机制的限制意味着上一轮融资潮中定增产品主要面对有风险识别和承担能力的特定投资者，发行门槛较低，行政约束宽松，发行折价率较高，存在较大套利空间；而在定增基准日的规定修改后，套利空间大幅压缩。另外，减持规则的限制，意味着参与定增的投资者要面临极大的时间成本和市场不确定性。综合来看，在目前的发审节奏下，这些新增满足条件的再融资，可能需要在未来2～3年的时间释放。

徐沛东进一步表示，再融资市场格局将延续重构。上一轮再融资潮中，投资者对发行价格相比市价折扣的过度偏重，造成了资金以短期逐利为目标，不利于资源有效配置和长期资本的形成。目前来看，监管层依然要控制定增以及再融资总额，防止上市公司滥发、超发。因此，政策的引导方向依然是定向增发规模下降，而配股、可转债、优先股等其他再融资规模提升。未来再融资市场的格局将继续优化，定增市场市场化程度不断提高，投资策略将进一步转变。

值得一提的是，2019年4月初，有关监管层计划对再融资政策再评估的传闻甚嚣尘上，可能涉及恢复锁价发行、新增股东是否受减持新规限制等市场关注的核心内容。业内普遍认为，限制定增市场回暖的核心政策是发行期首日定价和减持新规，未来如果在这两方面能有所放松的话，定增市场有望加速回暖。

财通基金认为，再融资市场的工具正处于不断丰富的过程中，可交债、可转债、定向可转债等逐个登台，健康规范的定增投资仍有望扮演重要角色。

对于相关机构来讲，再融资格局的持续变化，意味着相关业务的适时调整。“对于保荐承销机构来讲，上市公司再融资的需求切实存在，且会持续存在。再融资的方式、方法、途径等发生变化，对于中介机构来讲，考验的是项目挖掘的能力和持续服务的能力。”莫以琛表示。

资料来源：黄淑慧，徐金忠．转债融资规模首超定增 工具多元化再融资“江湖”生变．中国证券报，2019-04-24.（有改动）

讨论与运用

1. 本案例中，可转债的发行规模为什么超过定向增发？

2. 如何看待政策对企业融资方式选择的影响？

第八章

股利分配决策

案例导引

一年净利润还不到12亿元，一次性就要分红派现24.64亿元，其中更是有近20亿元落入控股股东腰包。3月12日晚，华宝股份这一份土豪分红方案震惊了市场。对于上市公司此番举动，有投资者拍手叫好，憧憬股价走势；有人遗憾自己没有持股；也有投资者质疑公司通过这种方式向控股股东输送了资金。

3月13日，《每日经济新闻》以《华宝股份分红“套现”局?》为题，全方位质疑了华宝股份的高比例分红行为。同日，深交所下发问询函，“六连问”要求华宝股份解释高比例分红的合理性等问题。

至于用累积的未分配利润分红，华宝股份表示这是为上市后股东考虑。根据华宝股份所述，用于利润分配的未分配利润部分来自公司上市之前。截至2017年12月31日，未分配利润为24亿元，2018年度新增未分配利润为10亿元，然而本次分红的未分配利润为24.6亿元。不难发现，此次华宝股份分红依赖于上市之前的未分配利润。华宝股份表示，公司将上市之前累积的未分配利润（若在上市前分配则上市后的中小股股东无法享受该等收益）向包括中小股东在内的所有股东进行利润分配，本身就是保护中小投资者利益的表现。

资料来源：胥帅，魏官红．土豪式分红的华宝股份回复关注函：分红是为回馈上市后股东．每日经济新闻，2019-03-20.（有改动）

学习目标

1. 了解税后利润分配的基本程序。
2. 了解股利政策相关理论。

3. 掌握现实中的股利政策决策。

4. 掌握股票股利及其变形形式。

内容提要

股东利益最大化是现代企业财务管理的目标，而股利是股东利益的重要形式。股利的主要形式有现金股利、股票股利，而现金股利备受市场投资者关注，即市场会根据现金股利发放与否、发放多少及其变化来判断公司价值。股票回购、股票分割与反分割，具有与股票股利相似的实施效果。

第一节　股利分配概述

一、股东及其权利

当一个投资者购买了公司股票，他就与公司达成了相应的契约，成为公司的股东。此时，股东对公司的权利、义务关系就出现了。

(一) 股东的权利

股东的权利主要包括以下几个方面。

1. 对公司具有监督管理权

从理论上说，只要是公司的股东都可以参与公司的经营管理并对经理人员进行监督，但在实际中，由于公司股东人数众多，所以公司主要是通过董事会进行监督，通过经理人进行管理，而股东都可以参与股东大会进行投票表决，实现对公司的监督管理权。

2. 剩余利润的请求权

股东有权参与分享公司的剩余利润。当公司有盈余时，在弥补亏损之后若仍有剩余，则可按照投资比例分配给股东。

3. 剩余财产的请求权

当公司解散、清算时，股东有权分享公司的剩余财产。即当公司所有的资产偿还债权人后还有剩余的这部分，股东可以按比例得到分配。

4. 出售或转让股票的权利

一般情况下，股东投入的资金是不能从公司抽回的，但是股东可以通过将股份转让或在二级市场上出售的方式来收回投资或赚取资本利得。股票转让权是股东，特别是中小股东保护自身利益的一项基本而重要的权利。

(二) 股东的义务

在公司中，股东的义务主要包括以下几个方面。

1. 向公司提供资产

要想成为公司的股东，就必须向公司提供资金或资产。公司的组建和运营都非常依赖股东提供的资金或资产，且股东的出资是永久性的，即在公司存续期间内，股东不得以任何形式抽逃出资。

2. 承担公司的亏损等风险

在公司盈利时，股东可以分享利润；在公司亏损时，股东也要承担相应的损失，一般以其出资额为限承担有限责任。

二、股利支付方式

（一）现金股利

现金股利是公司分配股利时，以货币形式支付给股东的股息红利，是普遍的股利分配方式。

现金股利的最大优点是操作简单。但是，大比例分派现金股利会减少公司的内部积累和现金流量，影响企业扩大再生产，进而影响公司未来的经营管理与股利发放。分派现金股利过少也会影响股东的近期利益，从而影响公司股价。另外，现金股利一般作为股东的应税所得，因此其发放会提高股东的税率等级或应缴税额。

（二）股票股利

股票股利是公司以公司股票代替现金向股东分配的一种形式。股票股利通常有资本公积转增资本或红利转增资本，属于增资发行股票。由于所送红股是按股东所持股票的比例分派的，因此每位股东在公司中拥有的权益比例不会发生变化；同时，这种分红方式只是使公司账上的留存收益转化为股本，公司的资本结构不会受到影响。

股票股利分配方式的优点在于，不会因为分派股利增加公司的现金流出量，而且一些国家的股票股利还可以享受免税的优惠。但是这种分配方式由于增加了股本数量，会引起所有者权益构成的变化，进而使每股收益降低，股票价格也会受到一定影响。

现金股利与股票股利有明显的区别，主要表现在以下方面。

1. 适用条件不同

现金股利适用于现金流量充足的企业，当企业现金短缺或有比较好的投资机会时则更倾向于采用股票股利。

2. 股利性质不同

现金股利的发放使公司的流动资产和股东权益同时减少，是企业现金流的流出，是“真正”意义上的股利。股票股利只是把原来属于股东所有的留存收益转化为股东所有的资本，实质上是留存收益的资本化。

3. 对公司财务的影响不同

发放股票股利可使股东分享公司的盈利而无须分配现金，使公司留存了大量的现金，便于公司进行再投资，有利于公司的长期发展。而发放现金股利将减少企业的现金流，直接影响企业内部资产的结构。可见，股票股利不会影响所有者权益，资产、负债等均不发生变化，而现金股利将引起所有者权益和公司资产的减少。

4. 对股东的影响不同

一般而言，当公司运营正常，发放少量股票股利不会引起股票市场价格的立即变化，至少其股价不会成比例下跌，这样就可以使股东得到股票价值相对上升的好处。另外，世界上大多数国家都规定，现金股利应计入个人所得税应纳税额，缴纳个人所得税，而股票股利不计入个人所得税应纳税额，不需缴纳个人所得税。

（三）财产股利

财产股利是指公司用商品或其他非现金资产来发放股利。例如，公司以其所拥有的其他企业的有价证券，如债券、股票作为股利支付给股东。

（四）负债股利

在某些特殊情况下，公司也可能把自己发行的债券、远期票据等作为股利来分派。这往往是由于股利宣告发放后公司财务状况突然恶化，在营运资金严重不足的情况下为顾全信誉，只能以增加负债的方式来发放股利。

财产股利和负债股利实际上是现金股利的替代形式，这两种股利支付形式目前在我国公司实务中极少使用。

三、股利分配程序

（一）公司税后利润分配程序

利润分配就是对企业所实现的经营成果进行分割与派发的活动。企业的利润分配必须依据法定程序进行，按照我国《公司法》等法律法规的规定，股份有限公司实现的税前利润，应首先依法缴纳所得税，税后利润应当按照如下程序进行分配。

1. 弥补以前年度亏损

公司发生年度亏损，可以用下一年的税前利润弥补，若仍不够，可以在 5 年内延续弥补，5 年内仍然未弥补完的亏损，可用税后利润弥补。

2. 提取法定公积金

公司在分配利润时，应当按照税后利润的 10%提取法定公积金，但当法定公积金累积达到公司注册资本的 50%时，可不再提取。

3. 提取任意盈余公积金

公司从税后利润中提取法定公积金之后，经股东大会决议，可提取任意盈余公积金。

4. 按章程分配股利

公司在按照上述程序分配完利润后，可根据章程规定的股利政策向股东分配股利。分配股利时，一般先向优先股股东分配，如有剩余，再向普通股股东支付。

(二) 股利发放程序

公司分配股利时，必须遵循法定的程序。按照我国现行有关法规规定，上市公司一般先由董事会提出股利分配的预案，然后提交股东大会决议。上市公司的股东大会通过股利分配的决议后，要确定股权登记日、除息日和发放日，并向社会公告。

1. 股利宣告日

股利宣告日是股东大会通过股利分配方案并由董事会代表公司宣布发放股利的日期。在宣告股利分配方案时，应明确股利分配的年度、范围、形式、分配现金股利或股票股利的数量，并公布股权登记日、除息日和股利发放日。

股利一经董事会宣告，已宣告发放的股利即变成了对股东的负债，其性质不再是股东权益了。如果此后公司破产或清算，这部分已宣告的股利就等同其他无担保债权，优先向股东清偿。

2. 股权登记日

股权登记日是有权领取本期股利的股东进行资格登记的截止日期。因为股票是流动的，所以确定股权登记日非常重要。截至这一交易日收盘时登记在册的股东，才能领取本次分配的股利。

3. 除息日

除息是除权的一种，除息日也是除权日的一种。在除息日这一天或以后购入该公司股票的股东是不能获得本次分红的“新股东”，即只有在除息日之前购买或持有股票的股东，才能获取本次股利；而从除息日开盘开始及至以后购买或持有股票的股东，其股票都不再包含本次股利。

除息日是一个非常重要的日期，因为股票价格因除权而相应下降。理论上来说，如果不考虑税收及其他因素，除息日股票的开盘参考价应为前一交易日的收盘价减去每股股利。我国目前规定，与股权登记日相连的后一个交易日为除息日，即除权在股权登记日收盘后、除息日开盘前进行。

4. 股利发放日

股利发放日也称付息日，是将股利正式发放给股东的日期。在这一天，公司通过邮寄等方式将股利支付给股东。目前，我国上市公司一般通过中央结算登记系统将股利直接划入股东在证券公司开立的资金账户。

如某股份公司于2019年10月20日召开股东大会审议通过了2019年中期利润分配方案，并于2019年12月8日由董事会对外发布公告，宣告股利分配方案。该股份公司实施的2019年中期利润分配方案为：以公司2019年中期末总股本803 557 498股为基数，每10股派发现金红利0.65元（含税），共计52 231 237.37元。公司将于2019年12月18日将股利支付给2019年12月14日登记在册的公司股东。在这个例子中，相关日期可以罗列如下：

股利宣告日：2019年12月8日；

股权登记日：2019年12月14日；

除权除息日：2019年12月15日；

股利支付日：2019年12月18日。

第二节　股利政策理论

在理论上，股利发放与否及其形式对公司股票市场价格的影响，是公司股利政策决策的主要依据。关于股利政策与股票市场价格是否相关，理论上存在着两种截然不同的观点，即股利无关论和股利相关论。

一、股利无关论

股利无关理论认为股利的发放与股票市场价值无关，即公司的股利政策不会影响该公司股票市场价格和公司价值。这一观点，最早源于美国经济学家弗兰科·莫迪格利安尼（Franco Modigliani）和财务学家默顿·米勒（Merton Miller）于 1961 年提出的 MM 理论。

MM 理论认为，在一个没有税收的均衡市场中，股东和公司再投资的收益必然是一致的。假设公司 2018 年可供股东分配的剩余利润总额为 200 万元。现在有两种股利分配政策：一是将 2018 年全部股利发放给股东；二是全部股利作为未分配利润用以公司再投资，转入 2019 年并与 2019 年可分配利润一起一次性全部发放给股东。假设公司和股东 2019 年的再投资收益率都是 10%。在没有税收和市场摩擦的情况下，方案 1 中，股东在 2018 年获得 200 万元股利，2019 年末再投资的本息合计 220 万元；方案 2 中，股东 2019 年一次性获得 220 万元股利。股东 2018 年末的财富现值都是 200 万元，即两种方案对于股东来说在 2018 年末、2019 年末效果都是一样的。可见，公司无论采用何种股利政策，都不会影响到股东财富和公司价值，如表 8－1 所示。其实，可以想象得出，如果股东用获得的股利再去购买原公司增发的新股，在没有税收的均衡市场中，这无异于公司将盈利资本化。

表 8－1　股利政策的效果　　单位：万元

	方案 1：当年发放股利		方案 2：当年不发放股利	
	2018 年末	2019 年末	2018 年末	2019 年末
公司价值	0	0	200	0
股东财富	200	220	0	220
合计	200	220	200	220

MM 理论认为，无论是公司还是股东，根本没有最佳的股利政策存在，股利政策无非是股利支付的时间模式而已。虽然 MM 理论与实际情况相距甚远，但它为股利理论研究奠定了基础。

二、股利相关论

股利无关论假设存在完美的市场、完全确定的未来环境以及完全的理性人。显然，这些假设与实际的市场环境存在极大差异。因此，股利政策对公司价值和股东财富并不是没有影响的，股利与公司价值相关。理论上，有几种代表性观点认为股利是相关的。

（一）“一鸟在手”理论

“一鸟在手”（Bird-in-the-hand）的理论源于谚语“一鸟在手胜于双鸟在林”。该理论认为，对投资者来说，现金股利是抓在手中的鸟，而公司留存收益则是躲在林中的鸟，随时可能飞走。相对于股利支付而言，资本利得具有更高的不确定性。根据风险和收益配比的原则，在公司收益一定的情况下，作为风险规避型的投资者偏好当前的现金股利而非资本利得。

（二）税差理论

在许多国家，资本利得的所得税税率要低于股利所得税税率，所以，股东自然喜欢公司少支付股利而将较多的收益留存下来为公司再投资使用，以期提高股票价格，并把股利转化为资本利得。可见，这种理论不仅认为股利政策与公司价值息息相关，而且还主张低股利和推迟支付的政策，只有这样才能使公司价值最大化。

（三）代理成本理论

代理成本理论认为，股利的发放将减少由于控制权和所有权分离而产生的代理成本。通过高股利的发放减少了管理者可支配的自由现金流量，从而减少了管理者侵害股东利益的道德风险。同时，股利的发放使得公司更多地依赖资本市场发行新股融资，这样就使得公司管理层更频繁地受到来自资本市场的监管，从而降低代理成本。因为代理成本的降低能增加股东的权益，所以上述两个方面的影响使得高股利政策能增加股东财富和公司价值。

（四）信息传递理论

美国学者长期观察发现，当公司提高股利发放时，公司股票价格通常都会跟着上涨；反之，若公司减少股利发放，股票价格通常都会下跌。可见，股利政策向外部市场传递了公司未来经营管理的利好信息，这就是股利信息传递理论的现实依据。信息不对称是现代公司治理的一个常态。由于经理人比股东更了解公司，所以，公司开始支付股利或提高股利分配表明经理人自信其公司未来收益足以满足新项目投资与股利支付。尤其是股利增长策略，它表明了公司正常利润水平的不断增长。当公司股利发放水平降低时，这个逻辑也是适用的，因为经理人只有在别无选择的情况下才会如此。

可见，现金股利支付及其水平，发挥了把信息从公司内部可靠地传递给外部投资者的作用。从这个角度来看，股利政策传达了企业经营管理的重要新信息。

（五）顾客效应理论

顾客效应（Clientele Effect）是指投资者根据个人对企业财务政策的某种特殊偏好而自觉选择该证券进行投资的现象。顾客效应理论是在MM理论的基础上发展起来的。该理论从股东的边际所得税率出发，认为股东所处的税收等级不同会导致他们对待现金股利及其水平的偏好不同。边际税率高的股东偏好低股利支付的股票，而边际税率低的股东则偏好高股利支付的股票。公司的任何股利政策都不可能满足所有的投资者，而只能吸引特定偏好的投资者。一旦市场处于均衡状态，就没有公司能够通过改变股利政策来影响股票价格，即在市场均衡时股利政策与公司价值是无关的。

第三节　股利政策实践

一、股利政策类型

（一）剩余股利政策

所谓剩余股利政策，是指企业在维持最优资本结构的前提下，优先考虑将税后利润投资于净现值为正的项目，有剩余时才向股东分配股利的政策。当公司面临较好的投资机会时，为了降低资金成本，通常会采用剩余股利政策。这种政策的优点是，能够充分利用企业内部积累满足投资机会的资金需要，即利润再投资。但这种股利政策往往会导致股利支付的不稳定，不能取悦偏好稳定收入的股东，也难以树立公司良好的财务形象。

实施剩余股利政策，一般应按照以下步骤来确定股利的分配额：

（1）根据选定的最佳投资方案，确定投资所需的资金数额。

（2）按照公司的目标资本结构，确定该投资需要增加的股东权益资本数额。

（3）税后利润首先用于满足该投资需要增加的股东权益资本的数额。

（4）税后利润满足投资需要后的剩余部分向股东分配股利。

【例 8－1】某公司 2018 年税后利润为 3 000 万元，盈余公积（包括法定盈余公积和任意盈余公积）的计提比例为 20%。根据公司的计划，2019 年公司需投资 2 000 万元，公司当前的资本结构为负债权益比 1∶3，在保持资本结构不变的情况下按照剩余股利政策确定 2018 年公司可分配的股利。

2018 年可供分配的利润＝3 000×(1－20%)＝2 400（万元）

在采用剩余股利政策的情况下，首先满足公司 2019 年投资所需资金 2 000 万元。其次，企业的资本结构为负债权益比 1∶3，即 1/4 为负债资金，3/4 为权益资金，即 2019 年的 2 000 万元中权益资金＝2 000×3/4＝1 500（万元）。

所以，公司 2018 年的利润能够用于分配的数额＝2 400－1 500＝900（万元）。

（二）固定股利政策

严格意义上的固定股利政策，是指公司在较长时期内，都按期支付固定的股利数额。此时，股利不会随经营状况的变化而变动，除非公司预期未来收益显著的、不可逆转的增长而提高股利发放额。采用这种政策的企业大多属于收益比较稳定或正处于成长期的公司。这种股利政策有利于树立良好的公司形象，稳定股票价格，从而增强投资者对公司的信心。当然，这种股利政策使得股利支付与盈利能力脱节，当盈利较低时仍要支付较高的股利，容易引起公司资金短缺，导致财务状况恶化。所以，这种政策在现实中极少采用。

常见的固定股利政策是固定股利支付率政策，即每年从净利润中按固定的股利支付率发放股利。采用这种股利政策的管理者认为，只有维持固定的股利支付率，才算真正公平地对待每一位股东。这种股利政策与公司盈利水平密切相关，因此不会给公司造成较大的财务负担，但公司股利还是会有较大波动，不利于股价稳定和公司形象。

另外，固定股利政策还可以是稳定增长股利政策，即一定时期内保持每股股利稳定增长的股利政策。这种政策有利于向投资者传递该公司经营业绩稳定增长的信息，可以降低投资者对该公司经营风险的担心，从而有利于股票价格的上涨；但是这种政策会给公司造成比较大的财务压力，它仅适合于成长或成熟阶段的公司。

（三）固定股利支付率政策

固定股利支付率政策，是指公司确定一个股利占盈余的比率，并长期按此固定比率支付股利的政策。在这一股利政策下，各年股利金额随公司经营的好坏而上下波动，获得较多盈余的年份股利额高，获得盈余少的年份股利额低。

主张实行固定股利支付率的人认为，这样做能使股利与公司盈余紧密地配合，以体现多盈多分、少盈少分、无盈不分的原则，才算真正公平地对待了每一位股东。但是，在这种政策下各年的股利变动较大，极易给投资者造成公司经营不稳定的感觉，对于稳定股票价格不利。

（四）低正常股利加额外股利政策

低正常股利加额外股利政策，是公司一般情况下每年只支付固定的、数额较低的股利，在盈余多的年份，再根据实际情况向股东发放额外股利。但额外股利并不固定化，不意味着公司永久地提高了规定的股利率。

采用低正常股利加额外股利政策的理由如下：

（1）这种股利政策使公司具有较大的灵活性。当公司盈余较少或投资需用较多资金时，可维持设定的较低但正常的股利，股东不会有股利跌落感；而当盈余有较大幅度增加时，则可适度增发股利，把经济繁荣的部分利益分配给股东，使他们增强对公司的信心，这有利于稳定股票的价格。

（2）这种股利政策可使那些依靠股利度日的股东每年至少可以得到虽然较低但比较稳定的股利收入，从而吸引住这部分股东。

以上各种股利政策各有所长，公司在分配股利时应借鉴其基本决策思想，制定适合自己具体实际情况的股利政策。

二、股利政策影响因素

现实中，企业在做股利是否分配、分配形式与时间等决策时，要考虑企业内外部环境以及各种可能的影响因素。

（一）约束条件

（1）契约约束。公司在借入长期债务时，债务合同对公司发放现金股利通常会有一定的限制，公司的股利政策必须满足这类契约的约束。

(2) 法律约束。为维护有关各方的利益，各国法律对公司利润分配顺序、资本充足率、资本保全等方面会有所规范，公司的股利政策必须符合这些法律规范。

(3) 现金约束。公司发放现金股利必须有足够的现金，否则其发放现金股利的水平必然受到限制。

(二) 公司的投资机会

如果公司的投资机会多，对资金的需求量大，则公司很可能会考虑少发放现金股利，保留更多的利润用于投资和发展。相反，如果公司的投资机会少，对资金的需求量小，则公司有可能多发放现金股利。因此，公司在确定其股利政策时，需要对其未来的发展趋势和投资机会做出较好的分析与判断，以作为制定股利政策的依据。

(三) 公司的财务状况

(1) 资本结构。偿债能力是股份公司确定股利政策时要考虑的一个基本因素。股利分配使现金支出和流动资产减少，而大量的现金支出必然影响公司的偿债能力。因此，公司在确定股利分配数量时，一定要考虑现金股利分配对公司偿债能力的影响，保证在现金股利分配后公司仍能保持较强的偿债能力。

(2) 股权结构。上市公司的股利政策实际上是不同利益主体之间进行博弈的一种结果，而股权结构是决定各博弈主体竞争实力的关键因素。如果公司股东和管理人员较为看重原股东对公司的控制权，则该公司可能不大愿意发行新股，而是更多地利用公司的内部积累，这种公司的现金股利分配就会较低。

(3) 资本成本。留存收益是公司融资中资本成本最低的一种方式。公司在确定股利政策时，应全面考虑各种筹资渠道的融资规模和成本高低，使股利分配与公司目标的资本成本保持一致。

(四) 行业与生命周期

不同行业的股利支付比率存在系统性差异。调查显示，成熟行业的股利支付比率通常比新兴行业的高，公用事业公司大多实行高股利支付率政策。另外，处于不同的生命周期阶段，公司的经营状况和经营风险都不相同，现金流创造能力、资本需求水平会有巨大差异，这是影响公司股利政策的重要因素。

(五) 信息传递

股利分配是公司向外界传递有关公司财务、经营、管理现在与未来状况信息的一种重要途径和方式。公司在制定股利政策时，必须考虑资本市场对这一政策可能产生的反应。

在我国，大多数上市公司并没有明晰的股利政策目标，因而在股利政策的制定和实施上缺乏长远打算，带有很大的盲目性和随意性。上市公司并没有制定一个既保证企业正常发展又能给予投资者稳定回报的股利政策，尤其是没有注意到投资者利益的保护。

第四节 股票回购

公司常常结合筹资及调整股票流动性的需要，采取诸如增资配股、股票分割、股票回购等行为，这些从财务意义上讲不属于股利分配，但其结果起到了与股票股利类似的效应。

一、股票回购概述

股票回购（Share Repurchase），是指上市公司购回本公司一定数额发行在外的股票的行为。股票是上市公司所有权的证书，代表了投资者在公司中的投资及其衍生权益，因此，股票回购可以理解为减少公司资本的行为。但是，上市公司真正直接为了"减资"而进行股票回购的情况还是比较少的，通常是为了调整资本结构和发挥财务杠杆的作用，改善资金运用效率，达到利润分配或反收购等目的。

下面结合各种股票回购的方式，探讨股票回购的现实操作及其优缺点。

（一）公开市场回购

公开市场回购，是指公司与普通投资者一样，在证券市场按照公开的股票当前市场价格购买自己发行的股票。从美国的实践来看，大多数股票回购的公司都采用这种方式购回本公司的股票。

在这种回购方式下，公司不用支付比市价更高的价格就能回购股票，而且公开购买行为本身促成了对本公司股票的需求，有助于支撑公司的股价。但股票需求的提升有可能抬高公司股价，从而增加了回购成本，使得公司无法在短期内完成回购任务。

（二）现金要约回购

现金要约回购，是指公司以某一价格向市场公开发出回购要约，平等地向全体股东提供出售所持股票的机会。现金要约回购可以细分为固定价格要约回购和招标式回购。

固定价格要约回购，即公司在特定时间发出以固定价格购买既定数量股票的要约，股东可以自行决定以此价格出售股票还是继续持有股票。当回购的股票数量不足时，企业可取消回购计划或延长要约的有效期；如果股东提供的股票超过要约数量，对超额的部分公司可自行决定是否予以回购，或者按照要约规定的方式按比例回购或按时间优先的原则回购。

招标式回购，是指公司明确提出期望回购的股票数量和回购价格范围，股东在设定的价格范围内提出其所能接受的最低出售价格和出售数量进行投标。公司汇总所有有效投标数量和价格，按照价格从低到高的顺序排列，根据计划回购数量确定回购价，支付给报价低于或等于该价格的股东。如果此类股东所提供的股票数量多于企业计划进行回购的数量，企业就按比例回购；如果提供的股票数量不足，企业可以取消此次回购，也可以以设定的价格购买所有股票。

显然，这种方式通常能在短期内完成回购任务，对股东来说其出售股票的机会也是均等的。而且，公开的要约使回购信息广泛传播，强有力地支撑了股票市场价格。但是，现金要约回购的成本通常比公开市场回购的成本要高，而且其定价通常也较难。

（三）协议回购

协议回购，又称私下协议批量购买，是指公司私下与持有本公司股票的股东协商购回本公司股份。协议回购通常作为公开市场收购方式的补充而非替代，尤其适用于公司希望从一个或几个主要股东手中回购一定数量股票时采用。

协议回购比其他回购方式引起的市场关注度要低，保密性较好，尤其适用于防止敌意收购和巩固控制权的目的，但是协议回购不利于稳定或拉升股票价格。

（四）交换要约

在这种回购方式下，公司通过向股东发售债券或优先股交换购回股东所持本公司的股票，通常是现金回购的替代方案。

由于不需动用现金进行回购，因此交换要约可以减轻公司的现金压力。但是，由于交换双方证券的流动性不同，公司向股东提供流动性较差的证券作为交换，比现金回购要支付更高的对价作为补偿，因此，成本相对较高。

（五）可转让出售权

可转让出售权是指公司赋予股东在一定期限内以特定价格向公司出售其所持股票的权利，该权利可以同所依附的股票相分离，并可以在市场上自由买卖和流通。

可转让出售权赋予了股东更长时间的选择权，满足了各类股东的不同要求，因此，通常能够以既定的价格完成回购任务，但因投股东所好而回购成本较高。

关于股票回购，我国《公司法》改变了以往的规定，允许以下四种情况可以进行股票回购：一是减少公司注册资本；二是与持有本公司股份的其他公司合并；三是将股份奖励给本公司职工；四是股东因对股东大会做出的公司合并、分立决议持异议，要求公司收购其股份。

二、股票回购动机

股票回购是证券市场发展到一定阶段的产物，是上市公司财务管理的一个重要方面。公司实施股票回购的目的是多方面的，股票回购对股票市场价格也有着复杂的影响。在成熟的证券市场上，股票回购的动机主要有以下几种：

（1）优化资本结构。当公司认为权益资本占比过大，资本结构不合理时，可通过股票回购减少股权资本比重，优化公司资本结构。在这种情况下，公司一般会回购股票然后将其注销，从而缩小股东资本总额。但这种行为会提高公司的杠杆率，损害公司原有债权人的利益。

（2）向市场传递信号。股票回购是公司向股东传递信号的一种方式。但是，这种信号到底是利空还是利好似乎比较模糊。因为，股票回购可能是管理层认为其剩余资金没有更好的投资用途，也可能是管理层认为其公司股票价值被市场低估了。从我国资本市场的实践来看，后者居于主流。

（3）提高股票价格。股票回购使得市场上流通的股份数量减少，即股东权益减少，于是，股份回购提高了每股净收益，从而提升了股票的市场价格；从这个角度来看，股份回购有类似现金股利的作用。而且，股票回购还可能传递出公司股票价值被低估的信号。所以，从我国资本市场实践看，股票回购能提振市场信心，有利于公司股票价格提升。

（4）分配超额现金。当公司现金流量过于充足而又没有合适的投资项目时，企业可能会通过股票回购将临时的超额现金一次性发放给股东。从这个角度看，股票回购也有类似现金股利的作用。

（5）有利于股息避税。由于现金股利要按普通收入缴纳所得税而回购价差要按资本利得纳税。资本利得税税率不仅较低，而且股东从股票回购中得到的现金只有在回购价格超出股东购买价格从而有正向价差时才需缴纳资本利得税，因此，股票回购可以使股东得以规避较高的股利所得税。

（6）阻止恶意收购。股票回购使得部分股东所持股份减少而导致企业控制权的相对转移，因此，它成了资本市场上反收购的重要武器。股票回购导致的股价上升和流通在外的股票数量减少，使恶意收购方要获得公司控制权变得更为困难。同时，股票回购使公司流动资金减少，财务状况可能恶化，大大减弱了公司作为被收购目标的吸引力。

第五节　股票分割与反分割

一、股票分割

股票分割（Stock Split），又称“拆股”，是指股份公司将流通在外的股份由一股拆成多股的行为。例如，将原来一股股票拆换成两股股票。

股票分割时，发行在外的股票数增加，使得每股价值降低，每股收益下降；但是，理论上看，公司价值、股东权益总额及其结构比例保持不变。因此，虽然股票分割不属于股利分配方式，但其所产生的效果与发放股票股利相近。

【例 8－2】某公司原发行在外的普通股为 1 000 万股，每股面额为 10 元，若按 1 股换成 5 股的比例进行股票分割，分割前后的股东权益项目如表 8－2 所示。

表 8－2　股票分割前后的股东权益　　单位：万元

	股票分割前	股票分割后
普通股	10 000 （面额 10 元，流通 1 000 万股）	10 000 （面额 2 元，发行 5 000 万股）
资本公积	3 000	3 000
盈余公积	40 000	40 000
未分配利润	120 000	120 000
股东权益合计	173 000	173 000

假定公司 2019 年净利润为 9 600 万元，则股票分割前的每股净收益为 9.6 元，而股票分割后的每股净收益为 1.92 元，每股市价也会因此而下降，但是公司总价值一般保持不变，股东权益总额、权益各项目的金额及其比例也不会改变。

股票分割后，每股市场价格就会降低。如果股票的市场价格过高，股票交易就会因每手交易所需的资金量太大而受到影响，特别是许多资金实力有限的小股东就更难入市，使得这类股票的流通性降低。因此，许多公司在其股价过高时分割股票以降低股票交易价格，提高股票的流通性；而且，大量中小股东的加入使得公司股权更为分散化，这样可以防止少数利益集团对公司的控制。

另外，股票分割在短期内一般不会给投资者带来太大的收益或亏损，即给投资者带来的不是现实的利益，而是给投资者带来了今后可能获得更多股息和更高收益的希望，是利好消息。因此，股票分割除权后对股票价格上涨有一定的刺激作用。

二、股票反分割

股票反分割（Stock Reverse Split），也称为股票合并，是指股份公司用某一特定数额的新股按"以一换多"的比例交换一定数额股份的行为。例如，将原来两股股票交换成一股股票。

和股票分割相反，股票反分割时，发行在外的股票数减少，每股价格上升，每股收益也会上升。但是，一般情况下，公司价值、股东权益总额及其结构比例也不会改变。

如果股票的市场价格过低，会有损公司形象，通过股票反分割能提高股票价格。另外，和股票分割相反，股票反分割向市场传递了公司处于财务困境的不利信号。国外的很多实证研究也表明，股票反分割宣布后股票市场价格有较大幅度的下跌。

总体来看，股票分割和反分割对公司资本结构都不会产生任何影响。股票分割或反分割和股票股利非常相似，都是在不改变股东权益的情况下改变流通在外的股票数量。所不同的是，股票股利虽不会引起股东权益总额的改变，但股东权益构成项目及其金额发生了变化；而股票分割或反分割后，股东权益总额及其各项目金额、比例都不会发生任何变化。

练习与解析

复习思考

1. 作为投资者，你更愿意投资于下列哪种公司的股票？

（1）剩余股利政策。

（2）固定股利政策。

(3) 固定股利支付率股利政策。

(4) 低正常股利加额外股利政策

请解释你的答案，并说明这些股利政策对你的必要投资回报率有何影响。如果你是一个学生，或者是一个50岁的高收入专业人士，或者是一位退休人员，那你的选择会有何变化?

2. 假设其他情况不变，下列变化对公司的股利支付率有何影响? 请说说你的理由。

(1) 个人所得税税率上升。

(2) 利率上升。

(3) 公司利润增加。

(4) 公司投资机会减少。

(5) 公司股利支出可以免税。

3. 某公司正在考虑4个投资项目，有关信息如表8-3所示。公司资本成本为14%，融资结构为：债务40%，普通股权益资本60%，可用于再投资的内部资金总额为70万元。

表8-3 四个投资项目相关信息

项目	投资规模（万元）	内部收益率（%）
A	27.5	17.5
B	32.5	15.72
C	55	14.25
D	40	11.65

请问应选择哪个投资项目? 根据剩余股利政策，还剩多少可用于支付现金股利?

4. 某公司预测未来5年净收益如表8-4所示。公司现有100万股外部流通股，如果制定了下面这些政策，每年每股现金股利应为多少?

表8-4 某公司未来5年净收益预测表 单位：元

年份	1	2	3	4	5
净收益	1 400 000	2 000 000	1 860 000	900 000	2 800 000

(1) 50%的固定股利支付率。

(2) 以5年净收益平均值的50%作为每年的股利支付额。

(3) 每年每股0.5美元加上年中额外股利，额外股利为净收益超过1 500 000美元部分的50%。

5. 假设你拥有某公司0.001%的普通股，该公司共有1亿股普通股，股票当前市价为20元，公司准备按1∶2实施股票分割，则：

(1) 股票分割后，你的财务状况有无变化(假设股价成比例下降)?

(2) 公司财务主管认为股价只会下降40%，如果是这样，你的净收益将是多少?

6. 某公司计划支付现金股利800万美元，公司现有400万股外部流通股，每股净收益为4美元，除权日后股票价格为40美元。如果公司管理层决定用股票回购代替现金股利，计算：

(1) 回购价格应为多少?

(2) 应回购多少股?

(3) 如果回购价格低于或高于 (1) 中的价格会怎么样?

(4) 如果你拥有 1 000 股，你愿意选择现金股利还是股票回购?

阅读材料

今创集团股份有限公司关于调整 2018 年度利润分配及资本公积金转增股本预案的公告：

本公司董事会及全体董事保证本公告内容不存在任何虚假记载、误导性陈述或者重大遗漏，并对其内容的真实性、准确性和完整性承担个别及连带责任。

今创集团股份有限公司（以下简称“公司”）于 2019 年 5 月 9 日召开了第三届董事会第二十次会议，审议通过了《关于取消第三届董事会第十九次会议审议通过的〈关于 2018 年度利润分配及资本公积金转增股本预案的议案〉的议案》《关于新增〈关于 2018 年度利润分配及资本公积金转增股本预案（调整后）的议案〉的议案》，并同意将《关于 2018 年度利润分配及资本公积金转增股本预案（调整后）的议案》提交至公司 2018 年年度股东大会审议，现将具体情况公告如下：

公司于 2019 年 4 月 26 日召开第三届董事会第十九次会议、第三届监事会第十次会议，审议通过《关于 2018 年度利润分配及资本公积金转增股本预案的议案》，并同意提交该议案至公司 2018 年年度股东大会审议，独立董事发表了明确同意的意见。公司 2018 年度利润分配及资本公积金转增股本预案为：以权益分派实施时股权登记日的总股本为基数，向全体股东每 10 股派发现金红利人民币 1.4 元（含税），剩余未分配利润结转以后年度分配，共计派发 85 208 900 元；同时以资本公积金转增股本方式向全体股东每 10 股转增 3 股，合计转增 182 590 500 股，剩余未分配利润结转至下年度。

公司于 2019 年 5 月 8 日收到公司实际控制人股东戈建鸣先生《关于提请增加今创集团股份有限公司 2018 年年度股东大会临时提案的函》的函，提请 2018 年年度股东大会增加《关于调整公司 2018 年度利润分配及资本公积金转增股本预案的议案》，为合理安排投资者回报，维护全体股东权益，结合公司实际经营业绩情况、财务状况、长远发展等因素，提议在公司 2018 年度利润分配及资本公积金转增股本预案的基础上，增加实施向全体股东按每 10 股派发现金红利 0.6 元（含税）的利润分配方案。调整 2018 年度利润分配方案为：以权益分派实施时股权登记日的总股本为基数，向全体股东每 10 股派发现金红利人民币 2 元（含税），剩余未分配利润结转以后年度分配，共计派发 121 727 000 元；同时以资本公积金转增股本方式向全体股东每 10 股转增 3 股，合计转增 182 590 500 股，转增后公司总股本将增加至 791 225 500 股。

董事会收到提议沟通后，认为：公司实际控制人股东提出的在公司 2018 年度利润分配及资本公积金转增股本预案上增加现金分红的方案，符合相关法律法规的规定，同时结合公司实际经营业绩情况、财务状况、长远发展等因素，充分考虑了全体股东的利益，有利于利润分配方案的实施。本次调整后的利润分配预案符合中国证监会、上海证券交易所的相关规定要求，符合《公司法》《证券法》以及《公司章程》的相关规定，不会造成公司流动资金短缺或其他不良影响。同意取消第三届董事会第十九次会议审议通过的《关于 2018 年度利润分配及资本公积金转增股本预案的议案》，不再提交 2018 年度股东大会审议，并提交本次调整后的利润分配及资本公积金转增股本预案至公司 2018 年年度股东大会审议。

《2018年度利润分配及资本公积金转增股本预案（调整后）》具体为：以权益分派实施时股权登记日的总股本为基数，向全体股东每10股派发现金红利人民币2元（含税），剩余未分配利润结转以后年度分配，共计派发121 727 000元；同时以资本公积金转增股本方式向全体股东每10股转增3股，合计转增182 590 500股，剩余未分配利润结转至下年度。

本次调整利润分配及资本公积金转增股本预案后，公司派发现金红利共计人民币121 727 000元，占2018年度合并报表中可供分配利润的30.60%。本次利润分配及资本公公积金转增预案是在保证公司正常经营和长远发展，满足公司长期可持续发展的需要，更好地兼顾股东的即期利益和长远利益而做出的调整，符合《公司法》、《证券法》及《公司章程》的相关规定，符合中国证监会及上海证券交易所的相关规定要求，具备合法性、合规性、合理性，不会造成公司流动资金短缺或其他不良影响。

特此公告。

今创集团股份有限公司董事会

2019年5月10日

讨论与运用

1. 本案例中，上市公司派发股利的流程是怎样的？
2. 公司是如何进行股利政策的决策的？

第九章

营运资本管理

案例导引

2019 年 4 月 29 日晚间，中珠医疗对外发布 2018 年年报，财务数据显示，公司的营业收入为 5.73 亿元，归属于上市公司股东的净利润为亏损 18.95 亿元，双双同比下降。

公司方面声称，营业收入的减少主要源于军队武警合作肿瘤治疗中心终止，医疗检测类设备销售大幅下滑所致，净利润的下滑主要是由于计提大幅资产减值准备和预计损失所致。相较于巨额的亏损，更引发外界关注的是，中珠医疗的财报还被立信会计事务所出具了非标准审计意见，涉及 3 亿元信托理财产品业务的披露问题，中珠集团及其关联方累计形成的资金占用款 9.88 亿元的偿还问题，应收账款的准备计提依据等。

资料来源：吴治邦，文多．中珠医疗去年巨亏 18 亿 多事项无法确认 财报遭非标．每日经济新闻，2019-04-30.（有改动）

学习目标

1. 了解营运资本及其特征。
2. 了解经营周期与现金周期。
3. 掌握流动负债的主要形式与特点。
4. 掌握现金管理、应收账款管理与存货管理的基本方法。

内容提要

本书前几章都是在介绍与企业长期投融资有关的知识，在这一章，我们将把重点放在企业财务管理中不可忽视的重要组成部分——营运资本管理上。其中，流动负债的管理将重点讲述商业信用和银行信用的形式、成本及优缺点等。而流动资产的管理则涉及现金管理、应收账款管理和存货管理。通过营运资本管理，使得流动资产与流动负债维持在合理水平，以满足企业经营发展的需求，实现企业效益的最大化。

第一节　营运资本管理概述

营运资本管理是对企业流动资产、流动负债及其组合的管理。据调查，企业财务经理有60%的时间都用于营运资本管理。因此，营运资本管理是企业财务管理不可忽视的重要组成部分。

一、营运资本及其特点

营运资本（Working Capital），又称营运资金，是指企业生产经营活动中在流动资产上占用的资金。从会计的角度看，营运资本是指流动资产与流动负债的净额。

营运资本有广义和狭义之分。广义的营运资本即总营运资本，是指一个企业投放在流动资产上的资金；狭义的营运资本，是指净营运资本，是流动资产减流动负债后的余额。因此，营运资本管理既包括流动资产、流动负债的管理，也包括两者的联合管理。

流动资产（Current Asset）是指可以在一年内或超过一年的一个营业周期内变现的资产。流动资产具有占用时间短、周转速度快、变现容易等特点，因此，企业拥有较多的流动资产可以在一定程度上降低财务风险。流动资产主要包括现金、存货、短期投资、应收账款、预付账款等项目，其中存货又包括原材料、半成品、产成品等。

流动负债（Current Liability）是指需要在一年或者超过一年的一个营业周期内偿还的债务。流动负债，又称短期融资，具有成本低、偿还期限短等特点。企业必须加强流动负债的管理，因为，流动负债给企业的现金流压力是即时的，一不小心就可能使企业现金链断裂。在资产负债表中，流动负债主要包括短期借款、应付票据、应付账款、应付工资、应付税金、预收账款等项目。

在形态上，营运资本主要包括流动资产和流动负债，因此，营运资本一般具有以下特点：

（1）流动具有短期性。营运资本相对于固定资本等长期资金而言比较容易变现，因此能随时满足临时性资金的需求。而且，商业信用、短期银行借款等流动负债也能随时应付临时性资金需求。

（2）数量具有波动性。营运资本是企业日常业务所产生的短期负债和短期资产，容易受内外条件的影响，数量波动往往很大。因此，财务人员应有效地预测和控制这种波动。

（3）来源具有多样性。净营运资本的需求既可以通过长期筹资方式解决，也可通过短期筹资方式解决。而短期筹资本身又包括短期银行借款、商业信用等多种方式。

二、营运资本管理策略

（一）营运资本管理概述

营运资本管理影响了公司的期望收益与风险，最终对公司价值产生影响。为有效地管理企业的营运资本，必须坚持两项基本原则。

（1）减少和避免风险。流动负债，是企业一年内要偿还的本金和利息。如果企业现金流量不足，或者资产难以变现，将会直接影响到企业当期债务的偿还，甚至导致企业因此而破产。因此，最大限度地减少或避免营运资本风险是企业营运资本管理的重要任务和原则。

（2）合理确定比例关系。企业财务人员应认真分析生产经营状况，合理确定营运资本需求量，在保证生产经营需要的前提下，企业应节约使用营运资本。企业应正确处理营运需求和资本使用、流动资产与流动负债之间的比例关系，在提高公司短期偿债能力的同时，确保公司的资本成本不至过高，以有效使用资金。

企业加强营运资本管理，提高营运资本管理效率，还应该注意以下几点：

（1）加强现金流管理。片面追求销售业绩，可能会扩大企业的信用销售，累积的应收账款势必会造成现金流管理效率低下。因此，财务部门应加强对赊销和预购业务的控制，制定相应的应收账款、预付账款控制制度，加强对应收账款的管理，及时收回应收账款，减少风险，提高企业资金使用效率。

（2）加强成本费用控制。在任何时候，企业都要做好对内部成本、费用的控制，并做好预算，加强管理力度，减少不必要的支出，以扩大利润空间，增加企业价值。

（3）强化预算的作用。财务管理应站在企业全局的角度，构建科学的预测体系，进行科学预算，包括对采购、费用、销售以及现金的预算。这些预算使企业能预测风险，及时掌握资金的各种信息，并督促企业采取措施，防范风险，提高效益。

（二）融资组合管理策略

一个企业的资金需求可以通过短期资金和长期资金来筹集。短期资金就是企业的流动负债，长期资金包括长期负债和所有者权益。融资组合是指短期资金与长期资金构成的整个资金来源。融资组合管理主要是指短期资金和长期资金的结构关系管理。企业的融资组合管理是营运资本管理的重要内容。

1. 保守型融资策略

保守型融资策略是指企业长期资金不仅用来满足长期投资和固定资产的需要，还用来满足流动资产投资的部分需求，如图 9-1 所示。这种财务策略的显著特点是，短期负债融资水平低。

长期资金的融资成本相对短期资金而言比较高，所以保守型策略会造成企业融资成本偏高，从而使得企业利润减少。当然，这种策略的好处是短期内企业无须偿还债务的本金和利息，不会对企业近期现金流造成太大的压力，为企业资金提供了较大的回旋余地，因此也被称为弹性的策略。可见，这种策略多为一些保守的财务人员选用。

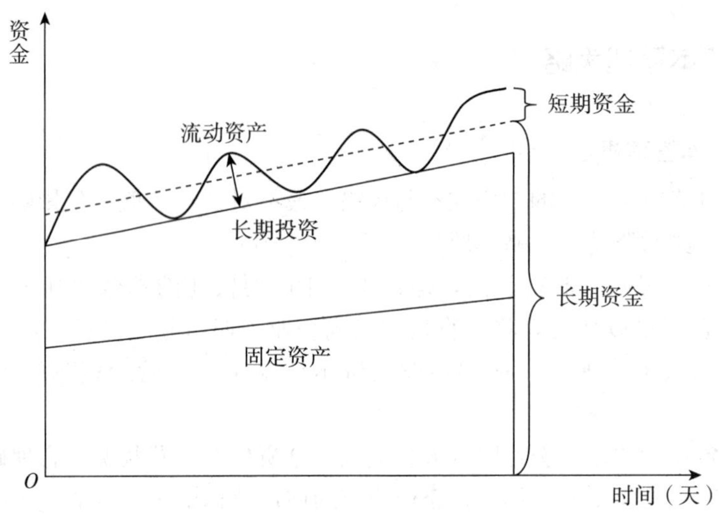

图 9－1　保守型融资策略

2. 冒险型融资策略

冒险型融资策略是指企业用短期资金来满足部分长期资产的资金需求的财务策略，如图 9－2 所示。这种融资策略和保守型融资策略正好相反，其短期负债水平较高。

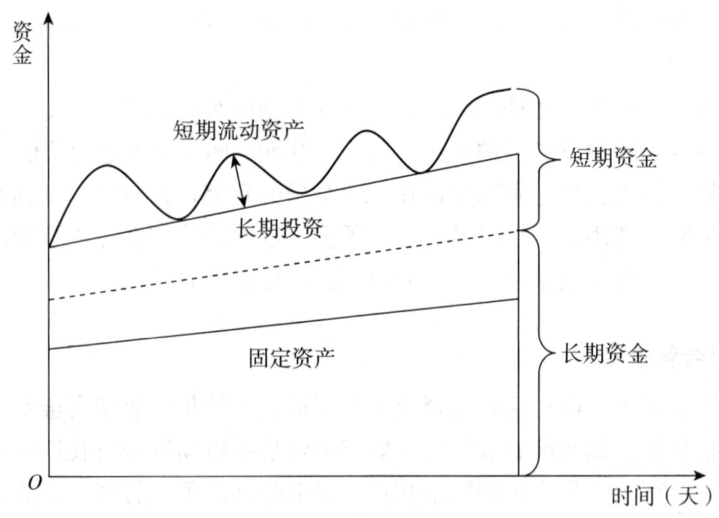

图 9－2　冒险型融资策略

可见，这种融资策略的资金成本较低。但是，这种策略会造成近期内企业现金流量的压力过大，如果不能按时还本付息，企业可能面临财务危机以至破产风险。所以，喜欢冒险的财务人员会使用这种类型的财务策略。

3. 折中型融资策略

折中型融资策略是指用短期资金满足流动资产的需求，而用长期资金解决长期资产和固定资产的需求，从而使资金运用的金额、期限与资金来源的金额、期限能相互匹配的财务策略，如图 9－3 所示。

这种财务策略实现了资金来源与资金运用在时间、金额两个方面的匹配，不仅降低了企

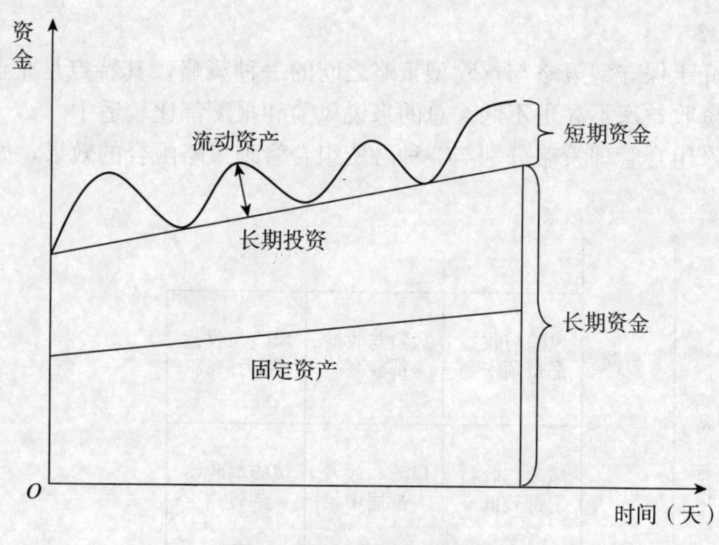

图 9-3　折中型融资策略

业的资金成本，而且为企业资金需求提供了保障，降低了现金流的压力。但是现实中很难实现这种匹配，因此，折中型融资组合管理策略是一种理想状态。

（三）投资组合管理策略

流动资产规模管理，是指企业流动资产的持有水平及其与非流动资产的结构关系管理。根据资产性质和存在形态的不同，资产可以分为流动资产与非流动资产，其中流动资产包括现金及现金等价物、短期投资、应收款项及存货等；非流动资产包括固定资产、长期投资及无形资产等。流动资产规模管理直接优化了资产结构，是企业营运资本管理的重要内容。短期融资政策与流动资产投资政策需要协调配合，才能形成一个完整的资金运转体系。

1. 保守型策略

企业流动资产按其功能可以分成两大部分，即正常需求量及保险需求量。前者是指为满足正常生产经营需要而占用的流动资产，后者指为应付意外情况发生在正常生产经营需要量以外而储备的流动资产。企业在安排流动资产数量时，在正常生产经营需要量的基础上，保有更多的保险储备量，以降低企业的风险，这种策略即属于保守型策略。

保守型策略的特点是，企业持有大量的现金、短期证券、存货和应收账款。可见，保守型策略的资产流动性强，短期内还本付息较有保障；同时，生产和销售中断的可能性小，信用政策较为宽松。但是，企业的投资收益率一般较低。可见，不愿冒险、偏好流动与安全的财务人员比较喜欢这种策略。

2. 冒险型策略

企业在安排流动资产数量时，只安排正常生产经营需要量而不安排或只安排很少的保险储备量，以便提高企业的投资收益率，即属于冒险型策略。和保守型策略相反，冒险型策略的流动资产持有水平很低，流动性风险大，但企业的投资收益率较高。敢于冒险的财务人员一般采用这种策略。

3. 折中型策略

这种策略是介于保守型策略与冒险型策略之间的一种策略，其特点是企业持有流动资产的数量适当，投资收益率不高也不低，总的来说风险和报酬都比较适中。

以上 3 种资产组合管理策略分别与 3 种融资组合管理策略配合的效果，如图 9－4 所示。

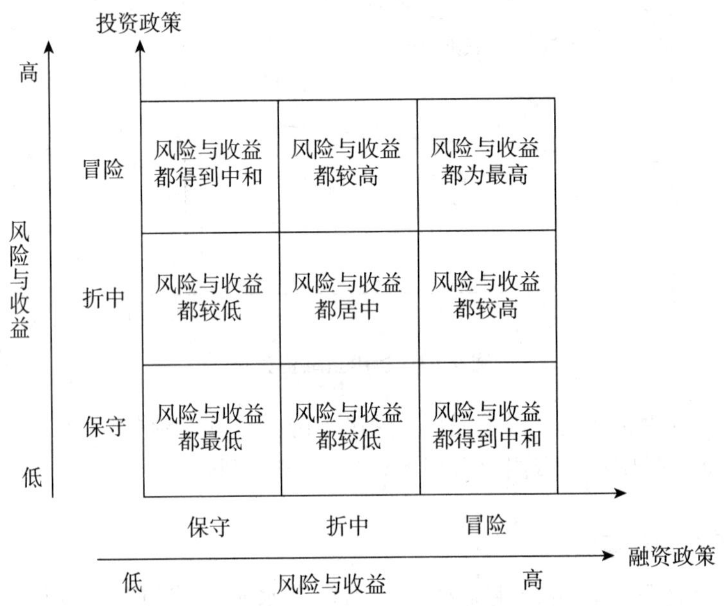

图 9－4　融资政策与投资政策的配合效应

第二节　流动负债管理

一、商业信用

商业信用（Commercial Credit）是商品交易中延期付款或延期交货所形成的借贷关系，是企业之间的一种直接信用。由于商业信用在社会信用体系中的基础性作用，它在一定程度上影响着其他信用形式的发展。商业信用对于加强企业之间的经济联系，加速存货、资金的循环与周转，促进社会再生产的顺利进行都发挥着重要作用。

（一）商业信用的形式

商业信用产生的根本原因在于，在商品经济条件下的产业资本循环过程中，各个企业相互依赖，但它们在生产时间和流通时间上往往存在着不一致，从而使商品运动和货币运动在时间和空间上脱节。而通过企业之间相互提供商业信用，则可满足企业对资本的需求，从而保证整个社会再生产得以顺利进行。利用商业信用融资，主要有以下几种形式。

1. 应付账款（赊购商品）

应付账款即赊购商品，是一种最典型、最常见的商业信用形式。在这种形式下，买卖双方发生商品交易，买方收到商品后不立即支付现金，可延期到一定时间后付款。这种关系的建立需要买方的信用维持。对于卖方来说，可利用这种方式处理库存、刺激销售；对于买方来说，延期付款等于从卖方获得借款然后购进卖方的商品。

这种形式的融资有三种信用选择：享用现金折扣，从而在现金折扣期内付款；不享用现金折扣，而在信用期内付款；超过信用期的逾期付款，即拖欠。如“2/10，n/30”的信用销售条件，表示如果企业在 10 天内付款，则可获得 2%的现金折扣；如果企业在 10 天后、30 天内付款，则不获得现金折扣；如果企业超过 30 天后付款，则为超过信用期的逾期付款。

2. 应付票据

应付票据是购销双方按照购销合同进行商品交易，延期付款而签发的、反映债权债务关系的一种商业信用凭证。应付票据可以带息，也可以不带息。

应付票据代表着商品买方从卖方处获得了信用。卖方即票据的原始权益人或持有人，也可以持票向银行贴现提前获得资金。贴现的期限从其贴现之日起到票据到期日为止，贴现银行实际支付的贴现金额是票面金额扣除贴现息后的余额。对于贴现人即票据持有人而言，贴现相当于票据持有人从银行获得了贷款，并以该票据作为抵押担保。

3. 预收账款

预收账款是指卖方按照合同或协议的规定，在交付商品之前向买方预收部分或全部货款的信用方式，是另一种典型的商业信用形式。通常买方对紧俏商品乐意采用这种结算方式办理货款结算。对于卖方来说，预收账款相当于向买方借用资金后用货物抵偿。预收账款一般用于生产周期长、资本需求大的货物的销售。

企业在生产经营活动中往往还会形成一些应付费用，如应付水电费、应付职工薪酬等，这些项目收益在前、支付在后，支付期晚于发生期，为企业形成一种“自然性融资”。

（二）商业信用的融资成本

商业信用的融资成本是指企业通过商业信用的方式进行融资，每使用 1 元的资金所付出的经济代价，其计算公式为：

$$商业信用的融资成本=\frac{商业信用融资的经济代价}{商业信用融资实际用到的资金\times 年限}\times 100\%$$

计算公式中：

(1)“商业信用融资的经济代价”包括企业运用商业信用融资的利息、手续费等费用。

(2)“商业信用融资实际用到的资金”是指由于企业的商业信用融资活动而给企业增加的可用资金。

(3)“年限”是指商业信用的持续时间，由于商业信用融资属于短期融资，故公式中的“年限”一定为小于 1 或等于 1 的数。

以上公式所计算出的商业信用的融资成本是企业的税前资金成本，而非税后资金成本。

显然，商业信用的融资成本是企业是否选择商业信用的关键因素。不同商业信用的融资成本计算具有相似性，下文以应付账款为例介绍商业信用的融资成本。

【例 9-1】 假定某企业按照“2/10，n/30”的条件购进一批商品，商品价款为 10 万元。如果该企业放弃这笔折扣，即在第 30 天内付款，付款总额为 10 万元，那么企业此次融资的成本是多少?

分析可见，对于上述信用销售条件，如果希望获得 2%的折扣，则企业肯定是在第 10 日付款最为有利；如果放弃折扣，则企业可能会选择第 30 日付款最为有利。对于企业而言，在该融资的过程中：

(1) 商业信用融资的经济代价为 2 000 元，即 100 000×2%=2 000 (元)。

(2) 商业信用融资实际用到的资金为 98 000，即 100 000－2 000=98 000 (元)。

(3) 假设一年按 360 天算，融资年限为 0.056 (20/360) 年，则企业的商业信用融资成本为：

$$\text{融资成本}=\frac{2\,000}{98\,000\times 0.056}\times 100\%=36.44\%$$

即该企业获得此次融资的成本为 36.44%。

可见，放弃现金折扣的成本或者说享受现金折扣的收益公式为：

$$\text{放弃现金折扣的成本}=\frac{\text{折扣率}}{1-\text{折扣率}}\times\frac{360}{\text{信用期}-\text{折扣期}}$$

分析上题可见，企业放弃折扣的成本是很大的，或者说企业推迟付款的代价是很大的。因为，一般而言，银行贷款的年利率是不会达到 36.44%的。所以，如果企业现金流量不足，企业完全可以向银行借款，然后用银行借款在第 10 日支付该笔应付账款。

(三) 商业信用的优缺点

商业信用的主体是工商企业，客体主要是商品，因此，它是一种实物信用。而且，商业信用与实物资本、产业资本的变动是一致的，即商业信用的数量、规模与工业生产、商品流通的数量、规模是相适应的。

1. 商业信用的优点

(1) 商业信用融资较为便利。商业信用的使用权由买方自行掌握，何时需要、需要多少等，由买方自行决定。对于企业而言，由于商业信用与商品买卖同时进行，商业信用属于一种自然性融资，无须另外办理正式融资手续，因此商业信用非常方便。

(2) 商业信用融资的成本较低。如果没有现金折扣，或者企业不放弃现金折扣，以及使用不带息应付票据和采用预收货款，则企业采用商业信用融资没有实际成本。同时，大多数商业信用都是向买方免费提供，因此与其他融资方式相比，其成本较低。

(3) 商业信用融资的限制条件少。与其他融资方式相比，商业信用融资条件宽松，无须担保或抵押，选择余地较大，条件比较优越。

2. 商业信用的缺点

(1) 商业信用融资的期限较短。采用商业信用筹集资金，期限一般都很短，如果企业要取得现金折扣，期限则更短。

(2) 商业信用的融资数额较小。受企业规模和商品交易的影响，采用商业信用筹资一般只能筹集小额资金，而不能筹集大量的资金。

（3）商业信用融资的方向受限。受商品流转方向的限制，商业信用一般是由卖方提供给买方的，因而具有方向上的局限性。

二、银行信用

银行信用（Bank Credit），是指银行吸收存款等货币资金，然后以贷款方式对企业提供资金的一种信用形式。由于这种借贷关系是出于银行或其他金融机构对借款人的信任，因此称为"银行信用"。在信用体系中，银行信用是连接国家信用、企业信用、个人信用的桥梁。

（一）银行信用的形式

银行发放贷款的资金来源主要有三个渠道，即自有资本、吸收存款以及发行证券融资。银行向客户的贷款，其形式也多种多样。在不同的国家以及同一国家的不同时期，都有不同的形式和安排。在我国，企业的银行信用一般有三种形式，即信用借款、担保借款和票据贴现借款。显然，银行信用不都是短期借款，也可以是长于1年的中长期借款。

1. 信用借款

信用借款又称为无担保借款，没有保证人也没有财产作抵押，是仅凭借款人的信用而取得的借款。信用借款一般由贷款人给予借款人一定的信用额度或双方签订周转信贷协议。

（1）信用额度借款。它是商业银行与企业之间商定的在未来一段时间内银行能向企业提供贷款的最高限额。信用额度借款包括以下两个方面：一是信用额度的有效期限，一般一年建立一次，当然更短期的也有；二是信用额度的数量，即银行能贷款给企业的最高限额，如果信用额度是3 000万元，企业已借入未归还的为2 000万元，则企业最多还能借1 000万元。

（2）周转信用借款。周转信用借款是一种特殊的信用额度借款。在此借款协议下，企业和银行之间也要协商确定贷款的最高限额，在最高限额内，企业可以借款—还款—再借款—再还款，不停地周转使用。如果周转信用借款额度为1 000万元，意味着企业可以向银行借款1 000万元，到期偿清本息后还可以再一次借入1 000万元；但企业一年内只使用600万元，并假设承诺费（Standby Fee）率为0.5%，则企业需要就未用的400万元向银行支付2万元，即400万元×0.5%的罚款。

信用额度借款与周转信用借款的区别也是显而易见的。首先，持续时间不同。前者的有效期限一般为1年，而后者的有效期可能超过1年。其次，法律约束力不同。信用额度借款一般不具有法律约束力，而周转信用借款的周转信贷协议具有法律约束力。最后，费用支付不同。企业采用周转信用借款，除支付利息外，还要支付周转信贷协议的承诺费用，而前者一般无须支付承诺费用。

2. 担保借款

担保借款是指有一定的保证人作保证或利用一定的财产作抵押或质押而取得的借款。

在我国，担保借款主要分为以下三类：

（1）保证借款。保证借款，是按照我国《担保法》规定的保证方式以第三人承诺在借款人不能偿还借款时，按约定承担一般保证责任或连带保证责任而取得的借款。

（2）抵押借款。抵押借款，是按照我国《担保法》规定的抵押方式以借款人或第三人的财产作为抵押物而取得的借款。银行接受抵押品后，将根据抵押品的价值决定贷款金额，一般为抵押品面值的30%～90%。

（3）质押借款。质押借款，是按照我国《担保法》规定的质押方式以借款人或第三人的动产或权利作为质押物而取得的借款。

3. 票据贴现借款

票据贴现是商业票据持有人把未到期的商业票据转让给银行，贴付一定利息以取得一定比例票面金额的一种行为，它其实是银行向持票人融资的行为。银行在贴现商业票据时，所付金额低于票面金额，其差额为贴现息。贴现息与票面金额的比率为贴现率。贴现息和贴现率，本质上是一般银行贷款的利息和利率。

（二）银行信用的融资成本

银行信用的融资成本是指企业通过银行信用的方式进行融资，每使用1元的资金所付出的经济代价或费用，其计算公式为：

$$\text{银行信用的融资成本}=\frac{\text{银行信用融资的经济代价}}{\text{银行信用融资实际得到的资金}\times\text{年限}}\times 100\%$$

该计算公式中：

（1）“银行信用融资的经济代价”包括利息、手续费等一切由于融资而支付的费用。

（2）“银行信用融资实际得到的资金”是指企业由银行信用而增加的可用资金。

（3）“年限”是指企业银行信用融资所用的时间。如果银行信用是短期融资，则公式中的“年限”一定为小于1或等于1的数。

同样，该公式所计算出的融资成本是企业的税前资金成本，而非税后资金成本。银行信用作为企业有效的短期融资方式之一，在企业融资过程中发挥着越来越重要的作用。而银行信用的融资成本，是企业选择银行信用融资的关键因素。不同的银行信用方式的融资成本计算具有相似性，这里以周转信用借款为例介绍银行信用的融资成本。

【例9-2】某企业与一家银行签订了一笔周转信贷协议。在该协议下，该企业可以按5%的利率借到100万元的贷款，但企业必须为正式的周转贷款限额中未使用的部分支付0.6%的承诺费或承担费。如果该企业在此协议下全年平均借款为60万元，那么企业的融资成本是多少？

对企业而言，在该融资过程中：

（1）银行信用融资的经济代价为32 400元，即600 000×5%+400 000×0.6%=32 400（元）。

（2）银行信用融资实际用到的资金为600 000元。

（3）融资年限为12/12=1，则企业的银行信用融资成本为：

$$\text{融资成本}=\frac{32\ 400}{600\ 000\times 1}\times 100\%=5.4\%$$，即企业获得此次融资的成本为5.4%。

（三）银行信用的特点

银行信用的直接债权人是银行等金融机构，债务人是从事商品生产或流通的工商企业和个人。银行等金融机构作为投资和融资的中介，可以把分散的社会闲置资金集中起来进行借贷，克服了商业信用受制于产业资本规模的局限。所以，银行信用这种间接信用具有很多优点，当然也存在一些缺点。

1. 银行信用的优点

(1) 银行信用授信额度可大可小。银行信用可以把各方面闲置资金、未投入使用的积累资金及小额货币收入集中成巨额可用资金。银行信用由于其货币形式和巨额规模，可适应任何方式和规模的资金要求，为企业提供充足的资金。

(2) 银行信用可随时为企业提供借款。对于季节性和临时性的资金需求，采用银行信用进行借款尤为方便，规模大、信誉好的企业更可以以比较低的利率借入资金。

(3) 银行信用具有较好的弹性。企业可根据自身的需求，在资金需求增加时借入，在资金需求减少时还款。因此，银行信用具有较好的弹性。

(4) 银行信用打破了商业信用的局限性。银行信用是货币信用，打破了商业信用实物形态的局限性。

2. 银行信用的缺点

(1) 银行信用融资成本较高。企业采用银行信用进行短期融资的成本较高，这不仅不能与商业信用相比，还高于短期融资券。而抵押借款因需要支付管理和服务费用，故成本更高。

(2) 银行信用限制条件较多。企业在向银行进行融资时，银行要对企业的经营和财务状况进行充分的调查后才能决定是否贷款。一般情况下，银行还会要求企业把流动比率、负债比率等维持在一定的范围内，有些银行甚至还要求拥有企业一定的控制权，这些都会对企业融资和再融资构成限制。

第三节　现金管理

一、现金管理概述

现金具有普遍的可接受性，可以直接用来购买商品、货物、劳务或偿还债务，是企业流动性最强的资产。为了满足日常营运的需要，企业必须在任何时刻都持有适量的现金。

一般而言，资产的流动性越强，其收益性越差，现金也一样。企业持有现金的收益能力很微弱，而且持有现金的机会成本很大。那么，企业为什么还要持有现金呢？理论研究认为，企业持有现金的动机主要有三种，即交易性动机、预防性动机以及投机性动机。

(一) 交易性动机

交易性动机是指企业为满足日常交易的支付需要而持有现金，如用于购买材料、支付工资、缴纳税款等。企业每天的现金流入与流出并不完全等额。企业必须维持适当的现金余额，才能使正常的业务经营活动得以开展。

（二）预防性动机

预防性动机是指企业持有现金以便应付意外事件。企业有时会出现意料不到的开支，现金流量的不确定性越大，预防性现金的持有数额也就越大。预防性动机所需求的现金多少主要取决于现金收支预测的可靠程度、企业临时借款能力以及企业的风险承受能力。

（三）投机性动机

投机性动机是指企业持有现金以便从事投机活动。比如，遇到廉价原材料或其他资产供应机会，便可用现金大量购入；在适当时机购入价格有利的股票和其他有价证券等。持有相当数量的现金，为企业的投机性动机提供了方便。

现金管理的目的在于在保证企业生产经营所需现金的同时，节约使用资金，并从暂时闲置的现金中获得最多的收入。现金持有过多，会降低企业的收益；现金持有太少，又可能会出现资金短缺，影响生产经营活动。现金管理力求做到既保证对现金的需求，以降低风险，又不致使企业有过多的闲置资金，以增加收益。

二、经营周期与现金周期

营运资本管理涉及公司的短期经营活动和财务活动，这些活动产生了现金流入和现金流出的不同形态。经营周期与现金周期是衡量营运资本管理中流动资产、流动负债形态以及期间的重要指标。

（一）经营周期

经营周期（Operating Cycle），是指企业从购买原材料承担起付款义务开始，到收回因赊销商品或提供劳务而产生的应收账款的整个期间。经营周期描述的是一件原材料如何经过各流动资产账户的，其时间长短是决定公司流动资产需要量的重要因素。经营周期的表达公式如下所示：

经营周期＝存货周转天数＋应收账款周转天数＝存货周转期＋应收账款周转期

由上式可见，经营周期，还可以理解为存货转化为现金需要的时间。一般情况下，经营周期短，说明资金周转速度快；经营周期长，说明资金周转速度慢。

（二）现金周期

现金周期（Cash Cycle），是企业在经营中付出现金到收到现金所需要的时间，也就是说，现金周期是从实际支付购入存货开始，到收到产品销售款为止所经过的期间。可见，现金周期决定了企业资金的使用效率，其公式可表达为：

现金周期＝经营周期－应付账款周转天数

现金周期的长短将关系到资金冻结时间的长短，影响资金成本及营运资金效益。现金周期越短，意味着企业越推迟付款，或越早收到销售款。所以，企业应根据实际情况，加速现金流的周转，降低现金周期，从而提高现金利用效率和企业效益。

从上述两个公式，可以看出现金周期与经营周期的关系，如图 9－5 所示。

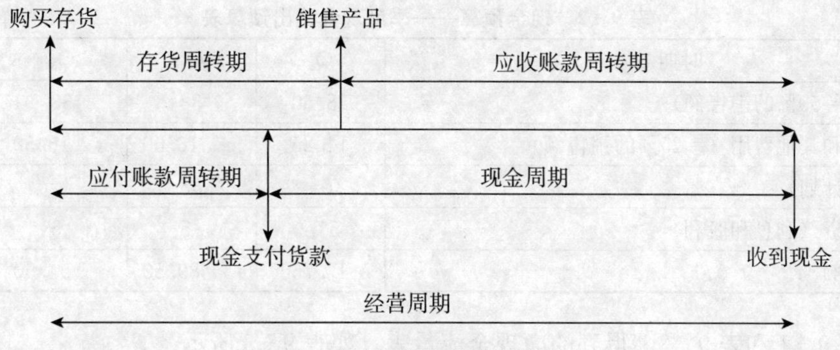

图 9-5　现金周期与经营周期的关系

三、现金预算

现金预算（Cash Budget），也称现金收支预算或现金收支计划，是指企业预测现金流出、流入的时点与数量，并预测现金余缺，以便做好投资或融资的安排。现金预算帮助企业预测未来时期内的现金收支状况，并据此制订现金平衡的计划，它是企业财务管理的重要工具。现金预算可以预测企业可用的超额现金流量，并为企业制订盈利性投资计划、优化现金资源配置提供帮助。

一般而言，现金预算可以按照三个步骤来进行。首先，确定现金收入。现金收入包括营业现金收入和其他现金收入两部分。营业现金收入主要指产品销售收入，其数字可从销售计划中获得，销售计划是编制企业其他计划的基础；其他现金收入通常包括设备租赁收入、投资收入等。其次，预测现金支出。现金支出主要有材料采购支出、工资支出和其他支出，其他现金支出又包括固定资产投资支出、偿还债务本息支出、所得税支出、股利支出或上缴利润等。最后，编制现金预算表。编制现金预算表，即以现金收入减去现金支出并确定投资和融资需求的报表。现金余额是现金收入合计与现金支出合计的差额。差额为正，说明收入大于支出，现金有多余，可用于偿还借款或用于投资；差额为负，说明支出大于收入，现金不足，需要向外界取得新的融资。

【例 9-3】根据历史资料和本年度经营计划，某企业预期 2020 年每季度的销售收入为 5 700 万元、6 600 万元、6 600 万元、9 000 万元。企业的期初应收账款余额为 3 000 万元，应收账款周转期为 30 天。每季度第一天以商业信用方式从供应商处采购当季所需原材料，应付账款周转期为 45 天。薪酬、税收和其他开支为销售额的 25%，利息和股利为每季度 500 万元，资本性支出仅安排在第二季度，为 3 500 万元。现金账户期初额为 500 万元，现金账户最低要求为 200 万元。

根据上述资料，该企业的现金流入和流出，如表 9-1 和表 9-2 所示。

表 9-1　现金预算——季度现金流入预算表　　单位：百万元

时期	Q_1	Q_2	Q_3	Q_4
期初应收款（=1/3 本季度销售额）	30	19	22	22
当期销售额（已知）	57	66	66	90
现金回收总额（=期初应收款+2/3 本季度销售额）	68	63	66	82
期末应收账款余额（=1/3 销售额）	19	22	22	30

表 9-2 现金预算——季度现金流出预算表 单位：百万元

时期	Q_1	Q_2	Q_3	Q_4
应付账款（=50%的销售额）	28.50	33	33	45
薪酬，税收和其他费用（=25%的销售额）	14.25	16.50	16.50	22.50
资本开支（计划）	0	35	0	0
支付长期融资（利息和股利）	5	5	5	5
现金支出总额	47.75	89.50	54.50	72.50

根据表 9-1 和表 9-2，得到的净现金流量表，如表 9-3 所示。

表 9-3 现金预算——净现金流量和现金账户 单位：百万元

时期	Q_1	Q_2	Q_3	Q_4
回收的现金总额	68	63	66	82
现金支出总额	47.75	89.50	54.50	72.50
净现金流量	20.25	(26.50)	11.50	9.5
现金账户期初额	5	25.25	(1.25)	10.25
现金账户期末额	25.25	(1.25)	10.25	19.75
现金账户要求的最低余额	−2	−2	−2	−2
累计盈余（赤字）	23.25	(3.25)	8.25	17.75

分析可见，企业第二季度大量现金赤字是因为收款延迟和资本支出引起的。因此，企业需要在第二季度进行短期融资，以弥补第二季度资金的赤字。之所以举借短期的债务，是因为第三季度即可实现现金的净流入，并可以还清第二季度的借款。这里需要强调的是，企业实际的现金流入渠道很多，不仅仅是这里提到的产品销售和融资，还包括企业出售资产等；另外，所有的数据都是基于预测得到的，所以，实际的销售与现金流可能更好，也可能更差。

现金预算可以预测未来企业对到期债务的直接偿付能力，可以直接揭示企业现金短缺的金额与时期，使财务管理部门能够在现金短缺来临之前做好筹资安排，从而避免了债务到期时的风险。

从企业全面预算的角度看，现金预算是以销售预算、生产预算、直接材料预算等各项经营预算为基础的。但是，现金预算是财务管理的重中之重。在企业发展日趋成熟、组织规模日趋增大、结构日趋复杂的大型企业管理中，由于现金流量与企业的生存与发展息息相关，企业越来越需要关注现金流量的相关信息。实践证明，企业对现金流量的管理与控制已成为财务管理的关键。

第四节 应收账款管理

应收账款（Accounts Receivable），是因对外信用销售产品、提供劳务及其他原因，向购货单位或接受劳务的单位及其他单位应收取但尚未实际收取的款项，包括应收销售款、应收票据等，是企业流动资产的重要项目。随着市场经济的发展，企业之间授信的增多，应收账款数额也明显增多，应收款管理已成为流动资产管理中的一个重要部分。

一、信用销售

由于企业提供赊销，没有及时收回现金，形成了大量的应收账款。而且，这些应收账款不仅需要管理成本，其累积还可能加大企业呆账、坏账等风险。那么，企业为什么还要进行赊销呢？企业赊销的作用主要有两个，一是增加销售，二是改善库存。

（1）增加销售。在竞争激烈的市场环境下，赊销是促进销售的一种重要方式。进行赊销的企业不仅向顾客销售产品，而且在有限的时间内向顾客提供了资金。虽然赊销仅仅是影响销售量的因素之一，但在银根紧缩、市场疲软、资金匮乏等情况下，赊销的促销作用十分明显，它是吸引顾客、占领市场、打败竞争对手的有效方式之一。

（2）改善库存。企业持有存货，需要管理费、仓储费等支出。因此，无论是季节性生产还是非季节性生产，当产成品存货较多时，企业一般都可采用较为优惠的信用条件进行赊销，把存货转化为应收账款，减少产成品存货，节约各种支出。

和其他流动资产一样，应收账款的持有也面临着很多成本，主要有：

（1）机会成本。机会成本是指因资金被应收账款占用而丧失的其他收入。因为资金如果不被应收账款占用，便可用于其他投资并获得收益。

（2）管理成本。管理成本是指对应收账款进行日常管理而耗费的开支，主要包括顾客信用调查费用、账簿记录与管理费用、收款费用等。

（3）坏账成本。坏账成本是指应收账款无法收回而给企业带来的损失。坏账成本一般与应收账款数量同方向变动，即应收账款越多，坏账成本也越大。因此，为避免坏账对企业生产经营活动造成不利影响，企业应合理提取坏账准备。

二、信用政策

信用政策，又称为应收账款政策。采用应收账款进行信用销售的效果，依赖于企业的信用政策。另外，企业要管理好应收账款，必须制定合理的信用政策。一个企业的信用政策主要包括信用标准、信用条件、收账策略及综合信用策略等方面。

（一）信用标准

信用标准是企业对客户授信时客户必须具备的最低条件，通常以预期的坏账损失率来表示。影响信用标准的基本因素包括：同行业竞争对手的情况；企业承担风险的能力；客户的资信程度等。

其中，对客户资信能力的评估，可以建立相应的评估指标体系。首先要确定资信评估要评价哪些内容？即资信评估的要素。为了确定资信评估的要素，我们应先分析一下有哪些因素会对资信状况产生影响以及产生什么影响。信用要素对我们进行信用分析和资信评估十分有用，它将指导我们按照什么内容进行信用分析，根据哪些方面进行资信评估。

早在 1910 年，美国银行家威廉·波士特（William Post）在《发展信用中的 4C 要素》

一书中首先提出构成企业信用的四项要素，即品格（Character）、能力（Capacity）、资本（Capital）、担保品（Collateral），引起各方关注。后来，银行家爱德华·基（Edward Gee）主张加上企业环境（Condition of Business），改称“5C 信用要素”。其中担保品和环境为外部因素，品格、能力、资本为内部因素。

后来学者在这“5C”外，又增加了保险（Coverage Insurance）。“保险”一词有广义、狭义之分。狭义的保险只表示保险公司提供的传统保险业务，而广义的保险含义则广泛得多，凡是涉及债权保障方面的作业方式和业务，都统称为“保险”。比如信用保险、保理、信用证等众多具有保障作用的业务都是“保险”业务。同“担保品”性质一样，保险也是通过减少授信者的潜在风险，达到获取信用的目的。但保险是通过第三方“保证”取得信用，而“担保品”一般却只是由自己提供，所以，保险比担保品的运用更加广泛。随着商业服务业的成熟，为客户提供“保证”服务的机构和产品越来越多，很多信誉良好的企业已经可以通过“纯信誉”并借助服务机构的保险获取授信者的信用，而不用自己提供“担保品”。因此，“保险”比“担保品”更能体现现代经济贸易发展的特点。

（二）信用条件

信用条件是指企业接受客户信用订单时所提出的付款要求，主要包括信用期限、折扣期限及现金折扣等。信用期限是企业允许客户从购货到支付货款的时间间隔；折扣期限是企业为客户规定的可享受现金折扣的付款时间；现金折扣是指在规定的时间内客户提前偿付货款可按销售收入的一定比率享受的折扣。例如，账单中的“2/10，n/30”就是一项信用条件，它规定如果在销售发票开出后 10 天内付款，可享受 2%的现金折扣；如果不想取得折扣，这笔货款必须 30 天付清。这里的“30 天”为信用期限，“10 天”为折扣期限，“2%”为现金折扣。下面，以例 9-4 来说明信用条件选择。

【例 9-4】假设某企业要调整信用条件，其当前信用政策下的经营情况，如表 9-4 所示。现在，该企业准备为客户提供赊销，有 A、B 两种方案，如表 9-5 所示。

表 9-4　某公司在当前信用政策下的经营情况

项目	数据
S_O：销售收入（元）	1 000 000
P'：销售利润率（%）	20
C_0：平均收现期（天）	45
B_0：平均坏账损失率（%）	6
R_0：应收账款占用资金的成本率（%）	15

表 9-5　某企业可供选择的信用条件

项目	A 方案	B 方案
信用条件	n/45	2/10，n/30
销售收入	增加 20 000 元	增加 30 000 元
平均收现期	60 天	30 天
坏账损失率	全部销售收入的平均坏账损失率为 8%	全部销售额的平均坏账损失率为 4%
折扣收入百分比	需付现金折扣的销售额占总销售额的百分比为 0	需付现金折扣的销售额占总销售额的百分比为 50%

根据表 9-4 和表 9-5 提供的资料，分别测算两种信用条件对销售利润和各种成本的影响。

由表 9-6 可以看出，选用 B 方案带来的收益比较多，故应采用 B 方案。

表 9-6　信用方案的对比与选择

单位：元

项目	A 方案	B 方案
信用条件变化对销售利润的影响	P_a=20 000×20%=4 000	P_b=30 000×20%=6 000
信用条件变化对应收账款机会成本的影响	I_a=[（60－45）/360×100 000＋60/360×20 000]×15%=1 125	I_b=[（30－45）/360×100 000＋60/360×30 000]×15%=－250
现金折扣成本的变化情况	D_{ma}=0	D_{mb}=(100 000＋30 000)×50%×2%=1 300
信用条件变化对坏账损失的影响	K_a=20 000×8%＋(8%－6%)×100 000=3 600	K_b=30 000×4%＋(4%－6%)×100 000=－800
信用政策变化带来的净利润	P_{ma}=4 000－1 125－3 600－0=－725	P_{mb}=6 000－(－250)－1 300－(－800)=5 750

（三）收账政策

收账政策是指当客户违反信用条件，拖欠甚至拒付账款时企业所采取的收账策略与措施，主要包括收账程序、收账方式等。企业制定收账政策时，要注意把握宽严程度，针对不同的客户采取相应的措施，以尽量确保在不丧失客户的情况下收回账款，并减少收款费用和坏账损失。

（四）综合信用策略

如果要制定最优的信用政策，应把信用标准、信用条件及收账政策紧密结合起来，考虑三者的综合变化对销售额、应收账款、机会成本、坏账成本等的影响。综合决策的计算相当复杂，计算中的几个变量都是预测的，有相当大的不确定性。因此，信用政策的制定并不能仅仅依靠数量来分析，在很大程度上要由管理者的经验来决断。制定综合信用政策时应考虑的基本模式，如表 9-7 所示。

表 9-7　综合信用政策基本模式表

信用标准（预计坏账率%）	信用条件	收账政策
0～1	宽信用条件（90 天付款）	宽松而消极的收账政策
1～5	一般信用条件（60 天付款）	一般收账政策
5～20	严信用条件（30 天付款）	严格而积极的收账政策
20 以上	不赊销	—

三、应收账款日常管理

信用销售实现后，企业应做好应收账款的日常控制，对客户进行追踪分析，认真分析应收账款的账龄。与此同时，要进一步完善收账政策，当顾客违反信用条件时，积极做好收账工作。

（一）实施应收账款的追踪分析

企业收款之前，应对该项应收账款的运行进行追踪分析。企业要对赊购者的信用品质、偿付能力进行深入调查，分析客户现金的持有量与调剂能力能否满足应收账款兑现的需要，并将那些金额大、信用品质差的客户列为考察的重点，以防患于未然。

（二）认真分析应收账款的账龄

一般而言，客户逾期拖欠账款时间越长，账款催收的难度越大，成为坏账的可能性也就越大。企业必须要做好应收账款的账龄分析，密切注意应收账款的回收进度和出现的变化，把过期债务款项纳入工作重点，研究调整新的信用政策，努力提高应收账款的收现效率。

（三）进一步完善收账政策

当账款被客户拖欠或拒付时，企业首先应分析现有的信用标准及信用审批制度是否存在纰漏，然后重新对违约客户的资信等级进行调查、评价和调整。对于信用品质恶劣的客户应当加入信用黑名单，对其所拖欠的款项可先通过信函、电话或者派人员前往，以及雇用收账代理等方式进行催收，态度可以逐渐强硬，并提出警告。当这些措施无效时，则可以通过申请仲裁或提出诉讼来解决。

第五节　存货管理

存货（Inventory）是指企业在日常生产经营过程中为生产或销售而储备的物资，包括各类材料、包装物、低值易耗品、在产品、半成品、产成品等。存货占流动资产的比重较大，一般为40%～60%。存货利用程度的好坏，对企业财务状况的影响极大。因此，加强存货的规划与控制，使存货保持在合理水平上，成为企业财务管理的一项重要内容。

一、存货管理概述

存货的种类繁多，对于制造型企业而言，按照经济用途分类，存货可分为以下6种类型：

（1）原材料，指用于生产的原料及主要材料、辅助材料、燃料等。原材料可能是基础产品，如钢铁厂生产钢铁用的铁矿石，也可能是精密的设备，如生产计算机用的软驱。

（2）在产品，指企业还没有完成全部生产过程，或虽已完成全部生产过程，但尚未验收入库，不能作为对外销售的产品。这部分存货占多大比重很大程度上取决于生产过程的长度。

(3) 自制半成品，指已经过一定生产过程并已检验合格交付半成品仓库，但尚未制造成为商品产品，仍需继续加工的中间产品。

(4) 产成品，指已经完成全部生产过程并已验收入库，可以作为商品对外销售的产品。

(5) 低值易耗品，指单位价值在规定的限额标准以下，或使用期限不满一年，不能列为固定资产的各种劳动资料，如工具、管理用具、劳动保护用品等。

(6) 包装物，指为包装企业产品并随同产品出售或出租、出借给购货单位使用的各种包装容器和用品，如桶、箱、瓶、坛、袋等。

原材料、在成品与产成品构成了企业存货的主要部分。不同类型的存货其流动性不同。例如，已经商品化或相对标准化的原材料较易变现，即流动性强。存储必要的原材料和在产品，可能保证生产的正常进行；储备必要的产成品，有利于销售，也维持均衡生产，降低产品成本；维持各种存货的最低储备，可防止意外事件造成的损失。

二、ABC 管理法

ABC 管理法，又称帕累托分析法，它是根据存货的品种规格、占用资金和各类存货库存时间、价格差异等因素，采用必要的分类原则而实行的库存管理办法。使用该库存管理方法的目的是对存货所占用的资金进行最有效的管理。

ABC 管理法将存货分为 A、B、C 三种类型。其中，A 类存货在企业的全部存货中种类少，占全部种类的 10%～15%，但占用的资金数额大，一般占用存货全部资金的 80%左右。对于 A 类存货必须严加控制，确定适当的储备量，尽量缩短订货周期，增加采购次数，以加速存货储备资金的周转。B 类存货种类比 A 类存货多，占全部种类的 20%～30%，占用的资金比 A 类少，一般占用存货全部资金的 15%左右。对 B 类存货的储备可适当控制，可适当延长订货周期、减少采购次数。C 类存货种类很多，占全部种类的 60%～65%，但占用的资金很少，一般仅占存货全部资金的 5%左右。对于 C 类存货，根据需要，储备量可小一些，订货周期可长一些。

在实际的应用中，如果运用 ABC 管理法进行库存管理，则其一般步骤是：

第一，收集各个品目商品的年销售量、商品单价等数据。

第二，对原始数据进行整理，并按要求计算销售额、品目数、累计品目数、累计品目百分数、累计销售额、累计销售额百分数等。

第三，做 ABC 分类表。在总品目数不太多的情况下，可以用大排队的方法将全部品目逐个列表。按销售额的大小，由高到低对所有品目排序。将必要的原始数据和经过统计汇总的数据，如销售量、销售额、销售额百分数填入，并计算累计品目数、累计品目百分数、累计销售额、累计销售额百分数。将累计销售额为 60%～80%的前若干品目定为 A 类，将销售额为 20%～30%的若干品目定为 B 类，将其余的品目定为 C 类。在总品目数太多的情况下，可以先分类然后再对类别进行列表排序。

第四，以累计品目百分数为横坐标，累计销售额百分数为纵坐标，根据 ABC 分析表中的相关数据，绘制 ABC 分析图。如图 9-6 所示。

第五，根据 ABC 分析图的结果，对 ABC 三类商品采取不同的库存管理策略。

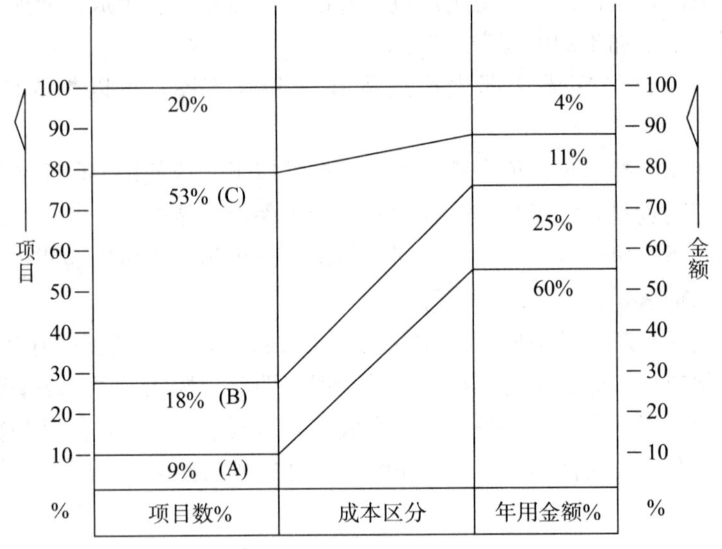

图 9-6 ABC 法的库存分类分析图

三、EOQ 模型

经济订货批量（Economic Order Quantity，EOQ）是指能够使一定时期购、存库存商品的相关总成本最低的每批订货数量。它是固定订货批量模型的一种，可以用来确定企业一次订货的数量，是确立最优存货水平著名的方法之一。当企业按照经济订货批量来订货时，可实现订货成本和储存成本之和最小化。

企业因为保持正常的生产经营活动而储备存货所发生的各项有关支出称为存货成本。存货的有关成本包括以下几种：

（1）采购成本，主要由存货的进价和进货费用构成，一般与采购的数量成正比。为降低采购成本，企业应研究材料的供应情况，货比三家，价比三家，争取采购质量好、价格低的材料物资。

（2）订货成本。即每次订购材料、产品而发生的成本。订货成本中有一部分与订货次数无关，如采购机构的基本开支等，称为订货的固定成本；另一部分与订货次数有关，如差旅费、邮资等费用，称为订货的变动成本。

订货成本及其固定成本、变动成本分别用 TC_a、F_1、K 表示，而存货年需求量与每次进货量分别用 D、Q 表示。则订货成本用公式表示如下：

$$TC_a = F_1 + \frac{D}{Q} \times K$$

（3）储存成本。即企业为持有存货而发生的费用，常用 TC_c 表示。按照与储存量的关系划分，储存成本可分为变动储存成本和固定储存成本两类。其中，固定储存成本与存货储存数额的多少没有直接联系，常用 F_2 表示；变动储存成本则与存货储存量成正比变动，单位成本用 K_c 表示。因此，储存成本用公式表示如下：

$$TC_c = F_2 + \frac{Q}{2} \times K_c$$

(4) 缺货成本。即因存货不足而给企业造成的停产损失、延误发货损失等成本。

经济订货批量的基本模型需要设定一些假设条件，具体如下：

1）企业能够及时补充存货，即需要订货时立即能获得存货。

2）企业能够实现集中到货，而不是货品陆续入库。

3）企业不允许缺货，这是因为良好的存货管理本来就不应该出现缺货成本，即存货缺货成本为零。

4）企业存货需要量稳定，并能够预测，即年需求量为常数。

5）企业存货单价不变，不考虑现金折扣，即单价为常数。

6）企业现金充足，不会因现金短缺而影响进货。

7）企业所需要存货市场供应充足，不会因买不到需要的存货而影响其他。

根据上述假设，经济订货批量模型的基本思想，如图 9－7 所示。随着存货量的上升，存货持有成本增加而再订货成本下降，即当企业持有少量存货时再订货成本较高，而当企业持有大量存货时持有成本较高。而当持有成本与再订货成本两条曲线恰好相交时，持有存货的总成本达到最低，即图 9－7 中的 Q^* 点为最优订购量。

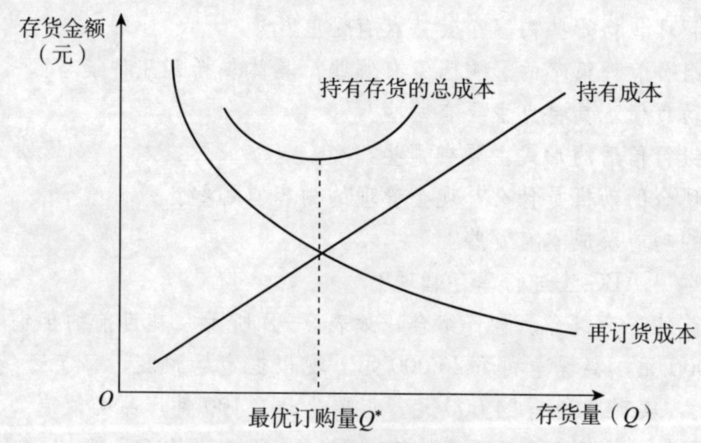

图 9－7 经济订货批量模型

根据上述假设与陈述，存货总成本的公式可以简化为：

$$TC = F_1 + F_2 + \frac{D}{Q} \times K + D \times U + \frac{Q}{2} \times K_c$$

式中，F_1表示固定订货成本；F_2表示固定储存成本；D 表示存货年需求量；Q 表示每次订货量；K 表示每次订货的成本；U 表示单价；K_c表示单位持有成本。

当 F_1、D、U、F_2、K_c为常量时，TC 的大小取决于Q。为了求出 TC 的极小值，对其进行求导演算，可得出下列公式：

$$Q^* = \sqrt{\frac{2KD}{K_c}}$$

该公式称为经济订货批量基本模型，求出每次订货的批量，即可使 TC 达到最小值。

【例 9－5】某服装企业是一家生产女装的中小型企业，其每年耗用某种布料 6 400 千克，该材料的单位存储成本为 8 元，一次订货成本为 100 元，那么，该服装企业每次最优订货批量是多少？

根据题目条件，假设其符合经济订货批量法基本模型的使用前提，则基本模型计算如下：

$$Q^* = \sqrt{\frac{2KD}{K_c}} = \sqrt{\frac{2 \times 100 \times 6\,400}{8}} = 400(\text{千克})$$

即该企业每次最优订货批量为 400 千克。

练习与解析

复习思考

1. 营运资本管理包括哪些内容？其特点有哪些？
2. 企业融资组合管理策略的影响因素有哪些？具体包括哪几种策略？
3. 什么是流动负债？其特点主要有哪些？
4. 我国当前银行信用的形式主要有哪些？
5. 企业持有现金的动机是什么？现金管理的内容有哪些？
6. 应收账款的功能及成本有哪些？
7. 企业如何运用 ABC 法进行库存管理？
8. 某公司目前的资产组合、融资组合，如表 9-8 所示。其目前的年销售量为 2 000 件，销售收入为 200 000 元，实现净利润 20 000 元。现根据市场预测，每年可销售 2 400 件，销售收入 240 000 元，实现净利润 24 000 元。但要生产 2 400 件产品必须追加 10 000 元固定资产。该公司现在决定，在资产总额不变的情况下，减少流动资产投资 10 000 元，相应增加固定资产投资 10 000 元。假设融资组合不变，试分析不同的资产组合对企业风险和报酬的影响。

表 9-8　某公司筹资与资产组合表　　单位：元

资产组合		融资组合	
流动资产	40 000	流动负债	20 000
固定资产	60 000	长期资金	80 000
合计	100 000	合计	100 000

9. 天成物业公司需要增加营运资金 500 万元。有以下两种融资方案可供选择（假定一年有 360 天）：

(1) 放弃现金折扣 (3/20，n/90)，并在最后到期日付款。

(2) 按 10%的年利率向银行借款 600 万元，这一方案需要保持 12%的补偿性余额，假设天成物业公司在银行里没有存款。

那么天成物业公司应该选择哪一种方案？

10. 某公司需要增加营运资本 440 万元，有以下三种融资方案可供选择（假定一年 360 天）：

(1) 放弃现金折扣（3/10，n/30）并在最后到期日付款。

(2) 按 15%的利率从银行借款 500 万元，这一方案需要保持 12%的补偿性余额。

(3) 发行半年期 470 万元的商业票据，净值为 440 万元。

请比较哪一种方案最优。

11. 某公司考虑是否提供信用销售，其资料如表 9-9 所示。

表 9-9 某公司的信用销售差异表

	不提供信用	提供信用
单位售价（元）	35	40
单位成本（元）	25	32
销售数量（件）	2 000	8 000
付款概率（%）	100	85
信用期限（天）	0	30
贴现率（%）	0	3

(1) 若折扣期限定为 10 天，该公司应该提供销售信用吗？

(2) 若采用提供信用，付现概率至少应该是多少？

12. 已知某公司的下列库存信息及相关信息：年使用库存数量为 300 000 单位（假定一年有 50 周）；库存持有成本是商品购买价格的 30%；购买价格为每单位 10 元；订货成本为每单位 50 元；公司希望的安全库存量为 1 000 单位。要求：

(1) 计算最优经济订货量水平。

(2) 计算每年的订货次数。

(3) 计算库存水平为多少时应补充订货。

阅读材料

2019 年 3 月 29 日晚间，＊ST 贝因美发布 2018 年业绩报，报告期内，贝因美实现营收 24.9 亿元，实现归属于上市公司股东的净利润 4 111 万元，同比增长 103.9%，经营活动产生的现金流净额为 2.91 亿元，同比增长 311%，基本每股净收益为 0.04 元，同比增长 103.9%。从业绩表现来看，贝因美顺利实现扭亏为盈，“脱星摘帽”已成定局，撤销退市风险警示尚需深交所批准。

就业绩扭亏，贝因美表示，报告期内，公司通过加强主营业务及关键要素的投入，将有限的资源投入到品牌资产发展中，调整品类结构，调整区域渠道发展策略，大力发展新零售，加强市场秩序维护，从而优化了整体营收结构，提高了利润贡献。同时，公司减少低效成本支出，优化产能，盘活资产，加强应收账款及存货的管理，最终实现扭亏为盈。

调整战略实施“六重奏” 全方位提升助力“扭亏”

从公司治理来看，2018 年 3 月，53 岁的贝因美创始人谢宏复出，正式打响了公司的“保壳”战，提出了“重树商誉、重建渠道、重构体系、重造团队、重塑品牌、重溯文化”的六大战略。2018 年 7 月，大换血后的高管团队借贝因美绿爱品牌全球发布亮相，营销团队与新零售龙头阿里巴巴进行深入合作战略的半年沟通会。11月，贝因美与长城国融签订《战略合作协议》，引入国资战投，双方协定围绕食品安全、婴童产业等领域加大优质资产整合力度，改善可持续发展能力。

从品牌资产发展来看，公司聚焦核心品类、聚焦品牌建设，重点打造婴幼儿奶粉配方注册001号产品“粉爱十”、红爱等主导产品，签约奥运冠军孙杨作为全球品牌形象大使，冠名《妈妈咪呀》等综艺节目，为公司的健康发展注入新的活力。同时，公司全面推广线上线下融合的新零售业务模式，运用数字化营销手段，直达门店、直达用户，与天猫、京东、孩子王等平台强强联合，借助第三方的力量进行渠道下沉，改变原来耗费大量人力、物力的“人海战术”，大幅降低市场营销费用，相比2017年度，销售费用下降约5亿元。在2018年双十一期间，天猫、京东双平台直播，贝因美夺取了双十一“销量3连冠”，创造了电商新高度。

从技术创新来看，报告期内，贝因美研发支出1 560万元，占营业收入的0.63%，主要用于新产品开发，公司完成了婴幼儿配方奶粉国内工厂15个系列，国外工厂2个系列，共计17个系列，51个配方的注册，奶粉产品均已顺利上市。顺利申报舒力乐特殊医学用途婴儿配方食品乳蛋白部分水解配方等5个特殊医学用途婴儿配方食品，其中所申报的“特殊医学用途婴儿配方食品无乳糖配方”产品获得了国内企业注册产品的0001号。公司凭借持续的研发创新，抢占了配方注册的先机。

从经营活动产生的现金流净额来看，公司追求健康销售，关注利润、关注现金流，2018年度，实现销售收入24.91亿元，虽然比2017年度下降6.38%，但是经销商库存、公司库存商品以及库存周转天数等指标均比上年明显改善，实现经营性现金流持续为正。

国产品牌迎战略机遇期　贝因美具备先发优势

根据国家统计局统计数据，2018年，我国全年GDP同比增长6.6%，首次突破90万亿元大关，为消费升级提供了经济基础。“85后”至“90后”新生代消费人群消费能力和消费意愿提高，消费选择多样化。超高端、有机、羊奶增长强劲，单个消费者生命周期内价值贡献提升。

与此同时，线下母婴渠道增长显著，线上电商渠道增长强劲，推动母婴快消品零售市场的持续增长。奶粉注册制落地，打破原线下市场竞争格局，尤其是三四线城市，因注册制退出市场的国产小品牌和外资品牌而流出空白市场，市场空窗期依旧。国产奶粉本身深耕三四线市场，具备抢占更高市场份额的渠道基础，有望成为国产奶粉的战略机遇期。

就此，申万宏源分析师王立平认为，母婴行业展现明显消费升级趋势，鼓励生育政策有望持续加码，行业有望保持高速发展动能。

作为国内婴幼儿奶粉领先品牌，贝因美自创立伊始便定下“对宝宝负责，让妈妈放心”的质量方针，20多年初心不变，打下了坚实的消费者基础。目前公司拥有51个婴幼儿奶粉注册配方，既有国产又有进口，涵盖了大众、高端、超高端，以及全系列婴童辅食，构筑了坚实的品牌力、产品力。公司在国内外拥有多家工厂，技术先进，管理成熟，产能强大，与全球多家著名供应商合作，掌握了全球乳业发展的重要战略资源，可以为产品销售提供坚实的产业基础。

打造行业领先孕婴童营养专家　贝因美2019年业绩有望持续增长

贝因美表示，2019年，公司将抢抓战略机遇期，继续通过品类聚焦，渠道聚焦、门店聚焦等方式，在现有业务的基础上，提升高毛利产品生意贡献，从而整体改善营收毛利结构。

在渠道上，进一步加深与商超、婴童等渠道的合作，做强新零售和重点客户。在门店终端上，公司通过导购教育、培训等方式提升门店的执行力，并以大数据平台追踪门店业务执行情况，通过持续改进提升，拉升三级销售。

在品牌方面，充分利用公司创始人谢宏创立的成功生养教体系，通过专栏和生养教讲座等方式传授生养教的秘密，亲授育儿经，触达精准人群，增强品牌黏性。进一步打造以奥运冠军孙杨为形象大使的新品牌形象，通过系列产品组合及衍生品强化品牌认知，实现明星IP化、IP粉丝化、粉丝经济化、经济品牌化的转化路径，提升公司品牌形象和辨识度。通过对全新品牌的消费者教育，全方位沟通“新”贝因美，促进新用户的转化。

同时，贝因美还将围绕婴童需求，发挥产品创新优势，产品研究延展至特配食品和益生菌品类，开启业务新增长点；并进一步通过业务合作，寻找潜力品牌和潜力市场，通过战略合作，推动多品牌发展战略，扩大品牌的市场影响力，通过品牌高端化、营销策略化、形象专业化、口碑组合化运作，建立起可持续发展的业务模式，使贝因美成为行业领先的孕婴童营养专家、国际化管理水准的上市公司。

资料来源：郭鑫．贝因美：2018年盈利超4 000万元 战略调整成效初显．每日经济新闻，2019-04-01.（有改动）

讨论与运用

1. 本案例中，从哪些数据可以看出贝因美扭亏为盈了？
2. 在现金流方面，贝因美从哪些角度做出了调整？

第十章

企业并购财务管理

案例导引

当国内的直播平台还在努力思考生存之道的时候，老牌直播巨头欢聚时代已经开始了海外并购的步伐。2019 年 3 月 5 日，欢聚时代公布的 2018 年第四季度及全年未经审计的财务报告显示，2018 年欢聚时代总收入为 157.64 亿元，净利润为 16.42 亿元。同时，欢聚时代宣布完成对海外视频社交平台 BIGO 的收购，总交易额约 14.5 亿美元。作为一家海外视频社交平台，BIGO 旗下拥有泛娱乐直播平台 BIGO Live 和短视频社交平台 Like。此次，BIGO 的估值约为 22 亿美元。

欢聚时代还宣布完成对海外视频社交平台 BIGO 的全资收购。在本次交易中，欢聚时代收购 BIGO 余下的约 68.3%的股份，其中包括欢聚时代董事长兼代理首席执行官李学凌持有的 BIGO 股份，总交易额约 14.5 亿美元。根据官方公告，BIGO 的估值约为 22 亿美元。本次交易之前，欢聚时代持有 BIGO 约 31.7%的股份。这意味着，此次交易完成之后，欢聚时代将拥有 BIGO 100%股权。在交易前后，李学凌在欢聚时代的总投票权基本保持不变。

寻求扩张的企业面临着内部积累和兼并收购两种选择。内部积累可能是一个缓慢而不确定的过程，但通过并购发展则要迅速的多，尽管它会带来自身的不确定性。

资料来源：温梦华，许恋恋，杜毅．欢聚时代完成收购 BIGO 海外市场迎战抖音．每日经济新闻，2019-03-06.（有改动）

学习目标

1. 了解企业并购的形式与类型。
2. 了解企业并购目标公司评价方法。

3. 掌握企业并购的动因。

4. 掌握企业并购支付的各种方式及其特点。

内容提要

内部积累、外部并购是企业扩大资产规模的两个重要方式。和前者相比，企业并购带来的扩张效应更直接、更迅速。目标企业价值评估的基本方法包括现金流贴现法、市盈率法、市场法与实物期权法。并购支付主要有资产支付、股权支付两大类，而资产支付，包括现金、非现金资产以及杠杆支付。

第一节　企业并购概述

美国经济学家、诺贝尔经济学奖获得者斯蒂格利茨说过，没有一家大的美国公司不是通过某种程度、某种方式的并购成长起来的，几乎没有一家大公司是靠内部积累成长起来的。并购重组是企业寻求调整改造、更大更快发展的重要契机。

一、企业并购的概念及分类

（一）企业并购的概念

目前，我国学者对企业并购的理解大致存在三种观点：第一种观点认为，企业并购是企业收购与兼并的总称；第二种观点认为，企业并购是企业收购与企业合并的总称；第三种观点认为，企业并购是指广义的企业合并，即公司法定义的吸收合并和新设合并。

为了正确理解企业并购的含义，我们先来看一下相关概念。

1. 合并

合并（Consolidation），可以分为两种情形：一是两个或更多企业组合在一起，其中一个企业保持其原有名称和法律实体，而其他企业不再以法律实体形式存在，即吸收合并；二是两个或更多企业组合在一起，原有所有企业都不再保留法律实体形式，重新组建一个新公司，即新设合并。

吸收合并是一种产权交易行为，而新设合并是一种产权联合行为。

2. 兼并

兼并（Merger），是指一个企业购买其他企业产权并使其他企业失去法人资格或改变法人实体的行为。不通过购买方式实行的企业之间的合并，不属于兼并。可见，企业兼并实际上是一种企业吞并行为，也必须是一种产权交易，即产权买卖行为。

3. 收购

收购（Acquisition），指一个企业以购买全部或部分股票或资产的方式购买了另一个企业的全部或部分所有权。收购的目标是获得对目标企业的控制权，目标企业的法人地位一般并不消失。

其中的二级市场公开收购，也称为标购，即一个企业直接向另一个企业的股东提出购买他们所持有的该企业股份，达到控制该企业的目的，因此，这种收购方式下的目标企业一般是上市公司。

在讨论完上述几个概念之后，可以总结出企业并购的含义。从内涵角度看，企业并购（Merger & Acquisition，M & A）是指企业之间的股权或资产的收购和兼并，即并购是一种产权交易行为。从外延角度看，并购不仅包括收购，还包括合并，即并购是合并和收购的统称。

（二）企业并购的分类

1. 按行业关系划分

按并购双方所处行业不同，并购可分为横向并购、纵向并购和混合并购。

（1）横向并购。横向并购是指并购双方同属于一个产业或行业，或产品处于同一市场的企业并购行为。横向并购可以扩大同类产品的生产规模，降低生产成本，消除竞争，提高市场占有率。

（2）纵向并购。纵向并购是指生产过程或经营环节紧密相关的企业之间的并购行为。纵向并购可以加速生产流程，节约运输、仓储等费用。

（3）混合并购。混合并购是指生产经营彼此没有关联的产品或服务的企业之间的并购行为。混合并购的主要目的是多元化经营，分散风险，提高企业的市场适应能力。

2. 按并购目的划分

根据收购的目的，并购可分为战略并购和财务并购。

（1）战略并购。战略并购是指并购双方以各自核心竞争力为基础，立足于双方的优势产业，通过优化资源配置的方式，在适度范围内强化主营业务，从而达到产业一体化协同效应和资源互补效应，创造资源整合后实现新增加值的目的。

（2）财务并购。财务并购是指收购方将收购作为公司的一项财务策略，它并不强调参与公司运营而提升公司业绩，而是更多地着眼于通过资本运作或者价值发现而使资产价值得到提升，比如避税、提升融资能力等。

3. 按信息披露程度划分

按信息披露程度不同，企业并购可以划分为公开收购和非公开收购。

（1）公开收购。公开收购又称要约收购，是指主并企业在二级市场上公开向目标企业股东发出收购要约并承诺特定条件的企业并购。

（2）非公开收购。非公开收购是指不公布收购要约的企业收购。这种企业并购方式主要用于要约收购起点前的股权交易或要约豁免条件下的协议收购。

4. 按收购双方态度划分

（1）善意收购。善意收购是指获得目标企业董事会同意的收购。这种收购一般通过收购双方友好协商来完成，企业通常采取协议收购方式。

（2）敌意收购。敌意收购是指未经目标企业董事会同意的收购。这种收购通常表现为要约收购，同时也会遭到目标企业的激烈抵抗。

5. 其他分类

公司并购还可以根据收购人是否成为直接股东划分为直接收购和间接收购；根据资金来源不同划分为杠杆收购和非杠杆收购，等等。

二、企业并购的理论动因

美国麦肯锡咨询公司对20世纪90年代中期全世界大的并购项目进行分析，结果表明，并购的成功率仅有30%左右。但为什么企业并购行为仍继续大量发生呢？理论上认为，企业并购动因有很多。

（一）总的价值增加

该理论侧重于对企业并购协同效应的分析，认为企业通过并购可以使企业获得某种形式的协同效应，即1+1>2的效应，从而有利于企业提高经营业绩，降低经营风险，并具有潜在的社会效益。根据协同效应来源的不同，效率理论可进一步分为管理协同理论、经营协同理论、财务协同理论、战略重组理论、价值低估假说、多元化经营假说和信息理论等。

1. 管理协同理论

管理协同，也称差别效率理论。该理论认为，若一家企业拥有高效的管理队伍，其能力超过了企业日常的管理需求，则该企业可以通过并购管理另一家效率较低的企业，输出剩余的管理资源，提高企业和社会整体的财富水平。

2. 经营协同理论

经营协同理论建立在并购前企业经营活动虽可以实现但尚未实现规模经济或范围经济的假设基础之上，认为横向并购将有助于企业扩大生产规模或实现优势互补，降低生产成本。另外，经营协同也可能产生于纵向并购领域，通过将处于产业链不同阶段的企业联合起来，消除有限理性、机会主义、不确定性等交易成本。

3. 财务协同理论

财务协同理论认为企业并购产生的互补优势并不是来自企业的经营管理能力，而是来自投资机会和内部现金流。按照财务协同假说，若一家拥有较多现金流但缺乏投资项目的企业并购另一家缺乏现金却有很多投资机会的企业，则对双方都有利。

4. 战略重组理论

战略重组理论认为企业并购是企业实现分散化经营、战略转型、产业调整，较快适应外部环境激烈竞争和变化的重要手段。

5. 价值低估假说

价值低估假说将并购动机归因于目标企业价值的低估。于是，并购将发挥两方面的作用，一是通过并购的信号传递效应，价值低估的目标公司其价值将被市场重新认识并得到提升；二是对于收购公司而言，并购价值低估的公司意味着成本代价不大，至少比直接投资建立一家新企业成本更低。

6. 多元化经营假说

多元化经营假说来源于经典的多元化投资能分散非系统性风险的基本原理。其支持者认为，多元化经营可以提高企业抵抗风险的能力，有助于保持企业的声誉资本，同时还可以提高企业的举债能力。

7. 信息理论

信息理论有两种观点：一种观点认为收购活动会散布目标企业股票被低估的信息，尤其是公开的要约收购会促使市场重新对这些股票进行估价；另一种观点认为，要约收购会激励目标企业管理层对股东更负责任，因为，对于目标公司管理层而言，公司被其他企业并购意味着职业声誉的降低和可能的解雇。

从并购动机的解释能力看，经营协同理论对横向和纵向并购具有一定的解释能力，财务协同和战略重组理论则比较适用于混合并购，而价值低估假说则在自然资源产业得到了较好的验证。

（二）自大

1986 年，经济学家罗尔（Roll）分析并购活动效应，提出了管理者自大理论。该理论认为目标公司的价值增加是由并购公司的管理层在评估目标公司时因过度乐观和自负所犯的错误造成的，实际上该项交易可能并无投资价值。并购公司管理层的盲目与自大成为很多并购发生和失败的真实原因。

（三）代理问题

1. 自由现金流量假说（Free Cash Flow Theory）

公司要实现效率最大化，自由现金流量就必须支付给股东或削弱管理层对现金流的控制，这样，管理层可控制的现金流就减少，减少浪费和私用。当企业为投资活动进行融资时，管理层就不得不依赖于外部市场进行再融资，而这种面向市场的再融资行为，就更容易受到资本市场的监督和判断。

自由现金流量假说认为，并购活动的发生是由于管理者和股东之间在自由现金流量支出方面存在冲突造成的，即并购使得并购公司现金流量减少，股东与管理层之间的代理问题也随之减少。

2. 管理主义

管理主义认为，兼并活动只是代理问题的一个表现形式，而非解决办法。管理主义认为，管理者的报酬取决于公司的规模大小，因而管理者就有动机通过并购来扩大公司规模，从而忽视并购实际的投资报酬率。

（四）再分配

1. 税收理论——来自政府的再分配

税收理论认为，通过并购一家业绩较差甚至亏损的企业，并购企业就可以降低应税所得额，从而为并购企业带来效益，即并购的发生只是将本属于税收的部分转移给了并购企业，并购并没有带来社会财富的净增加。如果政府鼓励企业并购而出台有关的税收优惠措施，那么这种效果将会更加明显。

2. 市场势力——来自竞争对手的再分配

市场势力理论认为，并购使得并购公司的市场份额更多，市场势力更大，即并购只是将竞争对手的份额转移到自己而已。一种观点认为，企业可以通过兼并活动提高其市场占有率。另一种观点却认为，兼并将导致行业“过度集中”，即如果更少的企业在一个行业的销售额占有较大的百分比，这些企业的政策或互动就会相互影响，“合谋”就可能产生。但是，反对者认为，提高了集中度通常是激烈竞争的结果，因为大公司之间关于产品价格、种类、质量等方面的决策存在诸多差异，大公司之间难以达成合谋。

3. 来自债权人的再分配

在负债大幅度提高的杠杆收购活动中，有证据表明并购会对债权人产生不利影响，即并购无非是以损害债权人利益为代价的，尤其是并购导致债券评级降低和杠杆收购后整理失败时，并购存在着对债权人的负面影响。

4. 来自员工的再分配

企业被收购后若劳动力成本降低，可能反映了之前企业管理的无效率，而这种无效率是导致员工薪酬偏高的主要原因。即企业并购发生及其财富创造，是企业员工提高效率，或员工财富的转移。

三、企业并购的实践动因

假设并购公司希望通过并购创造企业价值和社会财富，那么，现实中的企业并购初衷主要有以下几个方面。

（一）谋求更高投资回报

谋求更高投资回报是企业并购最原始、最基本的动机。这种更高的投资回报，可能的原因是：

（1）并购扩张比直接投资新建企业的报酬更高。

（2）企业并购的投资回报率应该高于其他投资。

（3）并购该企业比并购其他企业的回报率更高。

企业并购获利途径主要包括：

（1）购买物美价廉的企业。

（2）收购目标企业的己方短缺资源，由于这些资源在目标企业处于闲置状态，所以购买价格不会很高，这样并购企业就可以并购这些资源并且很好地利用了。

（3）获取规模经济和垄断利益。企业并购无疑会使企业的经济规模扩大，从而达到规模经济和垄断利益。

（4）谋求并购效应，即企业并购所形成的价值增加额。

（二）实现特定发展战略

企业并购的另一动因就是实现企业长期的发展战略，如产业布局调整、跨国经营等。

实施企业发展战略的实质是开发或形成独特的获利能力或核心竞争力，并把这种核心竞争力转化为企业的竞争优势与经济附加值。所谓核心竞争力，是指企业独一无二的获利能力。企业的发展战略可分为三种类型，即稳定发展战略、扩张性发展战略以及防御性发展战略。稳定发展战略只是提供原有产品与服务，并保持原有经济规模的企业发展战略，主要通过企业内部积累与投资来实现。扩张性发展战略是指开发新产品、新市场、新工艺，并扩大企业经营规模的企业发展战略，主要通过企业并购、内部投资、合资经营、特许权经营等方式实现。防御性发展战略是指减少投资、出售资产或放弃某些业务的企业发展战略，主要通过减资、剥离、分立与破产清算等方式实现。

（三）分散经营风险

企业并购第三个实践动因就是规避经营风险。表现在并购动因方面，企业经营风险包括竞争风险、市场销售风险以及资源供给风险等。竞争风险是导致企业竞争损失或失败的可能性；市场销售风险是指企业产品供过于求或滞销的可能性；资源供给风险是指能源、原材料、零部件供应以及服务中断的可能性。

不同的并购可分散不同的经营风险，具体来讲，横向并购有助于规避或分散企业竞争风险，纵向并购有助于规避或分散企业资源供给风险，而混合并购有助于规避或分散市场销售风险。

第二节　目标公司选择与评价

企业并购对企业来说是一项重大的投资活动，决策的好坏与否会直接影响企业的投资收益，其中，目标公司的选择至关重要。

一、目标公司的选择

公司利用自身力量，即公司利用内部人员的私人接触或自身的管理经验发现目标公司有两种可能。一种是利用高级职员来促进并购产生；另一种就是建立专职的并购部门。借助公司外部力量即利用专业金融机构选择目标企业，是当前并购目标公司选择的重要途径。这些专业金融机构包括投资银行和商业银行，它们能够为并购方提供一揽子收购计划，包括目标公司选择、融资安排等。

初步选定目标公司之后还需作进一步的分析评估和尽职调查。尽职调查的重点主要有以下几方面。

（一）对目标公司出售动机的审查

如果目标公司主动出售，一般都存在某种难言之隐，审查其出售动机将有助于评估目标公司价值和确定正确的谈判策略。其出售的动机主要包括：

（1）经营不善，股东欲出售股权。

（2）想抓住新的投资机会，转换到新行业。

（3）股东资金周转不灵，出售部分股权。

（4）股东不满意公司管理层，想更换管理人员。

（5）多样化经营战略，出售不符合本企业发展战略的子公司。

（二）对目标公司法律文件方面的审查

对目标公司法律文件的审查不仅包括审查目标公司的产业是否符合国家的规定，还要审查目标公司的章程、合同契约等法律文件，这些审查主要在协议收购或者资产收购中使用。

（1）审查企业章程、股票证明书等法律性文件中的相关条款，以便及时发现对并购方面的限制。

（2）审查目标公司主要财产目录清单，了解目标公司资产所有权、使用权以及有关资产的租赁情况。

（3）审查所有对外书面合同和目标公司所面临的主要法律事项，以便及时发现可能存在的风险。

（三）对目标公司业务方面的审查

业务上的审查主要是审查目标公司是否能与本企业的业务融合。不同的并购目的，审查重点有所不同。

若并购目的是利用目标企业现有的生产设备，则应注意目标企业生产的状况，并比较是直接买进新设备更好，还是并购目标企业更好；若并购目的是通过目标企业的营销资源来扩大市场份额，则应对其客户特性、购买动机等市场情况有所了解。

（四）对目标公司财务方面的审查

财务审查是一项十分重要的工作，主要包括以下三个方面的内容：

（1）分析企业的偿债能力，审查企业的财务风险大小。

（2）分析企业的盈利能力，审查企业获利能力的大小。

（3）分析企业的营运能力，审查企业资金周转状况。

（五）对并购风险的审查

对并购风险的审查主要包括以下几个方面：

（1）市场风险。目标企业若为上市公司，则并购消息一旦外传，立刻会引起目标企业的股价飞涨，抬升并购成本或增加并购难度；若为非上市公司，消息传出，也容易引起其他企业的兴趣。这种因股票市场或产权市场引起价格变动的风险就是市场风险。

（2）投资风险。并购作为一种外延型投资方式，也同样是投入一笔资金以期在未来得到若干收益。企业并购后取得收益的多少受许多因素影响，每种因素的变动都可能使投入资金遭到损失或预期收入减少，这就是投资风险。

（3）经营风险。经营风险主要是由于并购后并购方并不熟悉目标企业的产业经营手法，不能组织一个强有力的管理层去接管，从而导致经营失败的风险。

二、目标公司评价

如何对目标公司进行合理定价，是企业并购活动中重要的问题之一，也是整个并购活动成败的关键。只有结合自身的发展战略和并购动因，采取相应的量化预测和收益评价方法，才有助于企业对目标公司进行科学、客观的价值评估。

（一）现金流量贴现法

现金流量贴现法（Discount Cash Flow，DCF）是指通过预测公司未来现金流量并按照一定的贴现率计算公司净现值，从而确定公司价值的方法，是使用最广泛、理论上最健全的方法。它的基本思想是，任何资产的价值是其产生的未来现金流量按照等风险的折现率计算的现值。由于在投资型并购中并购企业只是短期持有目标公司的股权，因此该种方法主要是对目标公司的股权价值进行评估。在计算出目标公司的股权价值之后，将其与并购价格进行比较，只有当目标公司的股权价值大于并购价格时，收购才是有益的。

此外，企业也可以通过比较各种收购方案现金流量贴现值的大小来选择最优的并购方案。

（二）实物期权法

实物期权（Real Option）不同于金融期权，它是处理一些具有不确定性投资结果的非金融资产的一种投资决策工具。实物期权的一般形式包括放弃期权、扩展期权、选择期权、转换期权、混合期权、可变成交价期权以及隐含波动期权等。

实物期权法是利用期权定价模型确定并购中隐含的期权价值，然后将其加入按传统方法计算的净现值中，即为目标企业的价值。

（三）市场参照法

市场参照法，也称为市场法或市场比较法，它是基于类似资产应该具有类似价格的理论假设，其理论依据是“替代原则”。其实质就是在市场上找出一个或几个与被评估企业相同或相近的参照企业，在分析、比较两者之间重要指标的基础上，修正、调整企业的市场价值，最后确定被评估企业的价值。

运用市场比较法的企业一般会选择行业相似、规模相似、盈利能力相似的企业作为参照，是基于有效市场理论的方法。比较指标包括市盈率、市净率、市销率和自由现金流等。

实践中最常用的是市盈率定价法。在使用市盈率进行评估的时候，一般采用历史市盈率、未来市盈率以及标准市盈率。历史市盈率等于股票现有市值与最近会计年度收益之比；未来市盈率等于股票现有市值与预计的年度收益之比；标准市盈率是指目标公司所在行业的相似市盈率。市盈率法在目标公司价值评估中得到广泛应用存在多方面的原因。首先，它是一种将股票价格与当前公司盈利状况联系在一起的一种直观的统计计算法。其次，对大多数目标公司的股票来说，市盈率易于计算并很容易得到，这使得股票之间的比较变得十分简单。当然，采用市盈率法的一个重要前提是目标公司的股票要有一个活跃的交易市场，只有这样才能评估出目标公司的独立价值。

第三节　并购支付方式

企业并购的支付方式呈现出多样化的发展趋势。在我国，企业的并购除了传统的现金支付、股票支付外，还有承债收购、无偿划拨等支付方式。

一、现金支付

现金支付是指收购方通过支付现金来购买目标公司的资产或股权，从而实现并购交易的支付方式。它是对许多中小型目标企业并购最常用的支付方式，也是并购活动中最为直接、简单、迅速的一种支付方式。

（一）现金支付的优点

（1）对目标公司股东来讲，不必承担收益不确定的风险，可立即实现收益。

（2）对并购方而言，支付方式简单明了，可减少并购公司的决策时间，避免错过最佳并购时机。而且，现有股权结构不会因此而变化，也不会导致股权稀释和控制权转移等问题。

（二）现金支付的缺点

（1）目标公司股东获得的现金支付，一般确认为投资收益，要缴纳所得税，而且，无法推迟资本利得的确认，不能享受税收上的优惠，也不能拥有新公司的股东权益。这会影响具有持股偏好的股东接受并购的意愿与积极性。

（2）对并购方而言，现金支付是一项比较沉重的即时负担，它要求并购企业有足够的现金头寸和筹资能力，否则交易规模会受到制约。在跨国并购中，采用现金支付方式还意味着收购方必须面对货币的可兑换性风险及汇率变动风险。

现金支付是早期并购交易主要的支付方式。随着资本市场的发展及各种金融支付工具的出现，纯粹的现金支付已经越来越少了。正因为现金支付方式存在着诸多约束，各种创新性金融支付工具不断出现，如股票支付、杠杆支付、综合证券支付等越来越多地成为并购交易的支付手段。

二、股票支付

股票支付是指并购公司按一定比例将目标公司的股权、资产换成本公司的股权，目标公司从此终止或成为并购公司的子公司。如果交换的是目标公司股权，这种支付方式也称为换股并购。

公司在决定是否采用股票方式进行支付时，至少应考虑以下几个因素：

（1）股权结构。

（2）每股收益、股票价格和每股净资产的变化。

（3）公司股价水平。

（4）证券监管部门的相关规定。

（一）股票支付的优点

（1）对于目标公司股东而言，既可以推迟资本利得的收益时间，达到延迟纳税的目的，又可以分享公司并购后价值增值的好处。

（2）对并购公司而言，换股并购使其免于即付现金的压力，不会挤占营运资金，因此减少了支付成本。同时，股权支付可不受并购方资金能力的制约，可使并购交易的规模相对较大。

近年来，并购目标公司规模越来越大，若使用现金支付方式，对并购公司的即时获现能力和并购后的现金回收能力都要求很高。而采用股票支付方式，并购公司无须另行筹资，轻而易举地克服了自身资金规模这一瓶颈约束。

（3）股票支付具有规避估价风险的效用。在并购交易中，由于信息的不对称，并购公司很难准确地对目标公司进行估价。如果用现金支付，并购后可能会发现目标公司内部存在一些先前未知的问题，那么，由此造成的风险都将由并购公司股东承担。但若采用股票支付，这些风险则同样转嫁给目标公司原股东，使其与并购方股东共同承担，一定程度上降低了并购方及其股东的并购风险。

（二）股票支付的缺点

（1）股票支付在某种程度上改变了并购公司的资本结构，稀释了原有股东的权益及控制权，同时可能招来风险套利者的套利。风险套利者抬高目标公司的股价，以便在并购完成后对冲抵补获利，这种情况必然会导致并购方收购成本的增加。

（2）如果目标公司是上市公司，换股并购由于受上市规则制约，其处理程序相对复杂。这会延误并购时机，给怀有敌对情绪的目标公司管理层组织反并购提供了喘息之机，也会使竞争对手有机会竞争并购，从而导致并购成本增加，加大并购交易风险。

三、资产置换

除了现金、股票外，并购方可以用非现金资产来换取目标公司的资产或者股权，被称为资产置换。

这种资产置换主要包括三种：一是并购方用非货币性资产参与定向增发，通过直接投资目标企业而获取股权，即用非现金资产去置换目标公司新股；二是并购方以非货币性资产与目标公司股东的股权进行置换，接替原股东的地位，成为目标公司新股东，也就是用自己的资产换取目标公司的股权；三是并购方用非现金资产换取目标公司的资产，这在资产收购中并不常见。

四、杠杆支付

杠杆支付是指并购方以目标公司的资产或将来的现金收入作为抵押，向金融机构贷款，

再用贷款资金收购目标公司的支付方式。这种形式的收购，也称为杠杆收购（Leveraged Buy-out，LBO）

杠杆支付在本质上属于一种债务融资的现金支付方式，因为它以债务融资取得的现金来支付并购所需的大部分价款。所不同的是，杠杆支付的债务融资是以目标公司的资产和未来现金收入为担保，来获取贷款或发行高风险、高利率债券来筹集资金。在这一过程中，并购方自己所需支付的现金很少，一般只占收购资金的5%～20%。并且，债务主要由目标公司的资产或现金流量来偿还，所以，它是一种典型的金融支持型支付方式。

另外，还有一种杠杆现金融资方式正在被广泛地运用，即一小部分投资者通过大量的债务融资，收购公众持股公司拥有的股票或资产。在这种收购中，管理层往往是主要推动力，目的是进一步取得公司控制权，防御他人的接管。这种收购方式也是杠杆收购中的特殊情形，被称为管理层收购（Management Buy-out，MBO）。

可见，杠杆支付在融资方面的一个最重要的考虑因素就是收购公司的债务偿还能力。为此，并购公司可能依赖两种可选择的途径：一是营运现金流量；二是目标公司资产的变卖收益。

杠杆支付的主要优点就是杠杆效应，即并购方只需较少的自有资金就可完成并购；而且，并购过程中的债务利息可起到合理避税、减轻税负的作用。但其缺点也显而易见，杠杆支付会导致并购方资本结构中的债务比重过大、利率过高，一旦经营不善极有可能被债务压垮。

另外，在现实的大规模收购中，可能采取上述各种支付方式的某种组合，即混合支付方式。这种组合也可能是现金、股票，以及认股权证、可转换证券、公司债券等支付方式的组合。此种方式将多种支付工具组合在一起，可以发挥各自的优点，克服其缺陷，如能搭配得当，不仅可避免过多现金支付而造成财务恶化，而且能有效防止并购方原股东股权稀释而造成的控制权转移等问题。

五、支付方式选择

在企业并购中，支付是十分关键的一环。选择合理的支付方式，不仅关系到并购能否成功，而且关系到并购双方的收益。各种不同的支付方式各有特点与利弊，企业并购应以获得最佳并购效益为宗旨，结合企业自身特点与其所处的市场地位合理选择支付方式。影响并购支付方式的因素很多，主要有以下几点：

（1）现金状况。如果并购时，并购方有充分的甚至过剩的闲置资金，则可以考虑采用现金支付，因为现金支付速度快、效率高，目标公司股东收益确定性程度高。

（2）资本结构状况。如果并购方需要向企业外部贷款，以筹得足够的资金来完成它的现金并购计划，那么，公司首先要考虑自己的资金结构以及新借债务对原资本结构的影响。

（3）融资成本。公司在考虑支付方式时，应考虑各种筹资方式及其成本高低，选择经济可行的融资方式。

（4）控制权稀释。如果并购方不能筹集足够的现金来并购目标企业，则可以通过发行新股的方式来换取对方的股权，但这样就意味着公司股本的增加，原有股东的控股权被稀释，甚至可能导致老股东失去控制权。

练习与解析

复习思考

1. 企业重组的主要形式及其特点是什么？并购与重组是什么关系？
2. 企业并购的动机有哪些理论或假说？
3. 对目标企业估值的方法有哪些？有什么重要的意义？
4. 并购重组有哪些支付方式？各有什么优缺点？
5. 并购有哪些融资方法？各有什么特点？

阅读材料

2019 年 4 月 24 日晚间，云南白药集团股份有限公司发布公告称，于 4 月 24 日收到中国证监会核发的《关于核准云南白药集团股份有限公司吸收合并云南白药控股有限公司的批复》(证监许可〔2019〕770 号)，核准公司发行股份吸收合并云南白药控股有限公司，该批复自下发之日起 12 个月内有效。

这一宗混改并进一步吸收合并母公司的案例、超过 500 亿元的并购交易，一举一动备受 A 股市场瞩目。

4 月 24 日一同公告的《云南白药集团股份有限公司吸收合并云南白药控股有限公司暨关联交易报告书（修订稿)》长达 591 页，其中详述了此次交易的细节。

白药控股 2017 年完成混合所有制改革，形成了国有资本和民营资本并列第一大股东的股权结构。

2018 年 9 月 19 日云南白药宣布停牌启动整体上市，外界对云南白药的吸收合并方案高度关注。2018 年 11 月 1 日晚间，云南白药公告吸收合并方案。云南白药控股有限公司（以下简称“白药控股”）2016 年启动混合所有制改革，先后引入新华都、江苏鱼跃两方股东，已形成云南省国资委、新华都及江苏鱼跃 45%：45%：10%的股权结构，实现了体制机制的市场化转变。此次重组方案为云南白药拟向云南省国资委、新华都、江苏鱼跃发行股份，换股吸收合并白药控股，实现整体上市。交易完成后，白药控股的全部资产、负债及其他权利与义务均由上市公司承继。同时，为确保吸并完成后省国资委与新华都所持有上市公司的股份数量一致，白药控股将定向回购新华都持有的白药控股部分股权并在白药控股层面进行减资。

本次交易中被吸收合并方白药控股 100%股权扣除白药控股定向减资影响后的预估值为

508.13 亿元，按照发行价格 76.34 元/股计算，合计发行股份数量为 665 620 240 股。

4 月 24 日落定的方案显示，此次交易分为白药控股定向减资和两级主体吸收合并两部分，云南白药将向云南省国资委、新华都、江苏鱼跃发行 6.73 亿股，换股吸收合并白药控股。而考虑到吸收合并前新华都及其关联方还持有云南白药 4.35％的股权，白药控股将定向回购新华都所持有的部分股权并进行减资，以确保交易完成后云南省国资委和新华都的持股比例一致。

同时，方案亦明确，定向减资与吸收合并互为交易前提，若任何一个环节未获得监管部门批准，则两项交易均不生效。此外，参与本次交易的三方也承诺延续前次白药混改中引入股东的长期股权锁定安排，确保未来上市公司股权结构的长期稳定，保证交易完成后云南白药股东层面形成国有资本与民营经济互商互补、共存共进的局面。

云南白药 2018 年财报显示，2018 营业收入 267.08 亿元，较上年同期的 243.15 亿元净增 23.94 亿元，增幅 9.84％；利润总额 38.26 亿元，较上年同期的 36.22 亿元净增 2.04 亿元，增幅 5.64％；归属于上市公司股东的净利润 33.07 亿元，较上年同期的 31.45 亿元增长 1.62 亿元，增幅为 5.14％。

云南白药方面表示，在完成此次整体上市后，将推出员工持股计划，意在吸纳全球顶尖人才和进一步激发企业活力。吸收合并方案在 2019 年 1 月 8 日顺利获得股东大会审议通过，其中 99.26％出席中小股东对方案投出了赞成票。截至 4 月 24 日吸收合并方案获证监会核准批复，云南白药股价由吸并前的 70.23 元/股一路上涨至 92.00 元/股。

资料来源：卢杉．云南白药混改落定：超 500 亿吸并母公司 获证监会核准批复．21 世纪经济报道，2019-04-24.（有改动）

讨论与运用

1. 本案例中，云南白药吸收合并的主要动机是什么？
2. 企业并购的支付方式有哪些？

第十一章

企业国际财务管理

案例导引

对于2019年仍有大量融资需求的企业而言，外债转内债或是明智之举。东方航空年报显示，2018年公司拓宽融资渠道，通过发行超短期融资券、人民币贷款等方式开展人民币融资。截至2018年底，美元债务占该公司带息债务比重降至21.51%。资金压力最大的可能还属房地产企业。万科A在年报中强调，为持续控制中长期汇率波动风险，公司坚持对外币资产/负债匹配性、期限结构、境外流动性风险等进行动态管理，采用自然对冲及适时购买套期保值工具管控汇率风险敞口。

对企业来说，汇率风控是大势所趋。市场人士建议，企业应采取汇率避险一贯制，不能因为汇率短期的升值或贬值而改变套期保值策略，这样才能确保利润水平平衡。

在汇率弹性增强的背景下，企业必须对汇率风险敞口管理加以重视，无论是对于企业的稳健运营，还是对于外汇市场的长期发展，利用衍生金融工具进行套期保值有百利而无一害。

学习目标

1. 了解国际财务管理的基本特点。
2. 掌握外汇及其风险管理。
3. 掌握国际企业融资的渠道与方式。
4. 掌握国际企业投资的基本方式。

内容提要

经济全球化带动了企业投融资的国际化。本章从国际财务管理概念、特点的论述开始，介绍了外汇、汇率，区分了三类外汇风险，并介绍了一些常用的外汇风险管理方法和手段。在此基础上，探讨了企业在国际化背景下的融资渠道、融资方式，以及投资类型、投资方式。

第一节　国际财务管理概述

随着经济的全球化，国际财务管理成为企业财务管理的一个崭新又重要的领域，越来越受到人们的重视。

一、国际财务管理的概念

由于国际财务管理的历史比较短，学科体系还不够完善，对其概念的表述也存在不同的看法。

（一）世界财务管理理论

世界财务管理理论者认为，国际财务管理应当研究能在全世界范围内各国企业普遍适用的原理与方法，使世界各国的财务管理逐渐走向统一。要实现这一目标，需付出艰辛的努力。

（二）比较财务管理理论

比较财务管理理论者认为，各国的政治、经济、社会、法律、文化等理财环境存在很大差异，各国财务管理的目标、内容和方法不尽相同，国际财务管理应在如实描述各国财务管理基本特征的同时，比较不同国家在组织财务收支、处理财务关系方面的差异，以便在解决国际之间的财务问题时不把自己国家的原则和方法强加给对方，而力求求同存异、互惠互利。

（三）跨国公司财务管理理论

跨国公司财务管理理论者认为，国际财务管理主要是研究跨国公司在组织财务活动、处理财务关系时所遇到的特殊问题。

跨国公司是一个由经济实体构成的工商企业。该理论的主要内容是：

（1）跨国公司是由两个或两个以上国家经营的一组企业组成的。

（2）这些企业是根据资本所有权、合同或其他安排共同联系、相互控制的。

（3）这些企业在推行全球战略时，彼此共同分享各种资源和分担责任。

虽然以上三种观点都有一定的道理，但是却没有全面反映国际财务管理的确切含义。其实，国际财务管理是财务管理的一个新领域，它是基于国际环境，按照国际惯例和国际经济法的有关条款，根据国际企业财务收支的特点，组织国际企业的财务活动、处理国际企业财务关系的一项经济管理工作。

二、国际财务管理的发展

国际财务管理的形成和发展，主要取决于以下三个方面：

（1）国际企业的迅猛发展是国际财务管理形成和发展的现实基础。第二次世界大战以来，随着生产的发展和科学技术的进步，国际企业得到了前所未有的发展。那些大企业通过对国外直接投资，在国外设立分支机构或子公司，形成了从国内到国外、从生产到销售，贯彻“全球战略”，并在世界范围内追逐高额利润的局面。国际企业的迅猛发展，为国际财务管理的形成和发展奠定了坚实的现实基础。

（2）财务管理基本原理在国际上的广泛传播，是国际财务管理形成和发展的历史因素。财务管理的历史本来就是一部国际化的历史。通常人们都认为财务管理产生于19世纪的美国，并迅速传入西欧，英国再将其传播到英联邦国家及印度，第二次世界大战之后，亚洲地区又吸收了欧美财务管理方法，财务管理得到了极大的发展。同时，苏联引进财务管理，并结合社会主义的情况进行修正，从而财务管理又传入了社会主义国家。到目前为止，财务管理的一些基本原理在各国大致相同，如财务分析中的比率分析原理、财务计划中的平衡原理、财务控制中的分权原理、财务决策中的风险原理、时间价值原理都在各国普遍运用。

随着社会的发展与融合，各国的财务管理也在不断地吸收和融合中，这又使财务管理进一步走向国际化。

（3）金融市场的不断完善和国际化拓展，是国际财务管理形成和发展的推动力量。第二次世界大战之后，受科技革命的影响，生产国际化提高到一个新的阶段；生产国际化又推动了资本国际化，国际资金借贷日益频繁，国际资本流动达到空前规模，极大地促进了国际金融市场的发展。国际金融市场的新发展，为国际企业迅速筹集资金和合理运用资金提供了方便条件，但同时也对国际企业的财务管理提出了新的要求。因为，在国际金融市场上无论是融资还是投资，都必须预测汇率的变动趋势，选用合理的避险方式减少或者消除外汇风险。总之，金融市场的国际化和汇率的不断波动，极大地促进了国际财务管理的形成和发展。

三、国际财务管理的特点

国际财务管理是国内财务管理向国际经营的扩展。因此，国内企业财务管理的基本原理和方法也适用于国际企业。但由于国际企业的业务分散在各国，财务管理常涉及外汇的兑换和多国法制，所以国际财务管理比国内财务管理更复杂。国际财务管理主要有以下特点。

（一）国际企业的理财环境具有复杂性

国际企业的理财活动涉及多国，而各国的政治、经济、法律和文化环境都有很大的差异。国际企业在进行财务管理时，不仅要考虑本国各方面环境因素，而且要密切注意国际形势和其他国家的具体情况，尤其要注意汇率的变化与管制、税负以及政治的稳定程度等。

国际财务管理相当复杂，国际财务管理人员在进行财务决策之前，必须对理财环境进行认真的调查、预测、比较和分析，以便提高财务决策的正确性和及时性。

（二）国际企业的融资具有更多的可选择性

国际企业的资金来源、融资方式，都有多种方式可以选择。国际企业既可以利用母公司的本国资金，也可以利用子公司的东道国资金，还可以向国际金融机构和国际金融市场融资。因此，国际企业可以利用这种多方融资的有利条件，选择最有利的资金来源，以降低企业的资金成本。

（三）国际企业的投资具有较高的风险性

从事国际投资活动除面临国内企业所具有的风险外，还面临国际政治、经济环境中的各种风险。从某种意义上说，从事国际投资活动就是预测风险、规避风险的过程。

一般而言，政治、政策和法律风险是企业无法控制的风险，而自身经营方面的风险，企业基本上可以控制。

第二节 外汇风险管理

在国际财务管理中，汇率是其中最重要的一个变量。汇率通过改变货币价格水平和引导外汇市场资金流动，直接影响经常项目、资本和金融项目，进而引起企业进出口、投融资行为及其收益。

一、外汇与汇率

外汇（Foreign Exchange）是国际汇兑的简称。外汇有广义和狭义之分。广义的外汇，泛指一切以外国货币表示的资产。狭义的外汇，是以外币表示的能用于国际结算的支付手段或支付工具。按照狭义意义来理解，以外币表示的有价证券和资金、存放在持有国境内的外币现钞，因为不能直接用于或暂时不需用于国际结算，因此不属于外汇。一般情况下，外汇的概念都仅指狭义上的外汇。

根据我国现行《外汇管理条例》的规定，外汇是指以下以外币表示的可以用作国际结算的支付手段和资产：

（1）外币现钞，包括纸币、铸币。

（2）外币支付凭证或者支付工具，包括票据、银行存款凭证、银行卡等。

（3）外币有价证券，包括政府债券、公司债券、股票等。

（4）特别提款权。

(5) 其他外汇资产。

国际上发生的债权债务问题，必须按约定的条件清偿，由于各个国家的货币制度不同，一国货币的流通有区域限制，所以外汇就成为清偿国际债权债务的手段。

汇率（Exchange Rate）是一国货币同另一国货币兑换的比率，也称为汇价。如果把外国货币作为商品的话，那么汇率就是买卖外汇这种商品的价格。在外汇买卖或兑换中，汇率如同商品价格一样，总是要受到外汇供求关系的影响而不断变化。

在确定两国货币之间的比率或比价时，必须首先确定是以本国货币表示外国货币的价格，还是以外国货币表示本国货币的价格，即汇率的标价方法。由于确定标准的不同，汇率标价方法分为直接标价法和间接标价法两种。

（一）直接标价法

直接标价法（Direct Quotation）是指以一定单位的外国货币作为标准，折算成若干本国货币来表示汇率的标价方法，又称为价格标价法（Price Quotation）。例如，某日我国外汇牌价为 100 美元等于 683 元人民币。这时候，外国货币称为单位货币，本国货币称为计价货币。在直接标价法下，外国货币的数额固定不变，汇率的上升或下降都以相对的本国货币数量的变化来表示。在直接标价法下，汇率上升，表明外国货币币值上升或本国货币币值下跌。相反，以一定单位外国货币折算的本国货币数额比以前减少，则表明外国货币币值下跌或本国货币币值上升。

目前，世界上除英国和美国以外，绝大多数国家和地区都采用直接标价法。我国国家外汇管理局公布的人民币外汇牌价，也使用直接标价法。我国现行的人民币汇率采用以市场供求为基础、有管理的浮动汇率制度。中国人民银行根据银行间外汇市场形成的价格，公布人民币对主要外币的汇率。

（二）间接标价法

间接标价法（Indirect Quotation）是以一定单位的本国货币为标准，折算成若干外国货币来表示其汇率的标价方法，也称为数量标价法（Quantity Quotation）。例如，某日美国汇率为 100 美元等于 67 欧元。在间接标价法下，本国货币的数额固定不变，汇率的上升或下跌都以相对的外国货币的数额变化来表示。可见，在间接标价法下，汇率的上升表明本国货币币值上升或外国货币币值下跌；相反，则表明本国货币币值下跌或外国货币币值上升。这与直接标价法正好相反。

目前，世界上采用间接标价法的只有英国和美国。英国由于资本主义发展较早，有大量殖民地，英镑在历史上一直是国际贸易计价和结算的标准，加上英镑的计价单位较大，从计算上看，用 1 英镑等于若干外国货币比较方便，故英国一直采用间接标价法。美国原来一直采用直接标价法，但为延续美元在布雷顿森林体系中的统治地位，从 1978 年 9 月 1 日起改用间接标价法，但对英镑仍沿用直接标价法。

值得注意的是，直接标价法和间接标价法所表示的汇率涨跌的含义正好相反，因此在引用某种货币的汇率和说明其汇率高低涨跌时，必须明确采用了哪种标价方法，以免混淆。

另外，国际金融市场上还有一种美元标价法。所谓美元标价法，又称为纽约标价法，是指在纽约国际金融市场上，除对英镑用直接标价法外，对其他外国货币用间接标价法。美元标价法由美国在1978年9月1日制定，目前是国际金融市场上通行的标价法。

二、外汇风险

外汇风险（Currency Risk），又称汇率风险或外汇暴露，是指一定时期的国际经济交易当中，以外币计价的资产与负债，由于汇率的波动而引起其价值涨跌的可能性。可以根据外汇风险的产生原因、表现形态，将外汇风险划分为以下三种。

（一）交易风险

交易风险（Transaction Risk），也称交易结算风险，是指运用外币进行计价收付的交易中，经济主体因外汇汇率变动而蒙受损失的可能性。它是一种流量风险。交易风险主要存在于以下几个方面：

（1）进出口贸易中，从合同签订到货款结算的这一期间，外汇汇率变化所产生的风险。

（2）在以外币计价的国际融资中，债权债务未清偿之前存在的风险。

（3）金融机构在外汇买卖中持有的外汇头寸因汇率变动而遭受的风险。

（二）经济风险

经济风险（Economic Risk），又称经营风险，是指由于汇率变动对企业的产销数量、价格、成本等产生的影响，从而使企业的收入或支出发生变动的风险。经济因素相当复杂，总体来说其决定因素主要有：

（1）公司原材料、劳动力的来源市场和产品销售市场的市场结构。

（2）公司通过调整市场结构、产品结构和资源来减轻汇率变化影响的能力。

（三）折算风险

折算风险又称会计风险，指企业把不同的外币余额，按一定的汇率折算为本国货币的过程中，由于交易发生日的汇率与折算日的汇率不一致，使会计账簿上的有关项目发生变动的风险。同一般的企业相比，跨国公司的海外分公司或子公司所面临的折算风险更为复杂。一方面，当它们以东道国的货币入账和编制会计报表时，需要将所使用的外币转换成东道国的货币，面临折算风险；另一方面，当它们向总公司或母公司上报会计报表时，又要将东道国的货币折算成总公司或母公司所在国的货币，同样面临折算风险。

风险的大小与折算方式也有一定的关系，历史上西方各国曾先后出现过四种折算方法。

（1）流动/非流动折算法。该方法将跨国公司的海外分支机构的资产负债划分为流动资产、流动负债和非流动资产、非流动负债。根据该方法，在编制资产负债表时，流动资产和流动负债按编表时的现行汇率折算，面临折算风险；非流动资产和非流动负债则按原始汇率折算，无折算风险。

（2）货币/非货币折算法。该方法将海外分支机构的资产负债划分为货币性资产负债和非货币性资产负债。其中，所有金融资产和负债均为货币性资产负债，按现行汇率来折算，面临折算风险；只有真实资产属于非货币资产负债，按照原始汇率来折算，没有折算风险。

(3) 时态法。该方法为货币/非货币折算法的变形，只是对真实资产作了更真实的处理：如果真实资产以现行市场价格表示，则按现行汇率计算，面临折算风险；如果真实资产按原始成本表示，则按原始汇率折算，没有折算风险。当全部真实资产均按原始成本表示时，时态法与货币/非货币折算法完全一致。

(4) 现行汇率法。该方法将跨国公司的海外分支机构的全部资产和全部负债均按现行汇率来折算，这样一来，海外分支机构的所有资产负债项目，都将面临折算风险。目前，该方法已成为美国公认的会计习惯做法，并逐渐为其他西方国家所采纳。

三、外汇风险管理

外汇风险管理一般要确定恰当的计划期，预测汇率变化情况，计算外汇风险的受险额，确定对受险额是否采取措施并选择适当的避险方法。避免外汇风险的方法有很多，下面我们主要介绍几种常见的方法。

(一) 利用远期外汇交易

远期外汇交易 (Exchange Forward Contract)，是指交易双方达成交易后，按合同约定的日期和汇率进行交割的外汇买卖交易。为了避免交易风险，国际企业可以与办理远期外汇交易的金融机构签订一份合同，约定将来某一时间按合同规定的远期汇率买卖外汇。

如某国际企业预计 3 个月后有 4 000 万美元的外汇净流入。该企业与银行签订了 3 个月远期外汇合约，3 个月后以 1 美元=6.10 元人民币的汇率卖出 4 000 万美元。无论 3 个月后市场汇率如何变化，企业都只能按照与银行约定的汇率卖出美元外汇资产。这样的话，该国际企业就可以在实物交易的当时，确定未来换汇所得，从而锁定收益和风险，便于进行成本预算与控制。

(二) 利用外汇期货交易

期货交易 (Future Contract)，是指交易双方在集中性的市场以公开竞价方式所进行的期货合约的交易。而外汇期货合约，则是由交易双方订立的、约定在未来某个日期按照成交时约定的汇率交割一定数量的某种外汇的标准化协议。

外汇期货交易和远期交易的基本原理是一致的，只是期货交易是标准化的合约，并在有组织的、集中的期货交易所内买卖该合约。因此，虽然能发挥和远期交易同样的套期保值作用，但在交易币种、规模和时间等方面很难与公司实际需求一致。

(三) 利用外汇期权交易

期权交易 (Option Contract)，也称为选择权交易，是指期权合约的持有者能在规定的期限内按交易双方商定的价格购买或出售一定数量的某种特定商品的权利。可见，期权交易和期货交易很相似，只是持有人有权选择届时是否交割，即签订协议后，交割与否，持有人有选择权。

利用外汇期权交易，权力的买方享有选择交割与否的权利，当市场行情有利可图时就行使权利，无利可图时就放弃行使。例如，某国际企业 3 个月后有 4 000 万美元的外汇净流入，该企业购买了 3 个月的美元卖出期权，约定的交割价格即执行价格为 1 美元＝6.10 元人民币。3 个月到期时，假设美元汇率为 1 美元＝6.00 元人民币，则约定的卖出价格比市场价格更高，因此执行合约有利可图；如果美元汇率为 1 美元＝6.24 元人民币，则选择不行使卖出期权。

（四）适当调整外汇受险额

国际企业的总公司与国外分公司之间以及各分公司之间通常有很多的资金往来。例如，在材料采购、产品销售、管理服务、资金筹措等方面都会产生资金调度问题，这便可以通过提前或者延缓支付的方式来调整外汇风险暴露额。提前或者延缓支付的基本原则是，当预计某种外币币值即将贬值时，应加速收款而延缓付款；当预计某种外币即将升值时，应推迟收款而加速付款。

（五）采用多元化经营

经济风险是一项非常复杂的风险，而通过多元化经营，使有关各方产生的不利影响相互抵消，是控制经济风险的最有效方法。

（1）多元化生产。在安排生产上，产品的品种、规格、质量尽可能做到多样化，使之能够更好地适应不同国家、不同类型、不同层次的消费者需求。

（2）多元化销售。在销售上，力争使所生产的产品能尽快打入不同国家的市场，并力求采用多种外币进行结算。

（3）多元化采购。在原材料、零配件的采购上，尽可能做到从多个国家和地区采购，并力争用多种货币结算。

（4）多元化融资。企业融资时，要尽量从不同的资本市场上筹集资金，用多种货币计算还本付息金额，如果有的外币贬值，有的升值，就可以使外汇风险相互抵消。

（5）多元化投资。在投资时，尽可能向多个国家投资，创造多种外汇收入，这样可以避免单一投资带来的风险。

第三节　国际企业融资管理

国际企业利用一定的方式，从国际范围内寻求资金多元化的渠道，并降低融资成本，是国际企业管理的重要内容。

一、国际企业的资金来源

与单一的国内企业相比，国际企业的资金来源更广泛，主要包括以下几个方面：

（1）公司集团内部的资金。

国际企业经营规模大，业务范围广，因此在其整个企业的内部每天都可能会有大量的现金产生或被投入，从而构成了内部资金的广泛来源。这些来源主要包括：母公司或子公司本身的未分配利润和折旧基金；公司集团内部相互提供的资金。

（2）母公司本土国的资金。

国际企业的母公司可以利用其自身的优势，从母公司本土国获取一定的资金。

（3）子公司东道国的资金。

国际企业也可以从子公司的东道国那里筹集资金。一般来说，大多数子公司都允许在当地借款，当地借款既可以弥补投资不足，又是预防和减少风险的有力措施。

（4）国际资金。

对于国际企业来说，除了以上三种情况以外，任何第三国或第三方提供的资金都可以成为国际资金。主要包括：向第三国银行借款或在第三国资本市场上出售证券；在国际金融市场上出售证券；从国际金融机构获取贷款。

二、国际企业融资方式

国际企业的融资方式与单纯的国内企业相比，既有相同的地方，也有不同的地方。下面重点介绍带有国际特色的融资方式。

（一）发行国际股票

国际股票是一国企业在国际金融市场或者国外金融市场上发行的股票，通常也称为境外上市。比如，中国的新东方在美国纽约证券交易所上市就是这种情况。国际企业在国际上发行股票，有以下有利条件：

（1）国际企业规模大、信誉好，有利于股票发行。

（2）国际企业业务分散在多国，对国际金融市场情况比较了解。

（3）国际企业可以利用当地的分支机构发行股票，节约发行费用。

企业利用发行国际股票筹资，能够迅速筹集到外汇资金，提高企业信誉，有利于企业以更快的速度向国际化发展。但是到国外发行股票，必须遵守国际惯例，遵守有关国家的金融法规。因此，发行的程序比较复杂，发行的费用也较高。

（二）发行国际债券

一国政府、金融机构、工商企业为筹措资金而在国外市场发行的使用外国货币为面值的债券，称为国际债券。国际债券可以分为外国债券和欧洲债券两类。

国际借款人在某国资本市场上发行的，以发行所在国的货币为面值的债券，对于发行地国而言即为外国债券。例如，美国企业在日本发行的日元债券、中国企业在美国发行的美元债券，都属于外国债券。

欧洲债券是指国际借款人在某国资本市场上发行的，以发行所在国国外货币为面值的债券。例如，日本企业在法国债券市场上发行的美元债券，便属于欧洲债券。

（三）国际银行贷款

国际银行贷款是一国借款人向外国银行借入资金的借贷行为。国际银行贷款按其借款期限可分为短期贷款和中长期贷款两类。短期贷款的借款期限一般不超过 1 年，国际企业借入短期贷款是为了满足流动资金需求。中长期贷款的贷款期限一般在 1 年以上，由于时间长、金额大，银行为了规避风险一般都要提供相应担保，并且一般都是组织银团贷款。

国际银行贷款按其贷款方式分为独家银行贷款与银团贷款两种。独家银行贷款是单独一家银行对另一国银行、政府及企业提供的贷款。银团贷款又称辛迪加贷款，它是由一家贷款银行牵头，由该国或者几国的银行组团提供的长期巨额贷款。目前，国际的中长期巨额贷款一般都是采用银团贷款方式，以便分散风险、共享收益。

（四）国际租赁

国际租赁是从事经济活动的某单位，以支付租金为条件，在一定时期内向外国某单位租借物品使用的经济行为。国际租赁是一种新型的融资方式，是以出租实物的形式代替对承租人直接发放贷款。

通过国际租赁，国际企业可以直接获得国外资产，较快地形成生产能力，充分利用外资。

三、国际企业融资中应注意的问题

国际企业资金来源的多样性、融资方式的灵活性说明了国际企业融资的复杂性。因此，在国际融资时必须进行深入细致的研究，以降低成本、减少财务风险。一般而言，国际企业在融资时应注意以下几个问题。

（一）必须注意外汇风险

国际企业在融资时会遇到因货币单位不同而带来的汇率问题，如子公司必须按东道国的货币进行日常经营的计量，而母公司在合并报表当中需用本国货币来衡量总体收益。由于汇率的影响因素众多，如经济发展水平、国际收支状况、通货膨胀等，因此汇率的变化往往不易把握，变动的汇率也会给企业外币融资带来汇率风险。

（二）必须利用资金市场分割给国际企业融资带来的优势

国外子公司可直接参与当地资金市场，获取各种资金，从而为国际企业开辟了新的资金来源。这样国际企业就可以在多种融资方案中选择最有利的方式，以达到资金成本最低的目的。例如，尽可能到向政治稳定的国家投资，各国的资本市场都不一样，因此融资条件也存在着明显的差异，国际企业可以利用这些差异来降低资金成本，减少财务风险。

（三）必须注意外汇管制

所谓外汇管制是指一国政府通过法令形式对国际结算、外汇买卖以及汇率实行的限制。多数发展中国家都存在外汇管制问题。如果国际企业有子公司或者分部所在的东道国存在外汇管制，那么其外汇买卖就不发达，而且汇率也不是由市场决定的，因而子公司的外部融资就受到了影响。

第四节 国际企业投资管理

国际企业的投资在投资的地域、方式、渠道上都比国内投资更广泛或复杂，其面临的风险也更大。

一、国际投资的基本类型

按照不同的标准，可对国际投资做不同的分类。现根据国际上常见的分析标准分类如下。

（1）按投资方式，可分成国际直接投资和国际间接投资。

国际直接投资又称为对外直接投资，是投资者在其所投资的企业中拥有足够的所有权或足够程度的控制权的投资。最初意义上的国际直接投资是指在国外建立工厂直接生产或设立商店直接销售的一种经营活动，也称为绿地投资。现代意义上的国际直接投资，一般是指在国外开设独资企业、兴办合资企业和合作企业。

国际间接投资又称对外间接投资，是指投资者不直接掌握投资对象的动产或者不动产的所有权，或在投资对象中没有足够的控制权的投资。间接投资一般是指购买各种证券或金融工具的投资。

（2）按资金来源，可分成公共投资和私人投资。

公共投资一般是政府或者国际组织出资所进行的投资，如由政府兴建公共设施、由国际金融机构出资改善环境等。

私人投资是指私人筹集资金，为谋求利润所进行的投资。随着市场经济在全球的展开和实施，私人投资的比重会越来越大。

（3）按投资时间的长短，可分成长期投资和短期投资。

长期投资一般是指 1 年以上的投资。在国外兴办合资企业、合作企业、独资企业或者持有国外企业发行的证券 1 年以上的投资，都属于长期投资。

短期投资一般是指 1 年内的投资。短期投资更多的是证券投资，如果进行合作经营，时间不超过 1 年，也属于短期投资。

二、国际投资方式

国际投资方式是企业进行国际投资时所采用的方式、方法与形式。参照国外企业在我国投资的法律规定，按照投资主体和东道国投资者之间的合作方式，国际投资方式目前主要有以下几种。

（一）国际合资投资

国际合资投资是指某外国投资者与东道国投资者通过组建合资经营企业的方式所进行的

投资。这里的合资企业通常是指一个或者两个以上的不同国家或者地区的投资者与东道国某投资者按照共同投资、共同经营、共负盈亏、共担风险的原则所建立的企业。在我国，这类投资的实体多是法人制企业。国际合资投资是国际投资的一种主要方式。

1. 国际合资投资的优点

（1）减少企业的投资风险。

（2）作为外国投资者，可享受特别优惠。

（3）能够迅速了解东道国的政治、社会、经济、文化等情况，并能学习当地投资者先进管理经验。

2. 国际合资投资的缺点

（1）进行国际合资投资所需要的时间较长。

（2）很多国家规定，外资股权不能控股或者超过50%，所以，国外投资者往往不能对合资企业进行控制。

（二）国际合作投资

国际合作投资，是指通过组建合作经营企业的形式所进行的投资。这里的合作经营企业又称契约式的合营企业，是指国外投资者与东道国投资者通过签订合同、协议等形式来规定各方的责任、权利和义务而组建的企业。在我国，这类投资的实体很少是法人制企业。

1. 国际合作投资的优点

（1）需要时间较短，总体来说建立合作企业的程序比较简单，合作经营的内容与方式也没有固定的格式，便于双方协商。

（2）比较灵活，合作企业的合作条件、管理形式、收益分配方法等一系列条款都可以通过章程规定，未做固定要求。

2. 国际合作投资的缺点

这种企业组织形式不像合资企业那样规范，合作者在合作过程中容易对合同中的条款发生争议，这都会影响合作企业的正常发展。

（三）国际独资投资

国际独资投资是指通过在国外设立独资企业的形式而进行的投资。这里的独资企业是根据某国的法律，经过该国政府批准，在其境内兴办的全部资本为外国资本的企业。

1. 国际独资投资的优点

（1）由投资者自己提供全部资本，独立经营管理，因而在资金的筹集、运用和分配上，都拥有自主权，不会受到其他干涉。

（2）有利于企业学习所在国的管理技术和管理经验，有利于投资者利用各国税率的不同，通过内部转移价格进行合理避税。

2. 国际独资投资的缺点

（1）企业进行独资投资，对东道国的投资环境调查起来比较困难，不太容易获得详细的资料，因而投资者承担的风险较大。

（2）在很多国家，独资企业设立的条件比合资企业严格，这也是独资企业的不利之处。

（四）国际证券投资

国际证券投资是指一国投资者，将其资金投资于其他国家的公司、企业或者其他经济组织发行的证券上，以期在未来获得收益。

1. 国际证券投资的优点

（1）灵活方便。证券投资的审批手续比较简单，只要有合适的证券，几乎可以立即进行投资。

（2）可以降低风险。国际证券在发行时一般要经过国际公认的资信评估机构确认发行人的资信等级，甚至有的还需要政府担保，因而风险会比一般合资、合作、独资投资的风险低。

（3）可增加企业资金的流动性和变现能力。企业持有国际证券一般能随时转让出售，流动性强。

2. 国际证券投资的缺点

证券投资只能作为一种获得股利或利息的手段，而不能达到学习国外先进科学技术和管理经验的目的，也无法控制有关资源和市场。

练习与解析

复习思考

1. 简述国际财务管理的特点。
2. 什么是汇率？汇率的标价方式有哪些？
3. 汇率风险有哪些表现？
4. 如何管理企业的外汇风险？
5. 国际融资的方式有哪些？
6. 国际投资的基本类型有哪些？有哪些方式？

阅读材料

在保本理财逐渐被压缩的背景下，结构性存款越来越受到保守型投资者的青睐。

央行关于金融机构信贷收支统计数据显示：2019 年 1 月，中资全国性银行的结构性存款规模为 109 812.17 亿元，较 2018 年 12 月增加了 13 645.76 亿元，环比增长 14.19%，同比

2018 年 1 月增长 37.67%。

据了解，这也是继 2018 年 8 月和 9 月突破 10 万亿元规模后，第三次规模上 10 万亿元，创历史新高。

与此同时，在资本市场，开年到现在，沪深两市就已经有 44 家上市公司发布了关于使用闲置资金购买结构性存款的公告，资金使用额度超过 378 亿元。

"安全性高、流动性好、收益还不错"的结构性存款成为上市公司闲置资金理财的好去处。

闲置资金好去处

数据显示：在结构性存款的总量中，单位结构性存款规模增幅要高于个人结构性存款，1 月份单位结构性存款规模为 64 171.14 亿元，环比大幅增长 20.26%，而个人结构性存款规模为 45 640.43 亿元，环比仅增长 6.62%。

也就是说，单位客户是银行结构性存款的中坚性力量，而作为企业客户的核心，上市公司显然对此非常积极。

中小板、创业板上市公司，由于其自身能够动用的闲置资金规模所限，所以，结构性存款的资金额度大多在 10 亿元以内，2～5 亿元最为常见，而部分主板上市公司财大气粗，动辄几十亿元、上百亿也是常有的。

比如，浦东建设在 2017 年年度股东大会上就审议通过了《关于公司结构性存款额度的议案》，同意公司（含控股子公司）结构性存款累计发生额不超过 120 亿元。2018 年公司及控股子公司银行结构性存款累计发生额为 102.66 亿元。

浦东建设认为，使用部分临时闲置自有资金做银行结构性存款，可以提高资金使用效率，获得一定的投资收益，符合公司和全体股东的利益。

洛阳钼业也认为，在日常营运资金出现短期闲置时，通过购买短期结构性存款获取可靠、较高的资金收益，从而降低公司财务费用，公司账户资金以保障经营性收支为前提，结构性存款资金占用周期短，不会影响公司日常资金周转及主营业务的正常开展。

从 2018 年年底到 2019 年 2 月中旬，洛阳钼业就已购买了 17 款结构性理财产品，合计 64.2 亿元，其中，三个月以上结构性存款 45.6 亿元。

张江高科自 2018 年 9 月 20 日至今，已累计购买保本增值型理财产品及结构性存款发生额为 9.1 亿元，截至 2 月 2 日，尚未到期的保本增值型理财产品及结构性存款金额还有 11.1 亿元。

另外，根据融 360 监测的数据显示，2019 年 1 月结构性存款发行量为 614 款，较上个月增加了 158 款，环比增幅为 34.65%；1 月结构性存款平均预期最高收益率为 4.18%，较上个月上升了 0.13 个百分点，其中人民币结构性存款的平均预期最高收益率为 4.30%，较上个月上升了 0.14 个百分点。

事实上，不仅是结构性存款利率上升，1 月份银行定期存款、大额存单利率均环比上涨。

银行揽储新利器

那么，为何 1 月份结构性存款能够创下新高？

一个既定的事实是，春节前夕正值各大银行的揽储高峰期，银行之间的揽储竞争非常激烈。"一季度尤其是 1 月份对银行来说是一个关键时期，一方面春节前资金流动性偏紧，另一方面 1 月份拉来的存款当年大概率会留存在银行。银行在旺季也会设置更高的奖励制度，银行员工的拉存款积极性会更高。”融360理财分析师刘银平说。

而除了上调利率，春节之前，银行也会采用一些存款送礼的活动，这在三四线城市的银行网点比较常见，而且储户在1月份存款，小额存款有可能会享受到大额存款的利率。

从长期因素来看，随着保本理财逐渐被压缩，结构性理财正在成为保本理财的最佳替代品。

事实上，结构性存款在我国的发展起步较晚，2002年进入中国，光大银行首先在国内推出外币结构性存款产品，经过10余年的发展，国内商业银行基本上都推出了相关的结构性存款产品。

自理财新规征求意见稿发布之后，银行逐步暂停保本理财的发行，转而通过结构性存款替代保本理财开展揽储的竞争，这也导致进入2018年以后，结构性存款异军突起，规模同比增速达到40%以上，尤其是中小银行在结构性存款上的持续发力，是助推规模快速增长的主要动力来源。

“2018年保本理财占比持续下降，不过近两个月下降趋势有所放缓，毕竟投资者对保本理财的需求还很旺，银行不会立刻停售保本理财。不过未来两年，保本理财肯定会越来越少，而结构性存款规模会继续上升。”刘银平说。

讨论与运用

1. 本案例中，结构性存款有哪些吸引力？

2. 对于跨国公司而言，如何管理外汇风险？

资料来源：安卓．上市公司闲置资金纷至沓来，助推结构性存款再创新高．第一财经日报，2019-02-22.（有改动）

附录

附表 1　复利终值系数表

期数	1%	2%	3%	4%	5%	6%	7%	8%	9%	10%	11%	12%	13%	14%	15%
1	1.010 0	1.020 0	1.030 0	1.040 0	1.050 0	1.060 0	1.070 0	1.080 0	1.090 0	1.100 0	1.110 0	1.120 0	1.130 0	1.140 0	1.150 0
2	1.020 1	1.040 4	1.060 9	1.081 6	1.102 5	1.123 6	1.144 9	1.166 4	1.188 1	1.210 0	1.232 1	1.254 4	1.276 9	1.299 6	1.322 5
3	1.030 3	1.061 2	1.092 7	1.124 9	1.157 6	1.191 0	1.225 0	1.259 7	1.295 0	1.331 0	1.367 6	1.404 9	1.442 9	1.481 5	1.520 9
4	1.040 6	1.082 4	1.125 5	1.169 9	1.215 5	1.262 5	1.310 8	1.360 5	1.411 6	1.464 1	1.518 1	1.573 5	1.630 5	1.689 0	1.749 0
5	1.051 0	1.104 1	1.159 3	1.216 7	1.276 3	1.338 2	1.402 6	1.469 3	1.538 6	1.610 5	1.685 1	1.762 3	1.842 4	1.925 4	2.011 4
6	1.061 5	1.126 2	1.194 1	1.265 3	1.340 1	1.418 5	1.500 7	1.586 9	1.677 1	1.771 6	1.870 4	1.973 8	2.082 0	2.195 0	2.313 1
7	1.072 1	1.148 7	1.229 9	1.315 9	1.407 1	1.503 6	1.605 8	1.713 8	1.828 0	1.948 7	2.076 2	2.210 7	2.352 6	2.502 3	2.660 0
8	1.082 9	1.171 7	1.266 8	1.368 6	1.477 5	1.593 8	1.718 2	1.850 9	1.992 6	2.143 6	2.304 5	2.476 0	2.658 4	2.852 6	3.059 0
9	1.093 7	1.195 1	1.304 8	1.423 3	1.551 3	1.689 5	1.838 5	1.999 0	2.171 9	2.357 9	2.558 0	2.773 1	3.004 0	3.251 9	3.517 9
10	1.104 6	1.219 0	1.343 9	1.480 2	1.628 9	1.790 8	1.967 2	2.158 9	2.367 4	2.593 7	2.839 4	3.105 8	3.394 6	3.707 2	4.045 6
11	1.115 7	1.243 4	1.384 2	1.539 5	1.710 3	1.898 3	2.104 9	2.331 6	2.580 4	2.853 1	3.151 8	3.478 6	3.835 9	4.226 2	4.652 4
12	1.126 8	1.268 2	1.425 8	1.601 0	1.795 9	2.012 2	2.252 2	2.518 2	2.812 7	3.138 4	3.498 5	3.896 0	4.334 5	4.817 9	5.350 3
13	1.138 1	1.293 6	1.468 5	1.665 1	1.885 6	2.132 9	2.409 8	2.719 6	3.065 8	3.452 3	3.883 3	4.363 5	4.898 0	5.492 4	6.152 8
14	1.149 5	1.319 5	1.512 6	1.731 7	1.979 9	2.260 9	2.578 5	2.937 2	3.341 7	3.797 5	4.310 4	4.887 1	5.534 8	6.261 3	7.075 7
15	1.161 0	1.345 9	1.558 0	1.800 9	2.078 9	2.396 6	2.759 0	3.172 2	3.642 5	4.177 2	4.784 6	5.473 6	6.254 3	7.137 9	8.137 1
16	1.172 6	1.372 8	1.604 7	1.873 0	2.182 9	2.540 4	2.952 2	3.425 9	3.970 3	4.595 0	5.310 9	6.130 4	7.067 3	8.137 2	9.357 6
17	1.184 3	1.400 2	1.652 8	1.947 9	2.292 0	2.692 8	3.158 8	3.700 0	4.327 6	5.054 5	5.895 1	6.866 0	7.986 1	9.276 5	10.761 3
18	1.196 1	1.428 2	1.702 4	2.025 8	2.406 6	2.854 3	3.379 9	3.996 0	4.717 1	5.559 9	6.543 6	7.690 0	9.024 3	10.575 2	12.375 5
19	1.208 1	1.456 8	1.753 5	2.106 8	2.527 0	3.025 6	3.616 5	4.315 7	5.141 7	6.115 9	7.263 3	8.612 8	10.197 4	12.055 7	14.231 8
20	1.220 2	1.485 9	1.806 1	2.191 1	2.653 3	3.207 1	3.869 7	4.661 0	5.604 4	6.727 5	8.062 3	9.646 3	11.523 1	13.743 5	16.366 5
21	1.232 4	1.515 7	1.860 3	2.278 8	2.786 0	3.399 6	4.140 6	5.033 8	6.108 8	7.400 2	8.949 2	10.803 8	13.021 1	15.667 6	18.821 5
22	1.244 7	1.546 0	1.916 1	2.369 9	2.925 3	3.603 5	4.430 4	5.436 5	6.658 6	8.140 3	9.933 6	12.100 3	14.713 8	17.861 0	21.644 7
23	1.257 2	1.576 9	1.973 6	2.464 7	3.071 5	3.819 7	4.740 5	5.871 5	7.257 9	8.954 3	11.026 3	13.552 3	16.626 6	20.361 6	24.891 5
24	1.269 7	1.608 4	2.032 8	2.563 3	3.225 1	4.048 9	5.072 4	6.341 2	7.911 1	9.849 7	12.239 2	15.178 6	18.788 1	23.212 2	28.625 2
25	1.282 4	1.640 6	2.093 8	2.665 8	3.386 4	4.291 9	5.427 4	6.848 5	8.623 1	10.834 7	13.585 5	17.000 1	21.230 5	26.461 9	32.919 0
26	1.295 3	1.673 4	2.156 6	2.772 5	3.555 7	4.549 4	5.807 4	7.396 4	9.399 2	11.918 2	15.079 9	19.040 1	23.990 5	30.166 6	37.856 8
27	1.308 2	1.706 9	2.221 3	2.883 4	3.733 5	4.822 3	6.213 9	7.988 1	10.245 1	13.110 0	16.738 7	21.324 9	27.109 3	34.389 9	43.535 3
28	1.321 3	1.741 0	2.287 9	2.998 7	3.920 1	5.111 7	6.648 8	8.627 1	11.167 1	14.421 0	18.579 9	23.883 9	30.633 5	39.204 5	50.065 6
29	1.334 5	1.775 8	2.356 6	3.118 7	4.116 1	5.418 4	7.114 3	9.317 3	12.172 2	15.863 1	20.623 7	26.749 9	34.615 8	44.693 1	57.575 5
30	1.347 8	1.811 4	2.427 3	3.243 4	4.321 9	5.743 5	7.612 3	10.062 7	13.267 7	17.449 4	22.892 3	29.959 9	39.115 9	50.950 2	66.211 8

附表 2　复利现值系数表

期数	1%	2%	3%	4%	5%	6%	7%	8%	9%	10%	11%	12%	13%	14%	15%
1	0.990 1	0.980 4	0.970 9	0.961 5	0.952 4	0.943 4	0.934 6	0.925 9	0.917 4	0.909 1	0.900 9	0.892 9	0.885 0	0.877 2	0.869 6
2	0.980 3	0.961 2	0.942 6	0.924 6	0.907 0	0.890 0	0.873 4	0.857 3	0.841 7	0.826 4	0.811 6	0.797 2	0.783 1	0.769 5	0.756 1
3	0.970 6	0.942 3	0.915 1	0.889 0	0.863 8	0.839 6	0.816 3	0.793 8	0.772 2	0.751 3	0.731 2	0.711 8	0.693 1	0.675 0	0.657 5
4	0.961 0	0.923 8	0.888 5	0.854 8	0.822 7	0.792 1	0.762 9	0.735 0	0.708 4	0.683 0	0.658 7	0.635 5	0.613 3	0.592 1	0.571 8
5	0.951 5	0.905 7	0.862 6	0.821 9	0.783 5	0.747 3	0.713 0	0.680 6	0.649 9	0.620 9	0.593 5	0.567 4	0.542 8	0.519 4	0.497 2
6	0.942 0	0.888 0	0.837 5	0.790 3	0.746 2	0.705 0	0.666 3	0.630 2	0.596 3	0.564 5	0.534 6	0.506 6	0.480 3	0.455 6	0.432 3

续表

期数	1%	2%	3%	4%	5%	6%	7%	8%	9%	10%	11%	12%	13%	14%	15%
7	0.932 7	0.870 6	0.813 1	0.759 9	0.710 7	0.665 1	0.622 7	0.583 5	0.547 0	0.513 2	0.481 7	0.452 3	0.425 1	0.399 6	0.375 9
8	0.923 5	0.853 5	0.789 4	0.730 7	0.676 8	0.627 4	0.582 0	0.540 3	0.501 9	0.466 5	0.433 9	0.403 9	0.376 2	0.350 6	0.326 9
9	0.914 3	0.836 8	0.766 4	0.702 6	0.644 6	0.591 9	0.543 9	0.500 2	0.460 4	0.424 1	0.390 9	0.360 6	0.332 9	0.307 5	0.284 3
10	0.905 3	0.820 3	0.744 1	0.675 6	0.613 9	0.558 4	0.508 3	0.463 2	0.422 4	0.385 5	0.352 2	0.322 0	0.294 6	0.269 7	0.247 2
11	0.896 3	0.804 3	0.722 4	0.649 6	0.584 7	0.526 8	0.475 1	0.428 9	0.387 5	0.350 5	0.317 3	0.287 5	0.260 7	0.236 6	0.214 9
12	0.887 4	0.788 5	0.701 4	0.624 6	0.556 8	0.497 0	0.444 0	0.397 1	0.355 5	0.318 6	0.285 8	0.256 7	0.230 7	0.207 6	0.186 9
13	0.878 7	0.773 0	0.681 0	0.600 6	0.530 3	0.468 8	0.415 0	0.367 7	0.326 2	0.289 7	0.257 5	0.229 2	0.204 2	0.182 1	0.162 5
14	0.870 0	0.757 9	0.661 1	0.577 5	0.505 1	0.442 3	0.387 8	0.340 5	0.299 2	0.263 3	0.232 0	0.204 6	0.180 7	0.159 7	0.141 3
15	0.861 3	0.743 0	0.641 9	0.555 3	0.481 0	0.417 3	0.362 4	0.315 2	0.274 5	0.239 4	0.209 0	0.182 7	0.159 9	0.140 1	0.122 9
16	0.852 8	0.728 4	0.623 2	0.533 9	0.458 1	0.393 6	0.338 7	0.291 9	0.251 9	0.217 6	0.188 3	0.163 1	0.141 5	0.122 9	0.106 9
17	0.844 4	0.714 2	0.605 0	0.513 4	0.436 3	0.371 4	0.316 6	0.270 3	0.231 1	0.197 8	0.169 6	0.145 6	0.125 2	0.107 8	0.092 9
18	0.836 0	0.700 2	0.587 4	0.493 6	0.415 5	0.350 3	0.295 9	0.250 2	0.212 0	0.179 9	0.152 8	0.130 0	0.110 8	0.094 6	0.080 8
19	0.827 7	0.686 4	0.570 3	0.474 6	0.395 7	0.330 5	0.276 5	0.231 7	0.194 5	0.163 5	0.137 7	0.116 1	0.098 1	0.082 9	0.070 3
20	0.819 5	0.673 0	0.553 7	0.456 4	0.376 9	0.311 8	0.258 4	0.214 5	0.178 4	0.148 6	0.124 0	0.103 7	0.086 8	0.072 8	0.061 1
21	0.811 4	0.659 8	0.537 5	0.438 8	0.358 9	0.294 2	0.241 5	0.198 7	0.163 7	0.135 1	0.111 7	0.092 6	0.076 8	0.063 8	0.053 1
22	0.803 4	0.646 8	0.521 9	0.422 0	0.341 8	0.277 5	0.225 7	0.183 9	0.150 2	0.122 8	0.100 7	0.082 6	0.068 0	0.056 0	0.046 2
23	0.795 4	0.634 2	0.506 7	0.405 7	0.325 6	0.261 8	0.210 9	0.170 3	0.137 8	0.111 7	0.090 7	0.073 8	0.060 1	0.049 1	0.040 2
24	0.787 6	0.621 7	0.491 9	0.390 1	0.310 1	0.247 0	0.197 1	0.157 7	0.126 4	0.101 5	0.081 7	0.065 9	0.053 2	0.043 1	0.034 9
25	0.779 8	0.609 5	0.477 6	0.375 1	0.295 3	0.233 0	0.184 2	0.146 0	0.116 0	0.092 3	0.073 6	0.058 8	0.047 1	0.037 8	0.030 4
26	0.772 0	0.597 6	0.463 7	0.360 7	0.281 2	0.219 8	0.172 2	0.135 2	0.106 4	0.083 9	0.066 3	0.052 5	0.041 7	0.033 1	0.026 4
27	0.764 4	0.585 9	0.450 2	0.346 8	0.267 8	0.207 4	0.160 9	0.125 2	0.097 6	0.076 3	0.059 7	0.046 9	0.036 9	0.029 1	0.023 0
28	0.756 8	0.574 4	0.437 1	0.333 5	0.255 1	0.195 6	0.150 4	0.115 9	0.089 5	0.069 3	0.053 8	0.041 9	0.032 6	0.025 5	0.020 0
29	0.749 3	0.563 1	0.424 3	0.320 7	0.242 9	0.184 6	0.140 6	0.107 3	0.082 2	0.063 0	0.048 5	0.037 4	0.028 9	0.022 4	0.017 4
30	0.741 9	0.552 1	0.412 0	0.308 3	0.231 4	0.174 1	0.131 4	0.099 4	0.075 4	0.057 3	0.043 7	0.033 4	0.025 6	0.019 6	0.015 1

附表3 年金终值系数表

期数	1%	2%	3%	4%	5%	6%	7%	8%	9%	10%	11%	12%	13%	14%	15%
1	1.000 0	1.000 0	1.000 0	1.000 0	1.000 0	1.000 0	1.000 0	1.000 0	1.000 0	1.000 0	1.000 0	1.000 0	1.000 0	1.000 0	1.000 0
2	2.010 0	2.020 0	2.030 0	2.040 0	2.050 0	2.060 0	2.070 0	2.080 0	2.090 0	2.100 0	2.110 0	2.120 0	2.130 0	2.140 0	2.150 0
3	3.030 1	3.060 4	3.090 9	3.121 6	3.152 5	3.183 6	3.214 9	3.246 4	3.278 1	3.310 0	3.342 1	3.374 4	3.406 9	3.439 6	3.472 5
4	4.060 4	4.121 6	4.183 6	4.246 5	4.310 1	4.374 6	4.439 9	4.506 1	4.573 1	4.641 0	4.709 7	4.779 3	4.849 8	4.921 1	4.993 4
5	5.101 0	5.204 0	5.309 1	5.416 3	5.525 6	5.637 1	5.750 7	5.866 6	5.984 7	6.105 1	6.227 8	6.352 8	6.480 3	6.610 1	6.742 4
6	6.152 0	6.308 1	6.468 4	6.633 0	6.801 9	6.975 3	7.153 3	7.335 9	7.523 3	7.715 6	7.912 9	8.115 2	8.322 7	8.535 5	8.753 7
7	7.213 5	7.434 3	7.662 5	7.898 3	8.142 0	8.393 8	8.654 0	8.922 8	9.200 4	9.487 2	9.783 3	10.089 0	10.404 7	10.730 5	11.066 8
8	8.285 7	8.583 0	8.892 3	9.214 2	9.549 1	9.897 5	10.259 8	10.636 6	11.028 5	11.435 9	11.859 4	12.299 7	12.757 3	13.232 8	13.726 8
9	9.368 5	9.754 6	10.159 1	10.582 8	11.026 6	11.491 3	11.978 0	12.487 6	13.021 0	13.579 5	14.164 0	14.775 7	15.415 7	16.085 3	16.785 8
10	10.462 2	10.949 7	11.463 9	12.006 1	12.577 9	13.180 8	13.816 4	14.486 6	15.192 9	15.937 4	16.722 0	17.548 7	18.419 7	19.337 3	20.303 7
11	11.566 8	12.168 7	12.807 8	13.486 4	14.206 8	14.971 6	15.783 6	16.645 5	17.560 3	18.531 2	19.561 4	20.654 6	21.814 3	23.044 5	24.349 3
12	12.682 5	13.412 1	14.192 0	15.025 8	15.917 1	16.869 9	17.888 5	18.977 1	20.140 7	21.384 3	22.713 2	24.133 1	25.650 2	27.270 7	29.001 7
13	13.809 3	14.680 3	15.617 8	16.626 8	17.713 0	18.882 1	20.140 6	21.495 3	22.953 4	24.522 7	26.211 6	28.029 1	29.984 7	32.088 7	34.351 9
14	14.947 4	15.973 9	17.086 3	18.291 9	19.598 6	21.015 1	22.550 5	24.214 9	26.019 2	27.975 0	30.094 9	32.392 6	34.882 7	37.581 1	40.504 7
15	16.096 9	17.293 4	18.598 9	20.023 6	21.578 6	23.276 0	25.129 0	27.152 1	29.360 9	31.772 5	34.405 4	37.279 7	40.417 5	43.842 4	47.580 4
16	17.257 9	18.639 3	20.156 9	21.824 5	23.657 5	25.672 5	27.888 1	30.324 3	33.003 4	35.949 7	39.189 9	42.753 3	46.671 7	50.980 4	55.717 5
17	18.430 4	20.012 1	21.761 6	23.697 5	25.840 4	28.212 9	30.840 2	33.750 2	36.973 7	40.544 7	44.500 8	48.883 7	53.739 1	59.117 6	65.075 1
18	19.614 7	21.412 3	23.414 4	25.645 4	28.132 4	30.905 7	33.999 0	37.450 2	41.301 3	45.599 2	50.395 9	55.749 7	61.725 1	68.394 1	75.836 4
19	20.810 9	22.840 6	25.116 9	27.671 2	30.539 0	33.760 0	37.379 0	41.446 3	46.018 5	51.159 1	56.939 5	63.439 7	70.749 4	78.969 2	88.211 8
20	22.019 0	24.297 4	26.870 4	29.778 1	33.066 0	36.785 6	40.995 5	45.762 0	51.160 1	57.275 0	64.202 8	72.052 4	80.946 8	91.024 9	102.443 6
21	23.239 2	25.783 3	28.676 5	31.969 2	35.719 3	39.992 7	44.865 2	50.422 9	56.764 5	64.002 5	72.265 1	81.698 7	92.469 9	104.768 4	118.810 1
22	24.471 6	27.299 0	30.536 8	34.248 0	38.505 2	43.392 3	49.005 7	55.456 8	62.873 3	71.402 7	81.214 3	92.502 6	105.491 0	120.436 0	137.631 6

续表

期数	1%	2%	3%	4%	5%	6%	7%	8%	9%	10%	11%	12%	13%	14%	15%
23	25.716 3	28.845 0	32.452 9	36.617 9	41.430 5	46.995 8	53.436 1	60.893 3	69.531 9	79.543 0	91.147 9	104.602 9	120.204 8	138.297 0	159.276 4
24	26.973 5	30.421 9	34.426 5	39.082 6	44.502 0	50.815 6	58.176 7	66.764 8	76.789 8	88.497 3	102.174 2	118.155 2	136.831 5	158.658 6	184.167 8
25	28.243 2	32.030 3	36.459 3	41.645 9	47.727 1	54.864 5	63.249 0	73.105 9	84.700 9	98.347 1	114.413 3	133.333 9	155.619 6	181.870 8	212.793 0
26	29.525 6	33.670 9	38.553 0	44.311 7	51.113 5	59.156 4	68.676 5	79.954 4	93.324 0	109.181 8	127.998 8	150.333 9	176.850 1	208.332 7	245.712 0
27	30.820 9	35.344 3	40.709 6	47.084 2	54.669 1	63.705 8	74.483 8	87.350 8	102.723 1	121.099 9	143.078 6	169.374 0	200.840 6	238.499 3	283.568 8
28	32.129 1	37.051 2	42.930 9	49.967 6	58.402 6	68.528 1	80.697 7	95.338 8	112.968 2	134.209 9	159.817 3	190.698 9	227.949 9	272.889 2	327.104 1
29	33.450 4	38.792 2	45.218 9	52.966 3	62.322 7	73.639 8	87.346 5	103.965 9	124.135 4	148.630 9	178.397 2	214.582 8	258.583 4	312.093 7	377.169 7
30	34.784 9	40.568 1	47.575 4	56.084 9	66.438 8	79.058 2	94.460 8	113.283 2	136.307 5	164.494 0	199.020 9	241.332 7	293.199 2	356.786 8	434.745 1

附表 4 年金现值系数表

期数	1%	2%	3%	4%	5%	6%	7%	8%	9%	10%	11%	12%	13%	14%	15%
1	0.990 1	0.980 4	0.970 9	0.961 5	0.952 4	0.943 4	0.934 6	0.925 9	0.917 4	0.909 1	0.900 9	0.892 9	0.885 0	0.877 2	0.869 6
2	1.970 4	1.941 6	1.913 5	1.886 1	1.859 4	1.833 4	1.808 0	1.783 3	1.759 1	1.735 5	1.712 5	1.690 1	1.668 1	1.646 7	1.625 7
3	2.941 0	2.883 9	2.828 6	2.775 1	2.723 2	2.673 0	2.624 3	2.577 1	2.531 3	2.486 9	2.443 7	2.401 8	2.361 2	2.321 6	2.283 2
4	3.902 0	3.807 7	3.717 1	3.629 9	3.546 0	3.465 1	3.387 2	3.312 1	3.239 7	3.169 9	3.102 4	3.037 3	2.974 5	2.913 7	2.855 0
5	4.853 4	4.713 5	4.579 7	4.451 8	4.329 5	4.212 4	4.100 2	3.992 7	3.889 7	3.790 8	3.695 9	3.604 8	3.517 2	3.433 1	3.352 2
6	5.795 5	5.601 4	5.417 2	5.242 1	5.075 7	4.917 3	4.766 5	4.622 9	4.485 9	4.355 3	4.230 5	4.111 4	3.997 5	3.888 7	3.784 5
7	6.728 2	6.472 0	6.230 3	6.002 1	5.786 4	5.582 4	5.389 3	5.206 4	5.033 0	4.868 4	4.712 2	4.563 8	4.422 6	4.288 3	4.160 4
8	7.651 7	7.325 5	7.019 7	6.732 7	6.463 2	6.209 8	5.971 3	5.746 6	5.534 8	5.334 9	5.146 1	4.967 6	4.798 8	4.638 9	4.487 3
9	8.566 0	8.162 2	7.786 1	7.435 3	7.107 8	6.801 7	6.515 2	6.246 9	5.995 2	5.759 0	5.537 0	5.328 2	5.131 7	4.946 4	4.771 6
10	9.471 3	8.982 6	8.530 2	8.110 9	7.721 7	7.360 1	7.023 6	6.710 1	6.417 7	6.144 6	5.889 2	5.650 2	5.426 2	5.216 1	5.018 8
11	10.367 6	9.786 8	9.252 6	8.760 5	8.306 4	7.886 9	7.498 7	7.139 0	6.805 2	6.495 1	6.206 5	5.937 7	5.686 9	5.452 7	5.233 7
12	11.255 1	10.575 3	9.954 0	9.385 1	8.863 3	8.383 8	7.942 7	7.536 1	7.160 7	6.813 7	6.492 4	6.194 4	5.917 6	5.660 3	5.420 6
13	12.133 7	11.348 4	10.635 0	9.985 6	9.393 6	8.852 7	8.357 7	7.903 8	7.486 9	7.103 4	6.749 9	6.423 5	6.121 8	5.842 4	5.583 1
14	13.003 7	12.106 2	11.296 1	10.563 1	9.898 6	9.295 0	8.745 5	8.244 2	7.786 2	7.366 7	6.981 9	6.628 2	6.302 5	6.002 1	5.724 5
15	13.865 1	12.849 3	11.937 9	11.118 4	10.379 7	9.712 2	9.107 9	8.559 5	8.060 7	7.606 1	7.190 9	6.810 9	6.462 4	6.142 2	5.847 4
16	14.717 9	13.577 7	12.561 1	11.652 3	10.837 8	10.105 9	9.446 6	8.851 4	8.312 6	7.823 7	7.379 2	6.974 0	6.603 9	6.265 1	5.954 2
17	15.562 3	14.291 9	13.166 1	12.165 7	11.274 1	10.477 3	9.763 2	9.121 6	8.543 6	8.021 6	7.548 8	7.119 6	6.729 1	6.372 9	6.047 2
18	16.398 3	14.992 0	13.753 5	12.659 3	11.689 6	10.827 6	10.059 1	9.371 9	8.755 6	8.201 4	7.701 6	7.249 7	6.839 9	6.467 4	6.128 0
19	17.226 0	15.678 5	14.323 8	13.133 9	12.085 3	11.158 1	10.335 6	9.603 6	8.950 1	8.364 9	7.839 3	7.365 8	6.938 0	6.550 4	6.198 2
20	18.045 6	16.351 4	14.877 5	13.590 3	12.462 2	11.469 9	10.594 0	9.818 1	9.128 5	8.513 6	7.963 3	7.469 4	7.024 8	6.623 1	6.259 3
21	18.857 0	17.011 2	15.415 0	14.029 2	12.821 2	11.764 1	10.835 5	10.016 8	9.292 2	8.648 7	8.075 1	7.562 0	7.101 6	6.687 0	6.312 5
22	19.660 4	17.658 0	15.936 9	14.451 1	13.163 0	12.041 6	11.061 2	10.200 7	9.442 4	8.771 5	8.175 7	7.644 6	7.169 5	6.742 9	6.358 7
23	20.455 8	18.292 2	16.443 6	14.856 8	13.488 6	12.303 4	11.272 2	10.371 1	9.580 2	8.883 2	8.266 4	7.718 4	7.229 7	6.792 1	6.398 8
24	21.243 4	18.913 9	16.935 5	15.247 0	13.798 6	12.550 4	11.469 3	10.528 8	9.706 6	8.984 7	8.348 1	7.784 3	7.282 9	6.835 1	6.433 8
25	22.023 2	19.523 5	17.413 1	15.622 1	14.093 9	12.783 4	11.653 6	10.674 8	9.822 6	9.077 0	8.421 7	7.843 1	7.330 0	6.872 9	6.464 1
26	22.795 2	20.121 0	17.876 8	15.982 8	14.375 2	13.003 2	11.825 8	10.810 0	9.929 0	9.160 9	8.488 1	7.895 7	7.371 7	6.906 1	6.490 6
27	23.559 6	20.706 9	18.327 0	16.329 6	14.643 0	13.210 5	11.986 7	10.935 2	10.026 6	9.237 2	8.547 8	7.942 6	7.408 6	6.935 2	6.513 5
28	24.316 4	21.281 3	18.764 1	16.663 1	14.898 1	13.406 2	12.137 1	11.051 1	10.116 1	9.306 6	8.601 6	7.984 4	7.441 2	6.960 7	6.533 5
29	25.065 8	21.844 4	19.188 5	16.983 7	15.141 1	13.590 7	12.277 7	11.158 4	10.198 3	9.369 6	8.650 1	8.021 8	7.470 1	6.983 0	6.550 9
30	25.807 7	22.396 5	19.600 4	17.292 0	15.372 5	13.764 8	12.409 0	11.257 8	10.273 7	9.426 9	8.693 8	8.055 2	7.495 7	7.002 7	6.566 0

参考文献

[1] [美] 道格拉斯·R. 埃默瑞，等．公司财务管理．2 版．荆新，等译．北京：中国人民大学出版社，2008.

[2] 崔毅，杨丽萍．公司财务管理．北京：中国人民大学出版社，2004.

[3] 财政部会计资格评价中心．财务管理．北京：中国财政经济出版社，2009.

[4] 戴书松．财务管理．北京：经济管理出版社，2006.

[5] 杜玉兰．国际金融．北京：科学出版社，2010.

[6] [美] J. 弗雷德·威斯通，苏珊·E. 侯格，[韩] S. 郑光．兼并、重组与公司控制. 唐旭，等译．北京：经济科学出版社，2003.

[7] 傅元略．中级财务管理．上海：复旦大学出版社，2005.

[8] 傅元略．财务管理理论．厦门：厦门大学出版社，2007.

[9] 马忠．公司财务管理理论与案例．北京：机械工业出版社，2008.

[10] 葛家澍，杜兴强．中级财务会计学．3 版．北京：中国人民大学出版社，2007.

[11] 郭复初，王庆成．财务管理学．北京：高等教育出版社，2005.

[12] 黄惠玲．财务管理．北京：中国金融出版社，2003.

[13] 黄福广．跨国公司财务管理．天津：天津大学出版社，2004.

[14] 姜波克．国际金融学．北京：高等教育出版社，2004.

[15] 荆新，王化成，刘俊彦．财务管理学．8 版．北京：中国人民大学出版社，2018.

[16] 李树辉．财务学与相关学科的关系．经济学家，2000 (2).

[17] [英] 理查德 A. 布雷利，[美] 斯图尔特 C. 迈尔斯．公司财务原理．方曙红，范龙振，陆宝群，译．北京：机械工业出版社，2004.

[18] [美] 斯蒂芬·罗斯，伦道夫·韦斯特菲尔德，布拉德福德·乔丹．公司财务管理精要．张建平，译．北京：人民邮电出版社，2006.

[19] 陆正飞．财务管理．大连：东北财经大学出版社，2006.

[20] [美] 切奥尔 S. 尤恩，布鲁斯 G. 雷斯尼克．国际财务管理．苟小菊，奚卫华，译. 北京：机械工业出版社，2005.

[21] 包明华．企业购并教程．北京：中国人民大学出版社，2010.

[22] 马晓军．投资银行学理论与案例．北京：机械工业出版社，2011.

[23] [美] 斯科特·贝斯利，尤金·布里格姆．财务管理精要．刘爱娟，张燕，译．北京：机械工业出版社，2005.

[24] [美] 斯蒂芬·罗斯，伦道夫·威斯特菲尔德，杰弗里·杰富．公司理财．吴世农，沈艺峰，王志强，译．北京：机械工业出版社，2012.

[25] [美] 塞茨，埃里森．资本预算与长期融资决策．刘力，袁燕，王丹，译．北京：北京大学出版社，2007.

[26] 万志前．新编经济法实用教程．北京：清华大学出版社，北京交通大学出版社，2011.

[27] 王璞，陆艳红．财务管理咨询实务．北京：中信出版社，2004.

[28] 朱新蓉．金融市场学．北京：高等教育出版社，2007.

[29] 王化成．财务管理研究．北京：中国金融出版社，2005.

[30] 伍中信，吴战篪．财务理论研究与财务学科发展——第八届全国财务学科建设与理论研究会述要．管理世界，2002 (9).

[31] 吴明礼．Finance：金融与财务的边界和融合．管理世界，2004 (4).

[32] 吴芸，赵国杰．净现值法和内部收益率法的比较．科学技术与工程，2005 (9).

[33] 叶护华．我国现金股利政策研究文献综述．现代管理科学，2006 (1).

[34] 王远林．有效市场假说及其检验的新进展．东北财经大学学报，2008 (3).

[35] 吴晓求．证券投资分析．北京：中国人民大学出版社，2001.

[36] 肖万．公司财务管理．3 版．北京：中国人民大学出版社，2018.

[37] 肖仰烈．财务管理．广州：中山大学出版社，2003.

[38] 杨淑娥，胡元木．财务管理研究．北京：经济科学出版社，2002.

[39] 郁洪良．金融期权与实物期权——比较和应用．上海：上海财经大学出版社，2003.

[40] [美] J. 弗雷德·威斯通，胡安·A. 苏，[韩] S. 郑光．接管、重组与公司治理．李秉祥，周鹏，梁衡义，张程，译．大连：东北财经大学出版社，2000.

[41] 朱宝宪．公司并购与重组．北京：清华大学出版社，2006.

[42] 中国证券业协会．证券市场基础知识．北京：中国财政经济出版社，2009.

[43] 张中华．投资学．北京：高等教育出版社，2009.

[44] 黄顺武，贾捷．询价制度改革与新股发行定价——来自创业板的经验证据．金融理论与实践，2017 (2).

[45] 中国注册会计师协会．财务成本管理．北京：中国财政经济出版社，2018.

[46] BLACK，FISCHER. Estimating Expected Return. Financial Analysis Journal，1993，(49)：36 - 38.

[47] FAMA，EUGENE F. Efficient Capital Markets：A Review of Theory and Empirical Work. Journal of Finance，1970，(5)：387 - 417.

[48] MOSSIIN，JAN. Equilibrium in a Capital Asset Market. Econometrica，1966，(10)：768 - 783.

[49] ROSS，STEPHEN A. The Arbitrage Theory of Capital Asset Pricing. Journal of Economic Theory，1976，(12)：341 - 346.

[50] SHARP，WILLIAM F. Capital Asset Prices：A Theory of the Equilibrium Under Condition of Risk. Journal of Finance，1964，(19)：425 - 442.

[51] TRIGEORGIS L. Real Options：Managerial Flexibility and Strategy in Resource Allocation. Cambridge：MIT Press，1996.